本书受辽宁省科技厅自然科学基金计划项目（2023-MS-222）和辽宁省教育厅基本科研项目（LJKMZ20220916）的资助。

柔性作业车间调度中群体智能优化算法的应用研究

曹 阳 宋立波 史海波 ◎ 著

中国轻工业出版社

图书在版编目（CIP）数据

柔性作业车间调度中群体智能优化算法的应用研究 / 曹阳，宋立波，史海波著. -- 北京：中国轻工业出版社，2025.2

ISBN 978-7-5184-4878-4

Ⅰ.①柔⋯　Ⅱ.①曹⋯ ②宋⋯ ③史⋯　Ⅲ.①生产作业—车间调度—最优化算法　Ⅳ.①F406.2

中国国家版本馆CIP数据核字（2024）第031726号

责任编辑：张文佳　　责任终审：劳国强
文字编辑：姜瑞雪　　责任校对：吴大朋　　封面设计：锋尚设计
策划编辑：张文佳　　版式设计：砚祥志远　　责任监印：张　可

出版发行：中国轻工业出版社（北京鲁谷东街5号，邮编：100040）

印　　刷：三河市万龙印装有限公司

经　　销：各地新华书店

版　　次：2025年2月第1版第1次印刷

开　　本：710×1000　1/16　印张：14.75

字　　数：290千字

书　　号：ISBN 978-7-5184-4878-4　定价：48.00元

邮购电话：010-85119873

发行电话：010-85119832　　010-85119912

网　　址：http://www.chlip.com.cn

Email：club@chlip.com.cn

版权所有　侵权必究

如发现图书残缺请与我社邮购联系调换

230920K6X101ZBW

前言

柔性作业车间调度问题是著名的 NP-hard（nondeterministic polynomial-hard，非确定性多项式难题）组合优化问题，这类问题不可能找到精确求得最优解的多项式时间算法。由于减少了机器的约束，所以比传统作业车间调度问题的复杂性更高。同时，柔性作业车间调度问题更接近于实际的制造业情况，具有很强的工业背景。此类问题的复杂性、求解的困难性和应用的可行性使该问题一直都是学术界和工程界的热点问题。

随着对社会性动物和社会性昆虫，如蚂蚁、白蚁、蜜蜂、蜘蛛、鱼群以及鸟群等的研究，产生了大量的群体智能（swarm intelligence，SI）计算模型，它与人工生命，特别是进化策略以及遗传算法有着极为特殊的联系。群体智能中的群体指的是"一组相互之间可以进行直接通信或者间接通信（通过改变局部环境）的主体（agent），这组主体能够合作进行分布式的问题求解"，而群体智能则是指"无智能或只具有简单智能的主体通过任何形式的聚集协同而涌现出智能行为的特性"。群体智能在没有集中控制且不提供全局模型的前提下，为寻找复杂的离散问题求解方案提供了基础。经过近十几年的研究，计算群体智能已经逐渐成为现代计算智能领域的主要研究热点，逐步在更多的实际问题中被广泛应用并发挥出它应有的价值。

调度问题的核心是模型和算法，因此，调度理论的研究也一直围绕这两个方面展开，一方面是研究一些新出现的调度问题，另一方面则是一些新的方法与技术不断被应用到调度问题中以改善调度问题的优化结果。

本书针对具有不同约束条件的柔性作业车间调度问题，分别建立了数学模型，研究了问题的动态运行规律和结构特性，探索了群体智能优化算法解决调度问题的关键理论与技术，从车间调度问题的优化方法和优化目标两个方面进行了深入研究。在优化方法方面，提出了一系列具有创新性的优化调度方法，并设计了多种高效的改进群体智能优化算法。在优化目标方面，分析了作业车间调度问题、柔性作业车间调度问题、具有批处理机工序的柔性作业车间调度问题、工艺规划与作业车间调度集成的多目标优化问题，建立评价指标体系，从多方面改进多目标群体智能优化算法，进一步增强柔性作业车间调度优化方法的实用性和有效性。

本书内容自成体系,由 10 章组成。第 1 章为绪论,主要介绍调度问题的研究背景和意义,针对不同约束条件的柔性作业车间调度问题进行描述,对其国内外研究现状进行综述,并介绍了调度问题的两类研究方法。第 2 章为群体智能优化算法概述,对本书涉及的蚁群算法、差分进化算法、遗传算法、粒子群算法和人工蜂群算法等群体智能优化算法,以及多目标优化算法进行介绍,并针对群体智能优化算法的改进策略进行了综述,最后,针对单目标和多目标两种智能优化算法,介绍了两类评价方法。第 3 章研究了作业车间调度问题,第 4 章研究了柔性作业车间调度问题,第 5,6,7,8 章研究了不同约束条件下具有批处理机工序的柔性作业车间调度问题,第 9 章研究了工艺规划与作业车间调度集成问题。第 3 章至第 9 章,根据不同的调度问题分别建立了数学模型,设计了不同的群体智能算法进行求解,并给出了相应的实验设计与分析。第 10 章排产优化调度系统的设计与实现,根据排产优化调度系统的需求,设计了面向服务的软件架构,并展示了应用本书相关技术开发的某军工企业"智能部装单元生产管理系统——计划排产子系统"。

本书反映了作者及其研究团队的研究成果。阐述了调度问题基本模型和理论,介绍了用于求解柔性作业车间调度问题的群体智能优化算法的理论和计算方法,以及作者在计算复杂性方面取得的突破性成果;针对实际离散型制造企业生产调度需要,论述了实际复杂制造系统中广泛存在的多约束、多目标、多工艺路线、具有批处理机工序的柔性作业车间调度优化的解决方法。整书展现的研究内容具有很强的学术研究价值和工程应用价值,可供从事系统工程、机械制造、工业工程、企业管理等专业的研究人员和工程技术人员阅读,亦可作为从事智能计算、优化理论与方法、计划调度系统与优化领域研究、学习用教材或参考书。

感谢沈阳建筑大学的宋晓宇教授、韩忠华教授、赵明副教授、林硕副教授等给予的热心指导和建议,感谢参与研究工作和文稿整理工作的栾景政、吴兆阳、马鹏志、王军磊、沈世杰、张敬辉、王星雨等七位同学。此外,本书的完成得到了辽宁省科技厅自然科学基金计划项目(2023-MS-222)和辽宁省教育厅基本科研项目(LJKMZ20220916)的资助,在此表示衷心感谢。

作为研究成果,书中不可避免地会存在不完善之处,内容的表述也会存在不妥当的地方,衷心希望各位专家和广大读者不吝批评和指正。

作者

目 录

第1章 绪论 ... 1
1.1 调度问题的研究背景及意义 ... 1
1.2 调度问题描述 ... 3
1.2.1 作业车间调度问题描述 ... 3
1.2.2 柔性作业车间调度问题描述 ... 3
1.2.3 具有批处理机工序的柔性作业车间调度问题描述 ... 4
1.2.4 工艺规划与作业车间调度集成问题描述 ... 6
1.3 相关调度问题研究现状 ... 8
1.3.1 作业车间调度问题研究现状 ... 8
1.3.2 柔性作业车间调度问题研究现状 ... 9
1.3.3 具有批处理机工序的柔性作业车间调度问题研究现状 ... 10
1.3.4 工艺规划与作业车间调度集成问题研究现状 ... 11
1.4 调度问题的研究方法 ... 12
1.4.1 精确方法 ... 13
1.4.2 近似方法 ... 13
1.5 本书的结构安排与主要内容 ... 16

第2章 群体智能优化算法概述 ... 20
2.1 引言 ... 20
2.2 群体智能优化算法 ... 20
2.2.1 蚁群算法 ... 21
2.2.2 差分进化算法 ... 23
2.2.3 遗传算法 ... 24
2.2.4 粒子群算法 ... 25
2.2.5 人工蜂群算法 ... 26
2.3 群体智能优化算法的改进策略 ... 28
2.4 智能优化算法收敛理论研究 ... 30

2.5 多目标优化 ··· 32
　　2.5.1 多目标优化问题的基本理论 ······································ 32
　　2.5.2 多目标优化算法 ·· 34
　　2.5.3 MOEAD 算法 ·· 36
　　2.5.4 NSGA-Ⅱ算法 ·· 36
　　2.5.5 多目标进化算法性能评价指标 ································· 38
2.6 本章小结 ··· 39

第 3 章　作业车间调度问题研究 ································· 40
3.1 引言 ··· 40
3.2 问题描述与数学模型 ··· 40
3.3 调度类型与关键路径 ··· 43
　　3.3.1 调度类型 ··· 43
　　3.3.2 关键路径 ··· 44
3.4 最大最小蚁群算法 ··· 45
3.5 禁忌搜索算法 ··· 47
3.6 基于关键工序的邻域结构 ··· 49
　　3.6.1 作业车间调度问题的邻域结构 ································· 49
　　3.6.2 基于关键工序的邻域结构 ··· 51
3.7 混合蚁群优化算法求解 JSP ······································ 53
　　3.7.1 种群更新策略 ·· 53
　　3.7.2 基于关键工序邻域选择策略的 TS 算法 ··················· 54
　　3.7.3 混合蚁群优化算法架构 ·· 55
　　3.7.4 全局收敛性分析 ··· 56
3.8 实验设计与分析 ··· 57
　　3.8.1 实验设置 ··· 58
　　3.8.2 实验算例 ··· 58
　　3.8.3 与其他算法的比较 ·· 59
3.9 本章小结 ··· 62

第 4 章　柔性作业车间调度问题研究 ························· 63
4.1 引言 ··· 63
4.2 问题描述与数学模型 ··· 63
4.3 动态多种群策略 ··· 67
　　4.3.1 多种群策略 ·· 67

4.3.2　两种搜索策略 68
　　4.3.3　多搜索策略自适应机制 69
4.4　动态多种群差分进化算法求解FJSP 70
　　4.4.1　编码和解码 70
　　4.4.2　种群初始化 72
　　4.4.3　变异操作 72
　　4.4.4　交叉操作 74
　　4.4.5　替换操作 75
　　4.4.6　动态多种群差分进化算法架构 75
　　4.4.7　算法复杂性分析 76
4.5　实验设计与分析 77
　　4.5.1　实验设置 77
　　4.5.2　多种群搜索策略的有效性 78
　　4.5.3　自适应机制和替换操作的有效性 80
　　4.5.4　与其他算法的比较 83
4.6　本章小结 87

第5章　具有单批处理机的柔性作业车间调度问题研究 88
5.1　引言 88
5.2　问题描述与数学模型 89
5.3　柔性作业车间调度问题的析取图模型 92
5.4　改进的免疫遗传算法 93
　　5.4.1　贪婪最优解 93
　　5.4.2　交叉熵 94
　　5.4.3　改进的免疫遗传算法架构 95
5.5　基于改进的免疫遗传算法求解FJSP-SBPM 96
　　5.5.1　编码与解码 96
　　5.5.2　种群初始化 98
　　5.5.3　进化算子 98
　　5.5.4　邻域结构与局部搜索 99
　　5.5.5　批处理机组批规则 100
5.6　实验设计与分析 101
　　5.6.1　参数设置 102
　　5.6.2　标准FJSP算例实验结果分析 102
　　5.6.3　FJSP-SBPM数据实验结果分析 105

5.7 本章小结 ……………………………………………………………… 108

第6章 具有平行批处理机的柔性作业车间调度问题研究 ………… 109
6.1 引言 …………………………………………………………………… 109
6.2 问题描述与数学模型 ………………………………………………… 110
6.3 强化离散粒子群算法 ………………………………………………… 112
　　6.3.1 离散粒子群算法 ……………………………………………… 112
　　6.3.2 改进的强化离散粒子群算法 ………………………………… 113
6.4 基于强化离散粒子群算法求解 FJSP-PBPM ……………………… 115
　　6.4.1 编码与解码 …………………………………………………… 115
　　6.4.2 种群初始化 …………………………………………………… 116
　　6.4.3 粒子更新方式 ………………………………………………… 117
　　6.4.4 邻域结构与局部搜索 ………………………………………… 118
　　6.4.5 强化离散粒子群算法架构 …………………………………… 118
6.5 实验设计与分析 ……………………………………………………… 120
　　6.5.1 标准 FJSP 算例实验结果分析 ……………………………… 120
　　6.5.2 FJSP-PBPM 问题数据及实验结果分析 …………………… 123
6.6 本章小结 ……………………………………………………………… 127

第7章 具有平行批处理机的多目标柔性作业车间调度问题研究 …… 128
7.1 引言 …………………………………………………………………… 128
7.2 问题描述与数学模型 ………………………………………………… 129
7.3 多种群 MOEAD 算法 ………………………………………………… 131
　　7.3.1 多种群策略 …………………………………………………… 131
　　7.3.2 多种群 MOEAD 算法架构 …………………………………… 132
7.4 基于多种群 MOEAD 算法求解 MOFJSP-PBPM ………………… 134
　　7.4.1 基于多种群 MOEAD 算法的全局搜索策略 ………………… 134
　　7.4.2 基于关键工序的局部搜索策略 ……………………………… 135
7.5 实验设计与分析 ……………………………………………………… 136
　　7.5.1 实验设置 ……………………………………………………… 136
　　7.5.2 标准 FJSP 算例实验结果分析 ……………………………… 137
　　7.5.3 MOFJSP-PBPM 问题数据及实验结果分析 ………………… 143
7.6 本章小结 ……………………………………………………………… 146

第8章 具有平行批处理机和时间约束的柔性作业车间调度问题研究 148

8.1 引言 148
8.2 问题描述与数学模型 149
8.3 多种群协同进化 NSGA-II 算法 151
8.3.1 动态聚类 152
8.3.2 种群分级和信息交互 152
8.3.3 改进的精英选择策略 153
8.3.4 多种群协同进化 NSGA-II 算法架构 153
8.4 基于多种群协同进化 NSGA 算法求解 TCFJSP-PBPM 155
8.4.1 多种群协同进化 NSGA 算法的全局搜索策略 155
8.4.2 时间约束解析规则 155
8.5 实验设计与分析 157
8.5.1 实验设置 157
8.5.2 标准 FJSP 算例实验结果分析 157
8.5.3 TCFJSP-PBPM 问题数据及实验结果分析 161
8.6 本章小结 165

第9章 工艺规划与作业车间调度集成问题研究 166

9.1 引言 166
9.2 问题描述与数学模型 167
9.3 工艺规划与作业车间调度集成问题的网络图模型 169
9.4 自适应多策略人工蜂群算法求解 IPPS 171
9.4.1 多策略自适应 171
9.4.2 编码和解码 172
9.4.3 种群初始化 173
9.4.4 邻域结构 173
9.4.5 局部搜索策略 175
9.4.6 选择过程 176
9.4.7 自适应多策略人工蜂群算法架构 177
9.4.8 算法复杂性分析 179
9.5 实验设计与分析 179
9.5.1 实验设置 179
9.5.2 实验算例 180

- 9.5.3 局部搜索策略的有效性 ·· 182
- 9.5.4 多搜索策略的有效性 ·· 184
- 9.5.5 与其他算法的比较 ··· 186
- 9.6 本章小结 ··· 189

第10章 排产优化调度系统的设计与实现 ······························ 190
- 10.1 引言 ·· 190
- 10.2 排产优化调度系统设计 ·· 191
  - 10.2.1 排产优化调度系统需求分析 ································ 191
  - 10.2.2 排产优化调度系统架构设计 ································ 191
- 10.3 采用聚类方式重构排产优化调度系统 ···························· 193
- 10.4 构建基于面向切面的调度系统构件库 ···························· 197
- 10.5 工业应用实例 ·· 199
  - 10.5.1 计划导入 ·· 200
  - 10.5.2 排产任务管理 ··· 200
  - 10.5.3 排产计划管理 ··· 201
  - 10.5.4 计划排产 ·· 202
- 10.6 本章小结 ··· 204

参考文献 ·· 205

第 1 章 绪 论

1.1 调度问题的研究背景及意义

随着全球性和市场性竞争的加剧,客户的个性化和多样化需求成为主流,"按订单"生产多品种、中小批量的生产方式为大多数企业所接受。在这种"离散"的生产方式下,由于生产规模小、品种多,造成的生产作业过程信息复杂且不易控制,均衡的生产计划和作业计划难以实现,容易造成不能按期交货、质量得不到保证、经济效益降低等问题。由此调度优化问题应运而生。调度优化(scheduling)问题是指在一定的约束条件下,合理地分配资源(resource)完成一批给定的任务(task)或者作业(job),达到某些性能指标(performance criterion)的最优化。

生产调度是制造系统的基础,生产调度是制造系统高效运行、制造资源优化利用的基础,同时也是制造过程管控的核心。生产调度是指针对一项可分解的工作(如产品制造),在尽可能满足工艺路线、资源情况、交货期等约束条件的前提下,通过下达生产指令,安排其组成部分(操作)所使用的资源、加工时间及加工的先后顺序,以获得产品制造时间或成本最优化的一项工作。近几十年来,世界各国对现代制造系统的模式展开了广泛而深入的研究,国际生产工程研究学会(international institution for production engineering research,CIRP)曾经总结了多达 34 种的先进制造模式,结果证明:无论哪一种制造模式都是以优化生产调度为基础的。有效的生产调度方法与优化技术的研究,对于实现先进制造企业的现代化具有重要的理论价值和实际意义。

自 1954 年,Johnson 提出对两台机床的流水车间调度问题的研究以来,生产调度问题及其理论研究已经历了几十年的发展,生产调度理论已经在运筹学和工业工程等学科中形成了一个独立的分支。由于生产调度问题属于难于求解的一类组合优化问题,并且大多数生产调度问题都没有找到求最优解的多项式时间算法(这类问题被称为 nondeterministic polynomial-hard 问题,简称 NP-hard 问题),其问题的复杂性、求解的困难性和应用的可行、有效性,使得调度问题一直都是学术界和工程界研究的热点问题。

一般研究车间调度问题时，通常会以经典的作业车间调度问题（job shop scheduling problem，JSP）为基础进行研究。但随着柔性制造系统（flexible manufacturing system，FMS）和数控加工中心（computer numerical control，CNC）等带有一定柔性的生产系统逐渐出现，传统的"刚性"系统的研究成果无法快速直接地应用到新的制造模式中，因此柔性作业车间调度问题（flexible job shop scheduling problem，FJSP）的研究逐渐成为重点。在 FJSP 问题中，每个工件的工序数目和工艺路线都不尽相同，并且每道工序的可选加工机器也不相同，整个生产过程具有很强的柔性。与传统的作业车间相比，FJSP 具有提高设备利用率、维持生产稳定、缩短产品生产周期等优点。FJSP 问题的研究在最近 20 多年来成为工业界关注的一个热点，越来越多的学者投入 FJSP 问题及其扩展问题的研究当中。

实际生产中柔性调度问题可以根据资源负荷情况，灵活地进行资源的选择，提供加工的灵活性，其具有如下优点。

（1）提高设备的利用率

设备一旦空闲可以另选工件进行加工，减少设备闲置和等待的时间。

（2）具有维持生产稳定的能力

当一台或多台设备发生故障时，工序可以绕过故障设备，在其他设备上进行加工，生产得以继续，保证生产的稳定。

（3）提高产品质量和缩短生产周期

主要是与经典的 JSP 模型相比，同一工件的多个工序可以在同一台设备上连续进行加工，减少了中间装卸和搬运等而造成的时间消耗。

调度问题的核心是模型和算法，因此，调度理论的研究也一直围绕这两个方面展开，一方面是研究一些新出现的调度问题，如 E/T（提前/拖后期）调度问题、多处理器调度问题等；另一方面则是一些新的方法与技术，如遗传算法、粒子群算法、蚁群算法、人工蜂群算法和差分进化算法等不断被应用到调度问题中以改善调度问题的优化结果，这两个方面的研究一直不断地推动着调度理论的发展。

随着对社会性动物和社会性昆虫，如蚂蚁、白蚁、蜜蜂、蜘蛛、鱼群以及鸟群等的研究，产生了大量的群体智能（swarm intelligence，SI）计算模型。在这些模型中，尽管群体中每个个体都非常简单，但是这些简单个体组成的群体却表现出了十分复杂的涌现行为。更严格地说，群体智能是一个系统的性质，该系统的各简单代理与它们所处的局部环境相互作用，从而引起相关功能上的全局模式涌现的集体行为。群体智能模型的目标是建模调度问题的个体简单行为，与环境和邻近个体的局部相互作用（邻域结构），以便得到更复杂的优化问题行为（解）。经过近十几年的研究，计算群体智能已经逐渐成为现代计算智能领域的主要研究热点，并逐步在更多的实际问题中被广泛应用并发挥出它应有的价值。

本书根据作者多年理论研究和工程实际经验，探究了以柔性作业车间调度问题为基础的车间调度问题，调度问题类型包括基础的作业车间调度（JSP）、柔性作业车间调度（FJSP），以及 FJSP 的扩展问题包括具有批处理机工序的柔性作业车间调度问题（flexible job shop scheduling problem with batch processing machine，FJSP-BPM）和工艺规划与作业车间调度集成（integrated process planning and scheduling，IPPS）。针对不同调度问题建立相应的调度模型，采用了多种群体智能优化算法进行求解，并针对不同调度优化算法提出了有效的改进策略，取得了很好的优化效果。通过标准算例和符合调度问题特性的实际数据进行了仿真实验，确保其可以高效地解决实际应用问题，整个研究过程具有很强的学术研究价值和工程应用价值，具有重要的实际意义。

1.2 调度问题描述

1.2.1 作业车间调度问题描述

JSP 是典型的 NP-hard 问题，因此它得到了学术界广泛的关注。早在 20 世纪 50 年代早期就有很多关于调度问题的研究文献，而且，到目前为止，解决该问题的主要经典调度理论也产生于 50 年代。学术界一般认为，Johnson 于 1954 年对两台机器下作业排序问题的求解是经典调度理论的开端。

作业车间调度问题可以描述为：给定 n 个待加工工件，m 台加工设备的制造车间，每个工件按照给定的工艺路线进行加工，且各工艺路线中包含多道加工工序，每一道工序由唯一的设备完成加工且加工时间已确定，调度的目标是确定与工艺约束条件相容的各机器上所有工件的加工顺序。

1.2.2 柔性作业车间调度问题描述

"柔性"是相对于"刚性"而产生的概念，传统的"刚性"自动化生产的主要特点是可以快速大批量地生产单一种类的产品，其适应外部环境变化（客户需求动态变化）和系统内部环境变化（机器故障）的能力较差。而"柔性"生产线可以适应多品种、小批量的离散生产方式，机器和工艺都具有很强的柔性，可以更好地适应市场的动态变化需求和企业内部制造环境的突发状况。柔性作业车间调度问题由 Brucker 和 Schile[1] 在 1990 年首次提出，与 JSP 相比，FJSP 问题中工件的工序可以由多台机器加工，并且同一台机器也可以加工多道不同类别的工序，工件的选择更加灵活，机器具有更强的柔性。在 FJSP 问题的生产过程中，企业可以灵活地选择合适的资源来加工生产合适的产品，进而提高设备的利用率和企业生产效率，因此对 FJSP 问题的研究成为近年来车间调度领域的重点研究方向。

柔性作业车间调度问题可以描述为：n 个工件 $(J_1, J_2, \cdots, J_n)$ 要在 m 台设备 $(M_1, M_2, \cdots, M_m)$ 上加工；每个工件的工艺路线（工件的工序）不完全相同；同一工件的多道工序之间具有先后顺序约束，每道工序可以在多台机器上加工，即工艺路线具有柔性；同时每一台机器具备加工不同工件的不同工序的能力，即机器具有加工柔性。FJSP 问题的目标是确定工序在机器上的分配和对应的加工顺序，使系统的某些性能指标达到最优。

1.2.3 具有批处理机工序的柔性作业车间调度问题描述

批调度又称为批处理机调度或者组批调度，是兴起于 20 世纪 90 年代初并具有极强应用背景的新型调度问题。它起源于半导体生产过程中的芯片高温测试工序，在此阶段需要将多个芯片一起放到烤箱内进行测试。每个芯片的高温测试时间不同，测试时间为所有芯片测试时间的最大值。测试过程中不允许中断，并且不允许加入或者移走任何芯片，整个高温测试过程可以看作是一个典型的批调度问题。

随着制造业的高速发展，批调度问题的应用领域有了很大的拓展，已然成为调度问题的一个重要分支。在批调度问题中，一台批处理机器可以同时加工多个工件，与传统的经典调度问题差异很大，具有很高的研究价值。批调度问题经过多年研究发展已经形成了许多复杂类型，最基本的单机批调度问题描述如下[2]。

① 对于 n 个工件 $(J_1, J_2, \cdots, J_n)$，所有工件同时到达，工件 j 的加工时间为 p_j，体积为 s_j。

② 批 b 的组批约束条件为体积约束，即批中所有工件的体积之和需要小于批处理机容量 B。批 b 的加工时间为 P^b，$P^b = \max\{p_j \mid j \in B^b\}$。

③ 对于生成的批序列，每个批的完工时间等于上一个批次的完工时间和当前批次加工时间之和。

④ 批的加工过程不允许中断，批调度问题的优化目标为最大完工时间 $C_{\max}$。

本书研究的 FJSP-BPM 问题是柔性作业车间调度问题的一种扩展，广泛存在于变压器制造、半导体生产、发动机零部件制造、钢铁生产线等制造企业中。在这类问题中，工件的大部分工序独立分布在多台机器上，工序的可选加工机器和相应的加工时间各不相同，同时特定的工序需要以组批的方式统一通过类似于干燥炉、烘干机等批处理机器，是批调度与柔性作业车间调度相结合的问题。

图 1-1 为某变压器的生产示意图，以此为例来说明 FJSP-BPM 问题。整个生产过程分为两个部分。第一部分为柔性作业车间部分，n 个工件上线后，在 m 台机器上完成柔性加工；第二部分为批处理部分，相当于到达时间不同的批调度问题。其生产过程示意图，如图 1-2 所示。

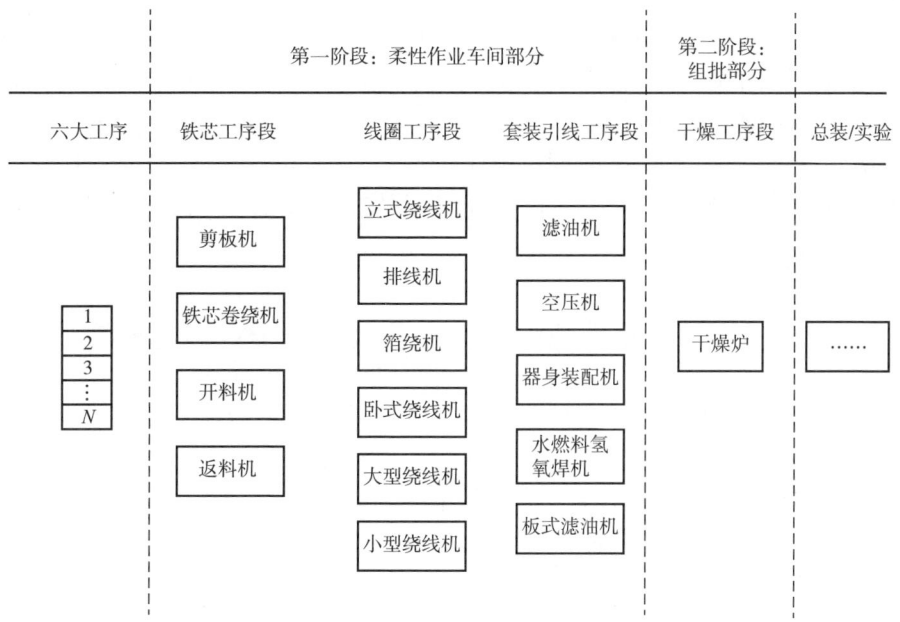

图 1-1 变压器生产示意图

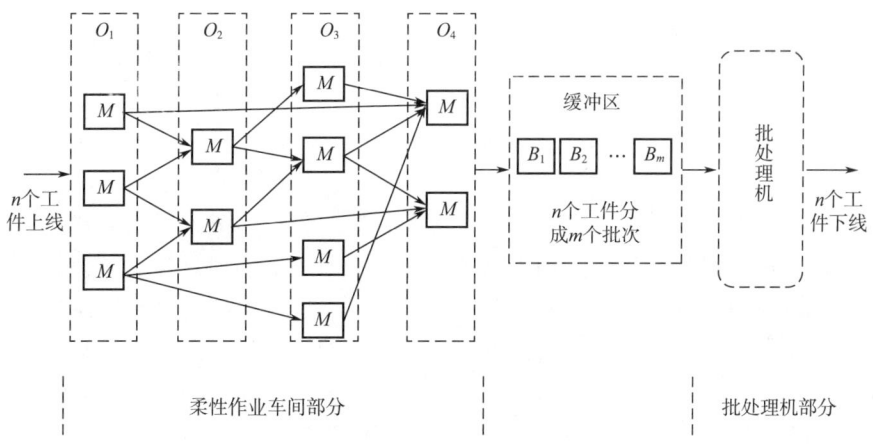

图 1-2 FJSP-BPM 示意图

具有批处理机工序的柔性作业车间调度问题可以描述为：n 个工件（J_1, J_2, $\cdots$, J_n）要在 $m+q$ 台设备（M_1, M_2, $\cdots$, M_m, M_{b1}, M_{b2}, $\cdots$, M_{bq}）上加工；所有工件在（M_1, M_2, $\cdots$, M_m）上加工时，属于柔性作业车间问题，每个工件包含多道工序和多台可选加工机器，不同工序在不同机器上的加工时间不完全相同。工件通过 FJSP 部分后以组批方式通过批处理机 M_B，批处理机 M_B 具有体积约束。每个工件单独的批处理时间不同，整个批次通过批处理机器的时间为批次中单个工件批处理时间的最大值。调度的目标是确定工件所有工序在 FJSP 部分的加工机器和机器上的加工顺序，以及工件在批处理机部分的组批方式，使系统某些性能达到最优。因此 FJSP-BPM 问题包含三个子问题：机器选择、工序排序以及批处理机部分的组批方式。此外，FJSP-BPM 问题在加工过程中还包含如下的约束条件。

（1）柔性作业车间部分
- 在同一时刻，一台机器只能加工一道工序，一道工序只能被一台机器加工。
- 工序在机器上已开始加工后，加工过程不能中断，直到工序完成。
- 不同工件之间没有加工顺序的优先级差异。
- 同一工件的多道工序之间具有加工先后顺序关系约束。
- 忽略工件在加工过程以外的缓冲时间和等待时间。

（2）批处理机部分
- 批处理机在同一时刻只能加工一个批次，并且加工过程不能中断。
- 批次中所有工件的体积之和小于批处理机的容量阈值。

1.2.4　工艺规划与作业车间调度集成问题描述

工艺规划与作业车间调度集成（IPPS）问题也可以称为具有多加工路线的柔性作业车间调度问题，是 FJSP 问题的一种扩展。在传统的研究中，研究人员往往将工艺规划与作业车间调度分为两个独立的阶段。先进行工艺规划阶段，而后进行作业车间调度阶段。对于一个待加工工件，其具有若干个加工工序用来实现该零件的所有加工特征，且每个工序之间有先后次序约束，以此为基础选取必要的工序并确定每一个工件的加工顺序和加工资源是工艺规划阶段的工作。而作业车间调度阶段是指在满足各种约束条件的情况下，分配各工序到具体机器上进行加工、安排加工顺序。由于这两部分往往互相影响，相互制约，将两阶段独立开来进行的方法是离散的，忽略了工艺加工路线的柔性和工序加工顺序的柔性对柔性车间调度的影响，这并不符合混合作业车间实际的生产要求。

在 IPPS 中，工艺规划系统首先需要为车间调度系统动态地提供各个工件的近优工艺路线，所以说柔性工艺规划方法是对柔性工艺规划与车间调度集成进行优化的前提。工件的工艺柔性主要有三种：加工柔性、加工次序柔性和工序柔性。加工柔性指零件的同一加工特征可以选用不同的加工工艺。加工次序柔性指被加工零件具有多个加工特征，这些加工特征之间存在加工次序约束。工序柔性是指零件的每一道工序可以在不同的设备上进行加工。IPPS 中往往考虑以上三种柔性对最终解进行优化。

随着科技发展和工艺改进，引入了数控加工中心，使其具备了多类型柔性加工能力，大大增加了 IPPS 问题的复杂程度。尽管传统经典 JSP 和 FJSP 的解空间巨大，已经证明为 NP-hard 问题。可 IPPS 问题比起 FJSP 问题的解空间更大，优化更加复杂。

IPPS 是一个比较复杂的生产调度问题，以齿轮生产为例，一个 V 带轮磨削工艺方案可分为 8 个工艺阶段，共 14 个操作。具体到每个工件的生产时，可以根据当前设备状态动态分配。也就是说，相同的工件具有不同的工艺路径。其中，工艺阶段 P_3 和 P_4 可以交换加工次序；工序 O_{12} 和 O_{13} 也可以交换加工次序；P_4 阶段具有两组独立的加工路径，加工时应选择其中之一进行；工序 O_{10} 可以在工序 O_1 到 O_{11} 之间任意时刻加工。由此分析，V 带轮磨削工艺具有 4 个可变工艺过程。此外，每个加工操作可以选择在不同的机器上完成。对这样的工件进行生产调度，其调度模型就是一个典型的具有加工计划柔性的 IPPS 问题。V 带轮的结构图如图 1-3 所示，表 1-1 给出了具体的工艺信息。

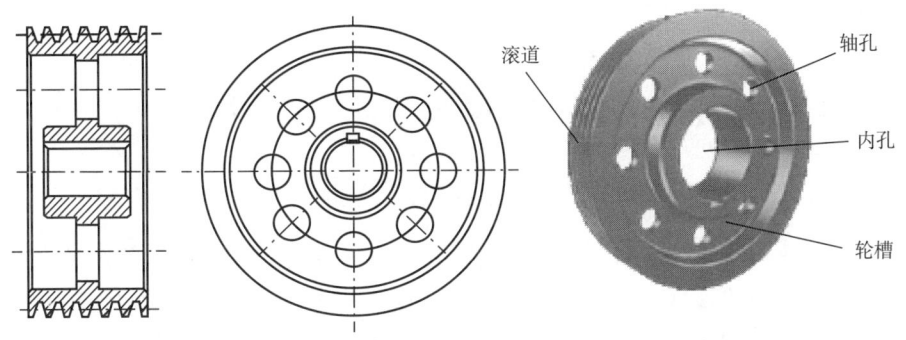

图 1-3 V 带轮结构图

表 1-1 V 带轮工艺信息

工艺号	工艺描述	工序号	工序信息
P_1	铸造	O_1	金属型铸造
P_2	外形尺寸面	O_2	轮表面粗磨削
		O_3	轮槽粗磨削

续表

工艺号	工艺描述	工序号	工序信息
P_3	Φ30 腹中板内孔	O_4	车中心孔
		O_5	磨中心孔
P_4	Φ10 腹中板轴孔	O_6	镗轴孔
		O_7	磨轴孔
		O_8	钻床打孔
		O_9	磨轴孔
P_5	滚道	O_{10}	滚道粗磨削
P_6	调质	O_{11}	热处理
P_7	精磨	O_{12}	外表面精磨
		O_{13}	内表面精磨
P_8	亮化	O_{14}	电解抛光

工艺规划与作业车间调度集成问题可以描述为：给定 n 个待加工工件，m 台加工设备的制造车间，每个工件存在多条可选的工艺路线，各工艺路线中包含多道加工工序，每一道工序可以由不同的设备完成加工，每一个设备具备完成加工不同工序的能力，调度的目标是确定每个工件的工艺路径，工件的每一道工序的加工机器，以及每台机器上各工件的加工顺序。

1.3 相关调度问题研究现状

1.3.1 作业车间调度问题研究现状

JSP 是最困难的约束组合优化问题和典型的 NP-hard 问题，其特点是没有一个有效的算法能在多项式时间内求出其最优解。研究设计快速而精确的调度算法是调度和优化领域的重要课题。研究 JSP 最初主要采用最优化方法，但计算规模不能够很大，且实用受到限制。近年来，基于生物学、物理学、人工智能、神经网络、计算机技术及仿真技术的生产调度研究得到迅速发展，为调度问题的研究与发展开辟了新的思路。

王凌等[3]对基于遗传算法的作业车间调度问题的研究现状进行了总结。赵诗奎等[4,5]研究了针对 JSP 问题的基于工序编码和邻域搜索策略遗传算法，以及空闲时间邻域搜索遗传算法。Goncalves 等[6]提出了一种求解 JSP 问题的随机键遗传算法，改进了 57 个 JSP 问题基准实例的当前最优解。

Taillard[7]首先将禁忌搜索算法用于求解作业车间调度问题。Nowicki 等[8]

在 1996 年提出一种基于关键路径和块结构的禁忌搜索算法求解 JSP 问题（taboo search algorithm with back jump tracking，TSAB），在此基础上，于 2002 年，提出了更为高效的 i-TSAB（improved TSAB）算法[9]。2007 年，Zhang 等[10]提出了基于 N7 邻域结构的禁忌搜索算法，2008 年，进一步将禁忌搜索和模拟退火算法混合[11]，在一些 JSP 问题基准算例的求解上获得了新的解。

Cao 等[12]利用蚁群算法的全局搜索性能和禁忌搜索算法的局部搜索性能，求解作业车间调度问题。吴昊等[13]提出了基于 MapReduce 的蚁群算法，将分治思想和模拟退火算法融入蚁群算法。王常青等[14]借鉴精英策略的思路，提出使用多种挥发方式的双向收敛蚁群算法，求解作业车间调度问题。

Zhang 等[15]针对 JSP 问题，以加权拖期和为优化目标，提出一种新的人工蜂群算法。Wang 等[16]融合混沌理论和最优解附近搜索策略，利用生物地理学优化算法求解 JSP 问题。易军等[17]提出一种基于变邻域趋化操作的细菌觅食优化算法求解作业车间调度问题。董君等[18]提出了新型教与同伴学习粒子群算法，通过教学阶段融合多邻域搜索，采用多样性变异策略以及同伴学习阶段采用混合学习策略三个方面的改进操作。赵诗奎[19]提出一种有效的多工序联动邻域结构。吕媛媛等[20]采用改进多目标粒子群（improved multi-object particle swarm optimization，IMOPSO）算法求解多处理机任务的 JSP 问题。该算法以 IPOX 交叉和多轮变异策略更新粒子；根据动态邻域思想设计新的外部种群寻优机制寻找每一代较优解，结合个体拥挤距离删减并维护外部种群。

1.3.2 柔性作业车间调度问题研究现状

"柔性"是相对于"刚性"而言的，传统的"刚性"自动化生产线主要实现单一品种的大批量生产。而"柔性"生产线可以在较短的生产周期内，生产出较低成本、较高质量的不同品种产品。柔性一般主要包括：机器柔性、工艺柔性、产品柔性、维护柔性、生产能力柔性、扩展柔性和运动柔性等。本研究主要研究对象是带有机器柔性的作业车间调度问题。Brucker 和 Schile 在 1990 年首次提出 FJSP 的概念，部分文献也称其为带有机器柔性的 JSP 或具有柔性加工路径的 JSP。工件的每道工序可以在多台机器上进行加工，加工时间不一定相同。该问题包含两个子问题：确定各工件的加工机器（机器选择子问题）和确定各个机器上加工先后顺序（工序排序子问题）。同时，在 FJSP 中，还存在循环排列特性（circular permutation）与传统经典 JSP 问题不同，即在 FJSP 中，存在同一工件的多道工序可以被同一台机器进行加工，而不是每一道工序只能被同一台机器加工一次。

单目标最小化最大完工时间问题在过去几十年里得到了广泛的研究。与单目标 FJSP 相比，许多实际调度问题通常涉及多个目标的同时优化，即一个目标的改进不可避免地会导致其他一些目标的恶化。因此,多目标 FJSP 在实际生产环境中表现出了良好的性能。例如,Xia W 等[21]使用粒子群算法和模拟退火的混合算法研究了这个问题。张广华等[22]提出了一种粒子群算法与禁忌搜索算法相结合的混合算法,禁忌搜索为局部搜索算法。J. Gao 等[23]提出了一种混合遗传算法。基于 Pareto 理论的多目标进化算法由于具有良好的分布式求解能力而被广泛采用。基于 Pareto 的方法的目的是在没有先验信息的情况下寻找 Pareto 最优解集,并通过得到的解的分布来展示目标之间的权衡。李俊青等[24]提出了一种混合的基于 Pareto 的局部搜索(Pareto-based local search, PLS)算法和基于 VNS (variable neighborhood search)算法的自适应局部搜索策略。Kacem 等[25]提出了一种基于 Pareto 的模糊逻辑和进化算法。C. Wang 等[26]提出了一种可变邻域进化算法(Variable neighborhood evolutionary algorithm, VNEA),并嵌入了基于两种邻域结构的局部搜索。N. B. Ho 等[27]研究了一种结合有指导的局部搜索和外部 Pareto 存档集的混合进化算法,王凌等[28]提出了一种有效的基于 Pareto 的分布估计算法(pareto-based estimation of distribution algorithm, P-EDA)。高开周等[29]提出了一种基于 Pareto 的搜索算法(pareto-based grouping discrete harmony search, PGDHS),此外,高开周等[30,31]进一步详细分析了元启发式和群体智能算法在解决柔性作业车间调度问题中的应用情况。

1.3.3　具有批处理机工序的柔性作业车间调度问题研究现状

FJSP-BPM 问题属于车间调度和批调度相结合的调度问题,目前此类调度问题的研究较少,并且二者结合的方式各不相同。郑旭[32]研究了流水车间和批调度相结合的调度问题,以能耗为优化目标,设计了不同类别的流水车间和批调度的结合方式。和莉[33]研究了柔性流水车间批调度问题,提出基于离散事件仿真及改进基因表达式编程(discrete-event simulation and gene expression programming, DES-GEP)的调度框架。黄锦钿等[34]针对模具热处理车间调度问题,综合考虑淬火和回火两道工序,研究了柔性流水车间批调度算法。周盛超[35]研究了差异工件两类批处理机的流水车间调度问题,把批调度问题与两阶段流水车间问题相结合,并采用启发式算法对其进行求解。朱顾等[36]采用微粒群算法和 NEH (nawaz, enscore, and ham)启发式算法相结合的混合算法,用来求解流水车间批调度问题。尹慢等[37]研究了大规模柔性作业车间排产调度问题,采用了基于工件的批调度方法降解问题规模,并利用自适应遗传算法优化求解。杨开兵[38]针对多目标流水车间批调度问题,提出顺序分批方法对工件进行分批,采用改进的可控权重进化算法,利用整批对换式邻域进行局部搜索。林刚等[39]针对流水车间类型的模具热处理生产过程,分析了问题特点,以加权拖期惩罚指数和能耗指数为优化目标构建了两阶段平行机批调度问题的数学模型。陈成栋等[40]提出一种改进的蚁群优化算法来求解两阶段批处理机调度问题，取得了不错的优化效果。

从上述研究成果可以看出，在关于车间调度和批调度统一研究的调度问题中，大部分的研究都是流水车间和批调度相结合，柔性作业车间和批调度的结合问题较少；同时在结合方式方面，主要的研究方式是先组批，然后再车间调度，此外还有少量研究属于一边分批一边车间调度的两阶段车间调度方式[41-45]。本书研究的具有批处理机工序的柔性作业车间调度问题，属于先车间调度，然后再组批调度的结合方式，是一类具有很强工业背景的柔性作业车间调度问题和批调度相结合的问题，广泛存在于变压器生产、变速箱自制件生产、钢铁生产行业等制造业中。对 FJSP-BPM 问题的研究，可以提高相关生产类型企业生产效率和经济效益，具有很高的研究价值和意义。

1.3.4 工艺规划与作业车间调度集成问题研究现状

工艺路线规划和作业车间调度是制造系统中两个十分重要的子系统。其中，工艺路线规划的作用是确定每个零件的加工顺序、加工方法，以及制造所需的制造资源（加工机器）和制造时间；作业车间调度的作用是对所有待加工的零件根据制造环境约束进行调度。在传统的研究中，研究人员将二者作为两个独立的系统分别研究并按顺序调用，而对它们的集成研究还不够，这导致了以下问题。

①在每个零件的工艺路线方案确定之后进行作业车间调度，限制了制造系统适应制造过程中车间资源状态动态变化的能力，降低了制造系统的柔性。

②在对每个零件进行工艺路线规划时，如果不考虑车间的资源状态（如机器），某些加工资源会被大量分配从而导致资源利用率严重失衡。

③不考虑车间资源状态的工艺路线规划在进行下一步的作业车间调度时通常会变得不可行，因为车间状态发生了实时变化，比如由于过度利用某个零件需要的加工资源而导致整个加工过程停滞。

④工艺路径规划和作业车间调度的优化目标通常是冲突的，顺序进行工艺路线优化和作业车间调度往往会忽略两者目标的不同，从而很难实现制造系统的整体最优。

为了解决以上问题，将工艺路线规划和作业车间调度进行集成是十分必要的。在过去的几十年里，研究人员使用了各种方法来解决 IPPS 问题。目前已提出了多种 IPPS 模型。

（1）非线性工艺路线规划（nonlinear process planning，NLPP）

NLPP 是 Jain 等[46]提出的一种基本 IPPS 模型。所有潜在的工艺路线都将被考虑并保存。NLPP 的方法是首先生成某个零件的所有可行工艺路线，然后按照优化目标进行排序，最后调度模块重复选择工艺路线，直到为每个零件找到合适的工艺路线方案为止。由于该模型是一个大规模组合优化问题,目前对 IPPS 的研究大多集中在该模型的改进和实现上。

(2) 闭环工艺路线规划(closed loop process planning,CLPP)

CLPP 与 NLPP 的不同之处在于它引入了动态反馈机制。通常调度系统将当前车间的机器负荷等信息反馈给工艺路线规划,使其进行相应的调整以适应当前的生产环境。该动态仿真系统提高了工艺规划系统的实时性、直观性和可操作性,提高了可选工艺路线的利用率。但由于 CLPP 强调实时性且需要一系列硬件及软件的支持因而在应用时将会面临一系列问题。

(3) 分布式工艺路线规划(distributed process planning,DPP)

DPP 将零件生产的工艺路线规划分为两个阶段。首先,分析零件的加工特征和相互关系,并确定相应的加工过程;然后,通过协调车间加工资源状态和加工过程对资源的需求来确定最终每个零件的工艺路线,同时最终的作业车间调度方案也可以确定。

Varela 等[47]对这些方法及其特点、优缺点进行了更详细的讨论。本书第 9 章在 NLPP 方法的基础上,建立了 IPPS 的数学模型。

现有的大多数文献都是针对单目标 IPPS 问题求解,研究多目标 IPPS 问题的文献相对较少。Morad[48]设计了一种基于遗传算法的多目标 IPPS 问题求解方法,采用加权和法处理三个优化目标。Baykasoglu[49,50]提出了基于多目标禁忌搜索算法(multi-objective taboo search,MOTS)求解多目标 IPPS 问题。鞠海华[51]使用 NSGA-Ⅱ(non-dominated sorting genetic algorithm Ⅱ)同时优化多个目标,该研究首次提出了基于 Pareto 理论的多目标进化算法求解多目标 IPPS 问题。Rajkumar[52]采用了贪婪随机自适应搜索算法(greedy randomized adaptive search procedures,GRASP)。Wang[53]研究了一种带有局部搜索策略的粒子群优化算法。Li[54]使用非合作博弈论同时优化多目标 IPPS 问题。文笑雨[55,56]提出了蜜蜂繁殖优化算法的多目标 IPPS 求解方法。夏浩[57]基于 OR 子图建立动态环境下多目标 IPPS 问题优化模型,并采用改进遗传算法求解模型。宋栓军等[58]采用改进蜂群算法的适应度函数和贪婪准则,对多工件多机床的 IPPS 问题进行多目标优化。

1.4 调度问题的研究方法

调度优化问题本质上属于组合优化问题,其求解方法一般可以分为精确方法和近似方法两类。精确算法以坚实的数学理论为基础,理论上可以求得调度问题的最优解,但是随着问题规模增大,其计算复杂度呈指数增长,求解变得困难并且求解时间很长;近似方法可以在很快的时间内得到能够令人接受的近似最优解,对于大规模问题非常适合,可以满足生产调度问题的实际生产需求,近些年来逐渐成为调度求解方法的研究重点。

1.4.1 精确方法

这类方法虽然从理论上能够寻找到最优解,但由于其计算复杂度较高,使得精确求解方法只适用于规模不大的问题和性质并不十分复杂的优化问题。而在实际生产环境中存在许多不确定性的因素会对问题的求解带来很大的限制。

(1) 数学规划法 (mathematical programming)

数学规划法是较早的用于求解调度问题的方法。其中最常见的方法是混合整数规划 (mixed integer programming),该方法只带有一组线性约束和一个线性目标函数,其限制决策变量必须是整数。这导致在运算中出现的整数数量呈指数规模增长[59],即便使用更好更简洁的公式表述,也需要大量的约束条件。Bartholomew[60]认为调度问题的整数规划在计算上是不可实现的。Nemhauser 和 Wolsey[61]和 Blazewicz 等[62]进一步强调这种困难并指出数学规划模型并未使调度问题有所突破。实际上数学规划也只能在允许的有限时间内解决一些非常简单的问题。

拉格朗日松弛法 (lagrangian relaxation)[63]和分解方法 (decomposition methods)[64]是求解调度问题比较成功的数学方法。拉格朗日松弛法用非负拉格朗日乘子将工艺约束和资源约束进行松弛,最后将惩罚函数加入目标函数中。分解方法将原问题分解为多个小的易于解决的子问题,分别对子问题求出最优。

(2) 分支定界法 (bound & branch, B&B)

分支定界法用动态树结构来描述所有可行解排序的解空间,树的分支隐含有要被搜索的可行解。Balas[65]在 1969 年提出的基于析取图的枚举算法是最早应用于求解调度问题的分支定界算法。Carlier 和 Pinson[66]在 1989 年提出了一种 B&B 方法,第一次验证了 FT10 基准实例的最优解是 930。自从 20 世纪 90 年代以来,一系列关于该方法的研究显示,由于存在内存溢出等问题,B&B 算法不能在合理的时间内解决总工序数超过 250 的调度问题[67]。目前,这种方法的研究重心是如何与智能算法相结合,以便在最初的搜索阶段大量减少节点,提高搜索效率和求解效果。

1.4.2 近似方法

由于大多数的调度问题属于 NP-hard 问题。精确求解方法无法解决一些计算量大的复杂问题,所以许多研究学者采用各种近似或者启发式的方法来对这类问题进行求解。近似求解方法能在有限的时间内找到相对满意的次优解,这种方法可以用来解决较大规模的实际调度问题。近似方法求解调度问题的主要技术和分类如图 1-4 所示。

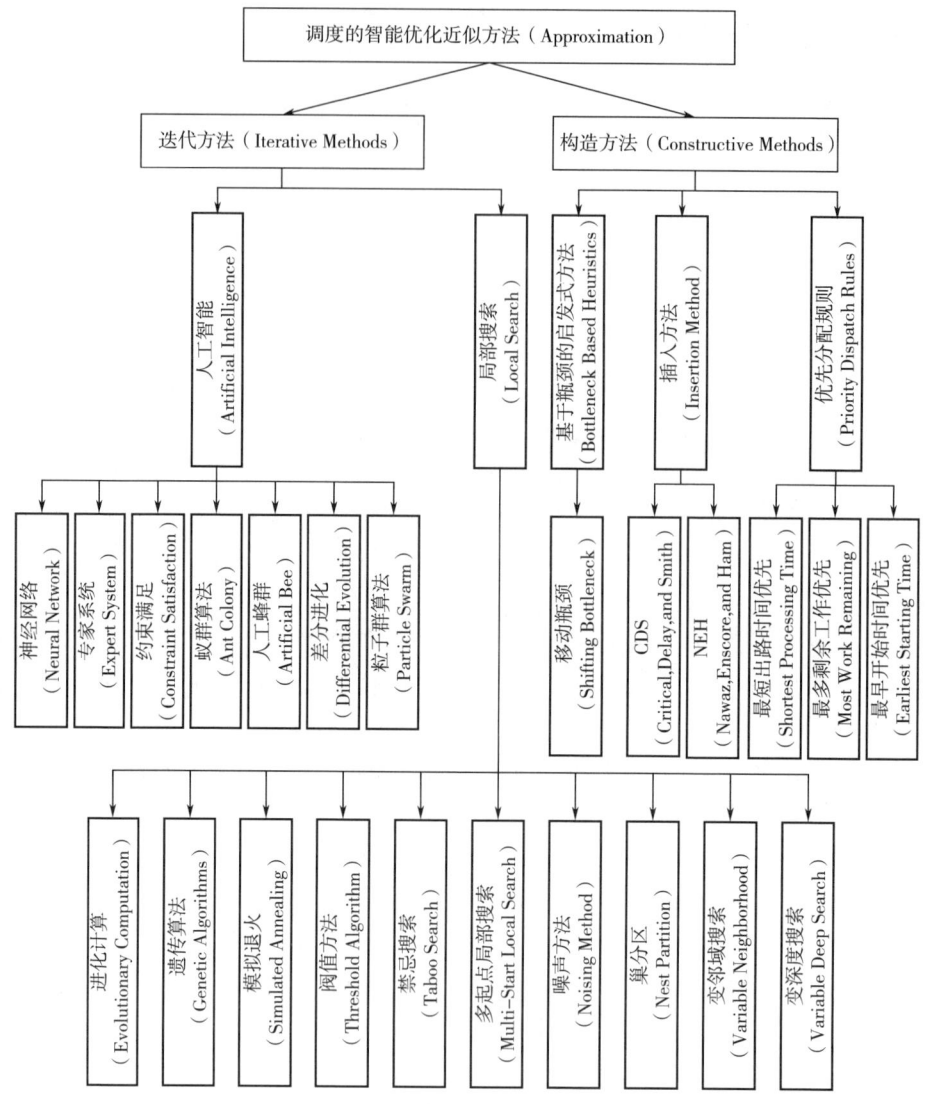

图 1-4　调度问题的智能优化近似方法的技术和分类

（1）构造方法

优先分配规则（priority dispatch rules，PDR）方法[68]是最早的近似算法。该方法是分配一个优先权给所有的被加工工序，然后选出优先权最高的加工工序最先排序，接下来按优先权次序依次进行排序。这种方法非常容易实现，并且计算复杂性低。Panwalkar 和 Iskander[69]对各种不同规则进行了归纳和总结，并指出最好的优先分配规则算法是几种优先分配规则的组合方法。Grabot 和 Geneste[70]

提出了更加新颖的优先分配规则算法,包含了模糊逻辑和遗传局部搜索。总之,大量该领域的研究工作表明:对于大规模调度问题,多种优先分派规则组合使用更具优势;另外,该方法只考虑机器的当前状态和解的质量等级等问题,而不能全面地考虑问题。

基于瓶颈的启发式方法(bottleneck based heuristic,BBH)包括瓶颈移动方法(shifting bottleneck procedure,SBP)和射束(beam)搜索方法。Adams[71]在1988年提出的SBP是第一个解决FT10基准实例的启发式算法。这个构造算法能取得好的结果的主要原因之一应归功于彻底解决了单一机器排序问题。SBP方法是按照解的大小顺序对所有机器进行排序,将最大下界的机器确定为瓶颈机器。对瓶颈机器排序,留下被忽视的未被排序的机器,固定已排序的机器。当每次瓶颈机器排序后,每个先前被排定的有接受改进能力的机器,通过解决单一机器问题的方法,再次被局部重新最优化。而单一机器问题的排序是用 Carlier[72] 的方法通过迭代来解决。详细的改进研究可以参考文献[73-75],SBP方法虽然能比PDR方法提供质量更好的解,但算法实施较复杂,计算时间更长。

(2)人工智能方法

约束满足技术(constraint satisfaction,CS)是通过运用约束减少搜索空间有效规模的一种技术。这些约束限制了选择变量的次序和分配到每个变量可能值的排序。当一个值被分配给一个变量后,不一致的情况将被剔除,去掉不一致的过程称为一致性检查(consistency checking),但是也需要进行回访修正,当所有的变量都得到了分配的值,并且不与约束冲突时,约束满足问题就得到了解决[76]。其他几种更改或改进系统有 ISIS[77]、OPIS[78]、CORTES[79]、SOJA[80]、OPAL[81] 和 FURNEX[82] 等。这些系统的成功开发为智能调度技术的应用和发展奠定了一定的基础。但是 Pesch[83] 指出,该方法只是在一定程度上给调度者高水平的指导方针,较少应用于实际调度。

神经网络(neural network,NN)指由大量简单"神经元"互连而构成的一种计算结构,它在某种程度上可以模拟生物神经系统的工作过程,从而具备解决实际问题的能力,目前应用最多的是 Hopfield 网络和 BP(back propagation)网络。Simon 和 Takefuji[84]最早提出用 Hopfield 网络求解调度问题,并且将模拟退火过程应用于神经网络模型以避免收敛到局部最优。Remus[85]最早研究 BP 神经网络求解调度问题。Jain[86]提出了 BP 神经网络的改进方案求解调度问题。Yang[87]采用了满足约束条件的神经网络和启发式算法用于通用车间的调度。由于神经网络通过训练和学习来寻找输入和输出的关系,随着问题规模的增大,网络规模也急剧地增大。因此,目前的方法仅能解决规模较小的问题,计算效率较低,较少应用于实际调度。

专家系统(expert system,ES)是一种在特定领域内模拟人类专家思维解决领域问题的计算机程序,主要由知识库和推理机制两个部分组成。它将传统的调度方法与基于知识的调度评价相结合,根据系统当前的状态和给定的优化目标,对知识库进行有效的启发式搜索和并行模糊推理,避开烦琐的计算,并选择最优的调度策略,为在线决策提供支持[88]。该方法的不足之处在于开发周期长,成本昂贵,需要丰富的调度经验和知识,对新环境适应性差等。

为了解决复杂问题,克服单一的专家系统造成的知识有限、处理能力弱等问题,人们提出了分布式人工智能(distributed artificial intelligence,DAI)调度系统。多智能体系统(multi-agent system,MAS)由多个 Agent 协调组成的自组织系统,是 DAI 的研究重点。由于 MAS 在解决复杂系统时具有良好的灵活性和适应性,其在实际生产中不确定因素较多的柔性调度邻域获得了越来越多的应用[89]。不过和专家系统或基于知识的系统一样,MAS 也存在建立"知识库"的瓶颈问题,需要丰富的调度经验和知识。

(3)群体智能优化算法

群体智能优化算法是根据生物种群特有的一些属性而抽象出来的一类算法。这类方法的特点是通用性强、求解速度快且无需问题的任何特殊信息等。这种算法属于近似方法中的元启发式算法,主要包括遗传算法、粒子群算法、蚁群算法、差分进化算法和人工蜂群算法等。本书所采用的算法均为群体智能优化算法,相关的算法在第 2 章有详细的介绍。

(4)局部搜索算法

局部搜索(local search,LS)是人们从生物进化、物理过程中受到启用于求解组合优化问题的方法,是从早期的启发式算法演化而来。局部搜索算法是求解调度问题最有效的方法之一。虽然这类算法是近似方法,但求解速度快,可以满足解决实际问题的需要,而且通过优化设计,局部搜索算法常常可以得到最优解,因此对局部搜索算法的研究颇受重视。基本局部搜索方法通常是从一个初始解开始进行搜索,初始解可以用贪心法、随机法或其他的适当的方法产生。在基本局部搜索方法的基础上,采用上述不同的改进措施,就形成了以下的各种局部搜索方法。主要包括:多起点局部搜索(multi-start local search,MSLS)、模拟退火(simulated annealing,SA)、禁忌搜索(taboo search,TS)等。本书采用了其中的禁忌搜索算法,在第三章有详细的介绍。

1.5 本书的结构安排与主要内容

本书分别研究了作业车间调度问题、柔性作业车间调度问题、具有批处理机工序的柔性作业车间调度问题和工艺规划与作业车间调度集成问题,调度问题由浅到深、循序渐进、层层深入,分别针对不同的调度问题提出智能优化算法进行改进，设计了适合不同约束的算法策略。本书各章的具体工作内容安排如下。

第 1 章，介绍调度问题的研究背景和意义。针对作业车间调度问题及其三类扩展问题，柔性作业车间调度、具有批处理机工序的柔性作业车间调度和工艺规划与作业车间调度集成问题，进行了问题的描述，并对其国内外研究现状进行了系统全面的综述。然后，介绍了调度问题的两类研究方法：精确方法和近似方法。最后阐明了本书的主要研究工作和结构安排。

第 2 章，群体智能优化算法概述。对本书涉及的群体智能优化算法中的蚁群算法、差分进化算法、遗传算法、粒子群算法和人工蜂群算法，以及多目标优化算法中的 MEDAD（multi-objective evolutionary algorithm based on decomposition）算法和 NSGA-Ⅱ算法进行了详细的介绍。针对群体智能优化算法的改进策略进行了综述。针对单目标和多目标两种智能优化算法，本章介绍了两类评价方法：对于已知全局最优解的单目标优化问题，介绍了全局收敛性分析方法；对于无法确认 Pareto 最优解集的多目标优化问题，根据评价指标衡量解集的特性，介绍了三种算法性能评价指标。

第 3 章，研究了作业车间调度问题 JSP，并建立了数学模型。通过对 JSP 问题解的邻域结构分析，提出了一种基于关键工序的邻域结构的搜索方法，并将使用此邻域搜索方法的禁忌搜索算法嵌入蚁群算法。利用禁忌搜索算法较强的局部搜索能力，提高了蚁群算法的开发能力，改善了作业车间调度问题解的质量。最后，通过运用马尔科夫链理论证明该混合算法收敛到全局最优解。本研究为单目标函数（最大完工时间最小，makespan）研究。实验结果表明，该混合算法是一个求解作业车间调度问题的有效方法。

第 4 章，研究了柔性作业车间调度问题 FJSP，并建立了数学模型。为了实现算法在进化的不同阶段动态调整探索和开发能力，设计了一种基于自适应多种群策略的差分进化算法，并给出了算法复杂性分析。该算法通过聚类划分将整个种群划分为若干个子种群，并根据搜索反馈信息动态调整子种群的大小。此外，还设计了两种搜索方程（一种具有较强的开发性，一种具有较强的探索性）。每个子群分配具有不同特性的搜索策略，并根据每种策略生成保留候选解的成功率，动态调整每种策略的选择概率，有效平衡了算法的探索性和开发性。此外，结合 FJSP 问题特征和目标函数特点，本章设计了一种多目标多规则 Giffler & Thompson 算法，实现初始种群的构造；并提出了一种新颖的变异、交叉和替换算子，实现个体在优化过程中信息的交换和利用。本研究为多目标函数（最大完工时间最小、最大负荷机器最小和机器总负荷最小）研究。实验结果表明，该算法求解 FJSP 问题时，优于相关文献中的智能优化算法。

第 5 章，研究了具有单批处理机的柔性作业车间调度问题（flexible job shop scheduling problem with single batch processing machine，FJSP-SBPM），定义了问

题的数学模型和相应的约束条件,并提出了一种改进的免疫遗传算法进行求解。算法引入了贪婪最优解和交叉熵的思想,通过计算个体与贪婪最优解交叉熵相似度的方式来优化调度问题中的机器选择部分,提高整个算法的搜索速度。工序排序部分,设计了基于 N5 邻域结构的禁忌搜索局部算法;批处理机部分,设计了一种快速分批的 ERT-BF(earliest release time-best fit)分批规则来提高组批效率。最后在实验验证阶段,分别采用标准的 FJSP 算例和符合 FJSP-SBPM 问题特性的某变压器生产车间的实际数据,对所提出的算法性能进行了验证和分析。

第 6 章,研究了具有平行批处理机的柔性作业车间调度问题(flexible job shop scheduling problem with parallel batch processing machines,FJSP-PBPM),并提出了一种强化离散粒子群算法进行求解。算法引入了强化学习中 Q-Learning(quality learning)思想,分别定义了符合 FJSP-PBPM 调度问题特性的状态空间、动作空间、奖励函数、转移矩阵等,形成的强化离散粒子群算法提高了算法的搜索能力。编码部分采用包含机器选择、工序排序和批处理机选择的三段编码方式,并设计了有效的粒子更新方式。同时针对问题中工序排序部分和批处理机选择部分,分别设计了有效邻域搜索规则和批处理机器选择规则,提高了混合算法全局和局部搜索的能力。最后分别采用 FJSP 基准实例和符合 FJSP-PBPM 特性的某变压器制造企业的实际数据,验证了强化离散粒子群算法的性能优势。

第 7 章,研究了具有平行批处理机的多目标柔性作业车间问题(multi-objective flexible job shop scheduling problem with parallel batch processing machines,MOFJSP-PBPM),并提出了一种静态多种群 MOEAD(multi-objective evolutionary algorithm based on decomposition)算法进行优化求解。算法结合多种群策略的优势,为每个子种群设计了包含不同聚合函数的 MOEAD 算法,并通过种群协同交互来实现信息交换和通信。同时在局部搜索方面,采用了基于邻域结构和贪心策略的局部搜索方式,提高算法的整体优化效果。实验阶段,通过 FJSP 基准实例和符合 MOFJSP-PBPM 特性的某变压器制造企业的实际数据进行实验仿真,结果表明,该算法相对其他算法具有很好的性能优势。

第 8 章,研究了具有平行批处理机和时间约束的柔性作业车间调度问题(time constrained flexible job shop scheduling problem with parallel batch processing machines,TCFJSP-PBPM),并提出了一种动态多种群协同进化 NSGA-II 算法求解。算法采用了动态聚类的方式形成多个子种群,然后根据非支配解和拥挤度距离对不同子种群进行分级,并通过概率矩阵来进行种群间的信息交互。设计了符合问题特性的编码方式和进化算子,对 NSGA-II 中的拥挤度距离和精英保留策略进行改进,然后对时间约束部分的解析规则做了详尽的分析。实验验证阶段,首先利用标准的 FJSP 基准问题验证所提算法的性能,然后利用符合 TCFJSP-PBPM 问题特性的某变压器制造企业的生产数据,验证了所提出的算法能够对调度问题进行有效求解。

第 9 章，研究了工艺规划与作业车间调度集成问题 IPPS，并建立了数学模型。结合问题特性和目标函数特点，本章设计了一种多策略人工蜂群算法，通过自适应机制在优化的不同阶段采用不同的搜索策略，实现对探索和开发的动态调整。为了进一步提高算法对优化目标的开发能力，在算法中嵌入了面向目标特性的局部搜索功能。最后，给出了该算法的复杂性分析。本研究构建了基于工序排列的三层编码方法，为了在解码时避免不可行解，采用了改进 Giffler&Thompson 算法进行解码。同时，为了直接在搜索空间中生成可行解，新颖的邻域结构被设计。本研究为多目标函数（最大完工时间最小、最大负荷机器最小和机器总负荷最小）研究。实验结果表明，该算法优于相关文献中的智能优化算法，并具有很强的多目标搜索能力。

第 10 章，根据排产优化调度系统的需求，设计了面向服务的软件架构，该架构包含多种智能算法的算法库，突出面向服务设计思想。为了进一步提高系统的通用性，采用聚类方式进行软件重构，以纵切的方式提取基于调度功能的核心业务关注点模块。然后，在此基础上，采用面向切面技术横切业务模块，建立面向切面的构件库，提高代码的可重用性。最后，展示了应用本书相关技术开发的某军工企业"智能部装单元生产管理系统——计划排产子系统"。

第 2 章 群体智能优化算法概述

2.1 引言

与各种各样的自适应随机搜索算法相比,演化计算技术创造了被称为"种群"的潜在解,并通过种群间个体的协作与竞争来实现对问题最优解的搜寻[90],这类方法往往能够比传统优化方法更快地发现复杂优化问题的最优解。群体智能(swarm intelligence)作为一种新兴的演化计算技术已成为越来越多研究者的关注焦点,它与人工生命,特别是进化策略以及遗传算法有着极为特殊的联系。群体智能中的群体指的是"一组相互之间可以进行直接通信或者间接通信(通过改变局部环境)的主体(agent),这组主体能够合作进行分布式的问题求解",而群体智能则是指"无智能或只具有简单智能的主体通过任何形式的聚集协同而涌现出智能行为的特性"。群体智能在没有集中控制且不提供全局模型的前提下,为寻找复杂的离散问题求解方案提供了基础[91]。

本章首先对群体智能优化算法中的蚁群算法、差分进化算法、遗传算法、粒子群算法和人工蜂群算法做了详细的介绍。然后,从新的搜索方程、控制参数、算法混合和多策略自适应四个方面,对群体智能优化算法的研究现状进行了综述。为了更好地评价算法,本章对 Solis 和 Wets 关于纯粹智能优化算法能够收敛于全局最优解的两个假设条件 H1 和 H2 做了简要介绍。最后,对多目标优化问题的基本理论、算法和性能评价指标也进行了阐述。

2.2 群体智能优化算法

在众多求解调度问题的近似方法中,使用最广泛且最具有代表性的算法是群体智能优化算法。该类算法具有自适应性好、搜索效率高、鲁棒性强等诸多优点,在求解车间调度问题上展现出很好的性能,逐渐成为诸多智能优化算法中的首选。这些算法依靠的是概率搜索算法,虽然概率搜索算法通常要采用较多评价函数,但与梯度方法及传统的演化算法相比,其优点还是显著的[92]:①无集中控制约束,不会因个别个体的故障影响整个问题的求解,确保了系统具备更强的鲁棒性;②以非直接的信息交流方式确保了系统的扩展性;③并行分布式算法模型,可充分利用多处理器;④对问题定义的连续性无特殊要求,适用于离散问题求解;⑤算法实现简单。

群体智能优化算法易于实现,算法中仅涉及各种基本数学操作,其数据处理过程对内存和CPU的要求不高。且这种方法只需目标函数的输出值,而无需其梯度信息。已完成的群体智能理论和应用方法研究证明群体智能优化算法是一种能够有效解决大多数全局优化问题的新方法[93]。无论是从理论研究还是应用研究的角度分析,群体智能理论及应用研究都是具有重要学术意义和现实价值的。

目前,群体智能优化理论研究领域有以下主要的算法[94]:蚁群算法(ant colony optimization,ACO)、粒子群算法(particle swarm optimization,PSO)、人工免疫算法(artificial immune algorithm,AIA)、遗传算法(genetic algorithm,GA)、细菌觅食算法(bacteria foraging optimization,BFO)、人工蜂群算法(artificial bee colony,ABC)、人工鱼群算法(artificial fish swarm algorithm,AFSA)和差分进化算法(differential evolution,DE)等。下面将对本书研究所涉及的智能优化算法进行介绍。

2.2.1 蚁群算法

蚁群算法(ACO)是由Dorigo在1991年首次提出[95],是对蚂蚁群落食物采集过程的模拟,用以求解旅行商问题(traveling salesman problem,TSP)。

ACO算法的主要思想是:单个蚂蚁在觅食活动中的行为非常简单,而由这些简单的个体所构成的蚁群却能够通过信息交流与团队协作完成寻找食物与巢穴间最短路径的复杂任务。之所以蚁群能够完成复杂而有序的行为,是由于蚂蚁个体之间可以通过一种名为信息素的物质进行交流。蚂蚁在寻找食物的过程中,会沿路留下这种信息素。蚂蚁到达食物所走的路程越远,则信息素浓度越低,而每个蚂蚁都会趋向于向信息素浓度高的地方寻找食物。这样便会形成一种正反馈,致使最优路径上的信息素浓度会远高于其他路径。

ACO算法描述如下:在 SN 只蚂蚁中,每只蚂蚁都会从 n 个城市中随机选择一个城市作为始发地,所有路径上的信息素均为 $\tau_{ij}(0)=c$。每只蚂蚁都会根据信息素浓度和城市间距离选择向下一个城市移动,而 t 时刻,蚂蚁 k 从城市 i 移动到城市 j 的概率 $p_{ij}^k(t)$ 可表示为

$$p_{ij}^k(t) = \begin{cases} \dfrac{[\tau_{ij}(t)]^\alpha \cdot [\eta_{ij}(t)]^\beta}{\sum_{S \in allowed_k} [\tau_{is}(t)]^\alpha \cdot [\eta_{is}(t)]^\beta} & j \in allowed_k \\ 0 & 否则 \end{cases} \quad (2-1)$$

其中，α 和 β 分别为信息素与能见度的权值；$allowed_k = N - taboo_k$，$taboo_k$ 是已经路过的城市集合，N 为所有城市的集合，$allowed_k$ 为还没路过的城市集合；$\eta_{ij}(t)$ 为能见度可表示为

$$\eta_{ij}(t) = \frac{1}{d_{ij}} \tag{2-2}$$

其中，d_{ij} 表示城市 i，j 之间的距离。d_{ij} 越大则能见度越小。随着时间的流逝，各个路径上的信息素也会发生变化。

（1）经过时间 h，城市间信息素变为

$$\tau_{ij}(t+h) = (1-\varepsilon) \cdot \tau_{ij}(t) + \varepsilon \cdot \frac{1}{nl_{\min}} \tag{2-3}$$

其中，$\varepsilon \in [0, 1]$，$l_{\min}$ 是城市间最近的距离。

（2）生成了最优解蚂蚁的信息素变为

$$\tau_{ij}(t+1) = (1-\rho) \cdot \tau_{ij}(t) + \rho \cdot \Delta\tau_{ij} \tag{2-4}$$

$$\Delta\tau_{ij} = \sum_{i=1}^{SN} \Delta\tau_{ij}^k \tag{2-5}$$

其中，$\Delta\tau_{ij}^k$ 表示第 k 只蚂蚁在路径 i 到 j 上的信息量，$\Delta\tau_{ij}$ 表示路径 i 到 j 上的总信息量。

ACO 算法的构架如图 2-1 所示。

步骤 1：初始化

    步骤 1.1：在搜索空间随机产生 SN 个个体，形成初始种群。

    步骤 1.2：计算这些个体的目标函数值。

    步骤 1.3：迭代次数 $gen = 0$。

步骤 2：主循环

    For $i = 1, 2, \cdots, SN$，执行以下程序

    步骤 2.1：根据当前个体构造出新的可行解。

    For $j = 1, 2, \cdots, N$

        步骤 2.1.1：根据状态转移概率公式计算的概率选择下一个城市。

        步骤 2.1.2：进行局部信息素更新。

    步骤 2.2：以某些已获得的解为起点进行局部搜索。

    步骤 2.3：进行全局信息素更新。

    步骤 2.4：$gen = gen + 1$。

步骤 3：如果 $gen \geq \max Gen$，输出最优解并退出优化；否则，转至步骤 2。

图 2-1　ACO 算法构架图

2.2.2 差分进化算法

差分进化算法(DE)是由 Price 和 Stornce 在 1995 年首次提出[96],该算法主要用于解决实数优化问题,并且由于其控制参数少、高性能且易于实现而受到广泛的关注。差分进化算法属于进化算法的一种,与其他算法一样,始于初始种群,通过反复迭代进化,将能够更好适应环境的个体留存下来。

DE 算法的主要思想是:首先产生一个随机的初始种群,并计算每个个体的适应度值,再通过变异操作产生变异个体,将变异个体与原个体以一定的概率进行交叉操作,交叉操作之后生成的试验个体与原个体进行比较,选择适应度值高的个体保留成为下一次迭代的初始种群,经过多次迭代,最后在种群中找到最优的个体。DE 算法中的三个操作是变异操作、交叉操作和选择操作,下面对这三个操作进行简述。

(1) 变异操作

变异操作是 DE 中最重要的部分,是产生新个体的主要方式。它是将种群中两个个体进行差分和缩放,然后以其作为扰动施加给第三个个体得到变异的个体。下面有 5 种被广泛使用的变异操作方程,其名字得于其产生个体的方式。

- DE/rand/1:
$$V_i = X_{r1} + F \cdot (X_{r2} - X_{r3}) \tag{2-6}$$

- DE/rand/2:
$$V_i = X_{r1} + F \cdot (X_{r2} - X_{r3}) + F \cdot (X_{r4} - X_{r5}) \tag{2-7}$$

- DE/best/1:
$$V_i = X_{best} + F \cdot (X_{r1} - X_{r2}) \tag{2-8}$$

- DE/best/2:
$$V_i = X_{best} + F \cdot (X_{r1} - X_{r2}) + F \cdot (X_{r3} - X_{r4}) \tag{2-9}$$

- DE/current-to-best/2:
$$V_i = X_i + F \cdot (X_{best} - X_i) + F \cdot (X_{r1} - X_{r2}) \tag{2-10}$$

其中,$r1$、$r2$、$r3$、$r4$ 和 $r5$ 在种群集合$\{1, 2, \cdots, SN\}$中随机选取的,互不相等且不与 i 相同,SN 为种群的大小,F 为缩放因子,X_i 是目标个体,X_{best} 是当前最优的个体。

(2) 交叉操作

DE 采用二项式的交叉操作,将变异个体与原个体进行参数交叉得到试验个体,其目的是为了增加种群的多样性。

$$u_{ij} = \begin{cases} v_{ij} & \text{如果} rand_j \leq CR, \text{或} j = j_{rand} \\ x_{ij} & \text{否则} \end{cases} \tag{2-11}$$

其中,$j = 1, 2, \cdots, D$,D 为空间维度,$CR \in [0, 1]$ 是交叉概率,j_{rand} 是在

[1, D]中随机选取的一个整数,为了保证试验个体中至少有一维来自变异个体,避免与原个体没有变化。

(3) 选择操作

DE 的选择操作采用贪婪选择机制,将试验个体与原个体一对一对比,选择适用度值较高的个体保留作为下一代种群,其选择方程为

$$X_i = \begin{cases} U_i & \text{如果} f(U_i) < f(X_i) \\ X_i & \text{如果} f(U_i) \geqslant f(X_i) \end{cases} \tag{2-12}$$

其中,$f(U_i)$ 是试验个体的适应度值,$f(X_i)$ 是原个体的适应度值。

DE 算法的构架如图 2-2 所示。

步骤 1:初始化

  步骤 1.1:在搜索空间随机产生 SN 个个体,形成初始种群。

  步骤 1.2:计算这些个体的目标函数值。

  步骤 1.3:迭代次数 $gen = 0$。

步骤 2:主循环

  For $i = 1, 2, \cdots, SN$,执行以下程序

  步骤 2.1:变异操作,采用 DE 的变异算子产生一个变异向量 V_i。

  步骤 2.2:交叉操作,对目标向量 X_i 和变异向量 V_i,采用 DE 的交叉算子产生一个实验向量 U_i。

  步骤 2.3:选择操作

    步骤 2.3.1:计算 $f(U_i)$,令 $gen = gen + 1$。

    步骤 2.3.2:如果 $f(U_i) < f(X_i)$,则 $X_i = U_i$。

步骤 3:如果 $gen \geqslant \text{maxGen}$,输出最优解并退出优化;否则,转至步骤 2。

图 2-2 DE 算法构架图

2.2.3 遗传算法

遗传算法(GA)是 1975 年由 J. H. Holland 提出的[97]。它是模拟达尔文的遗传选择和自然淘汰的生物进化过程的计算模型,其目的:一是抽取和解释自然系统的自适应过程;二是设计具有自然系统机理的人工系统。J. H. Holland 被称为"遗传算法之父",至今遗传算法一直被认为是智能优化算法的基础。它借鉴了进化论中"优胜劣汰,适者生存"的遗传学思想,属于通过模仿生物进化而形成的一种随机搜索算法。算法将问题的每个解抽象成染色体,然后根据问题特性设计合适的进化操作(一般包括选择、交叉、变异等)得到新的种群,根据适

应度函数进行评价,适应度差的个体被淘汰,适应度好的个体被选择之后进行下一次迭代过程。如此往复,经过多次迭代后,得到所求问题的最优解。

遗传算法的原理清晰、操作简单、对不同类别问题都具有很强的适应性。同时遗传算法还具有搜索效率高、鲁棒性强的优点,因此遗传算法被广泛的应用于自动控制、组合优化、图像处理、工业调度和机器学习等领域。

遗传算法的构架如图 2-3 所示。

步骤 1:初始化

    步骤 1.1:在搜索空间随机产生 SN 个个体,形成初始种群。

    步骤 1.2:计算这些个体的目标函数值。

    步骤 1.3:迭代次数 $gen = 0$。

步骤 2:计算个体适应度值,评价个体适应度。

步骤 3:选择操作,按选择策略选择下一代种群规模 SN。

步骤 4:交叉操作,按交叉概率 Pc 执行交叉操作。

步骤 5:变异操作,按变异概率 Pm 执行变异操作。

步骤 6:如果 $gen \geq \max Gen$,输出最优解并退出优化;否则,转至步骤 2。

图 2-3 遗传算法构架图

2.2.4 粒子群算法

粒子群优化(PSO)算法是在 1995 年由美国社会心理学家 Kennedy 和电气工程师 Eberhart 共同提出的[98],起源于鸟群在寻找食物时产生的社会性行为。通过观察发现,鸟类在寻找食物的过程中,既会根据自己的飞行经验判断食物的位置,又会飞向与食物位置最近的其他鸟的位置。算法受到此种行为的启发,将鸟群飞行的空间抽象为优化问题中的解空间,每一只鸟抽象为一个候选解,食物的位置抽象为优化问题的最优解。虽然 PSO 算法是针对连续优化问题而提出的,但通过二进制编码可以得到离散变量的 PSO 形式。因此,它也可以用于离散系统的组合优化问题求解,如用于求解 TSP 问题等。PSO 还可以用于求解多目标优化、带约束优化、多峰函数优化、聚类、调度与规划、控制器参数优化等问题。

PSO 算法中包含以下概念:粒子位置 X_i(表示解空间的候选解)、粒子速度 V_i(表示粒子在迭代中的位置变化)、个体最优位置 P_{ibest}(表示粒子 i 迭代过程中的最好位置)、全局最优位置 P_{gbest}(表示全部粒子在迭代过程中的最好位置)。

在 PSO 算法中,在每个时刻 t,种群中所有粒子会按照如下公式进行速度更新和位置更新,进而移动到一个新的位置。

$$V_i^{t+1} = V_i^t + c_1 r_1 (P_{ibest}^t - X_i^t) + c_2 r_2 (P_{gbest}^t - X_i^t) \tag{2-13}$$

$$X_i^{t+1} = X_i^t + V_i^{t+1} \tag{2-14}$$

其中：c_1 和 c_2 是两个加速度常数；r_1 和 r_2 是两个在 [0, 1] 区间内的随机数。之后惯性权重 ω 被成功引入，用来控制算法的开发性和探索性的平衡，得到最终的速度更新公式为

$$V_i^{t+1} = \omega V_i^t + c_1 r_1(P_{ibest}^t - X_i^t) + c_2 r_2(P_{gbest}^t - X_i^t) \tag{2-15}$$

PSO 算法的构架如图 2-4 所示。

步骤 1：初始化

 步骤 1.1：初始化粒子的速度 V_i 和位置 X_i。

 步骤 1.2：评估粒子的目标值函数得到全局最优解。

 步骤 1.3：迭代次数 $gen = 0$。

步骤 2：主循环

 For $i = 1, 2, \cdots, SN$，执行以下程序

 步骤 2.1：更新粒子的速度和位置 i。

 步骤 2.2：评估粒子 i。

 步骤 2.3：更新粒子，如果 $fit(X_i) < fit(pBest_i)$，则 $pBest_i = X_i$。

 步骤 2.4：更新全局最优解，如果 $fit(pBest_i) < fit(X_i)$，则 $gBest_i = pBest_i$。

步骤 3：如果 $gen \geq \max Gen$，输出最优解并退出优化；否则，转至步骤 2。

图 2-4　PSO 算法构架图

2.2.5　人工蜂群算法

人工蜂群（ABC）算法是由 Karaboga 在 2005 年首次提出[99]，该算法是一种基于群体的全局优化算法，模仿了蜜蜂的采蜜行为，蜜蜂根据各自不同的分工进行行动，并实现群消息的共享和交流，从而找到最佳的蜜源。ABC 算法可以很好地解决函数求解问题，后因其控制参数少、性能高效且易于实现，得到了广泛的研究和应用。

ABC 算法的主要思想是：人工蜂飞入搜索空间中寻找高蜜量（适应度值）的食物源的位置（可行解），最后得到最高蜜量的食物源的位置（最优解）。人工蜂群分为三类：雇佣蜂、跟随蜂和侦察蜂。其中，雇佣蜂的数量、跟随蜂的数量以及食物源的数量三者数量相同。雇佣蜂负责搜寻可行的食物源的位置，并收集需要的信息（该食物源的位置及蜜量）。当所有的雇佣蜂完成自己的搜索进程后，它们把搜集到的信息分享给跟随蜂。跟随蜂会评估这些信息，并根据一定的概率在这些信息中的食物源的周围进行精细的搜索，其中，该概率是根据食物源的蜜量计算出来的，即蜜量越高，被选中的概率越大。若搜索到的新的食物源的

蜜量较原食物源更高,那么原食物源将会被新食物源替代。如果一个食物源在很长一段时间内没有被更新,那么该食物源同样会被舍弃,与之对应的雇佣蜂变成侦察蜂,并随机搜索一个新的食物源作为替代。

(1) 初始阶段

ABC 算法始于一个初始化的种群向量,它是在没有空间先验知识的情况下随机产生的 X_i。记为 FN 个食物源中第 i 个食物源,每个食物源的产生方程为

$$X_{i,j} = X_{\min,j} + rand(0,1) \times (X_{\max,j} - X_{\min,j}) \tag{2-16}$$

其中,$i = 1, 2, \cdots, FN$,$j = 1, 2, \cdots, D$,D 为优化问题维数,$rand(0,1)$ 是 $[0,1]$ 之间的随机数,$X_{\max,j}$ 和 $X_{\min,j}$ 分别为食物源第 j 维的上界和下界。每个食物源对应一个雇佣蜂,同时计算其适应度值。

(2) 雇佣蜂阶段

每个雇佣蜂在其对应的食物源 X_i 周围寻找一个新的食物源 V_i,即变异操作,其产生方程为

$$V_{i,j} = X_{i,j} + rand(-1,1) \times (X_{i,j} - X_{k,j}) \tag{2-17}$$

其中,$rand(-1,1)$ 是 $[-1,1]$ 之间的随机数;k 是在 $[1, FN]$ 中随机选取的且不与 i 相同;j 是在 $[1, D]$ 中随机选择的一个维度,也就是说,ABC 算法中,每次变异操作只改变个体一个维度。然后在 X_i 和 V_i 之间进行贪婪选择,保留适应度值高的食物源。

当新的食物源被更新后,每个食物源的适应度值 fit_i 需要重新计算,其中,fit_i 表示 X_i 的适应度值,对于最小化问题,其定义为

$$fit_i = \begin{cases} \dfrac{1}{1 + f(X_i)} & \text{如果 } f(X_i) \geq 0 \\ 1 + |f(X_i)| & \text{如果 } f(X_i) < 0 \end{cases} \tag{2-18}$$

(3) 跟随蜂阶段

当所有的雇佣蜂完成它们的搜索后,把搜集到的信息分享给跟随蜂。然后每个跟随蜂通过式 (2-19) 计算每个食物源被选择的概率 p_i,采用轮盘赌方式选择较优的食物源,并根据式 (2-17),在其周围搜索一个新的食物源,并在新旧食物源之间进行贪婪选择保留适应度值高的食物源。

$$p_i = \dfrac{fit_i}{\sum\limits_{i=1}^{FN} fit_i} \tag{2-19}$$

(4) 侦察蜂阶段

当一个食物源在一个预先设定好的参数 $limit$ 次比较后,仍然没有被更新,那么与之对应的雇佣蜂变成侦察蜂,并利用式 (2-16) 在搜索空间中随机初始化一个食物源(可行解)将其替换,来帮助算法跳出局部最优。侦察蜂的作用是为了提升人工蜂群算法的全局搜索能力。

ABC 算法的构架如图 2-5 所示。

步骤 1：初始化

    步骤 1.1：采用式 (2-16)，在搜索空间随机产生 FN 个个体，形成初始种群。

    步骤 1.2：计算这些个体的目标函数值。

    步骤 1.3：迭代次数 $gen = 0$。

步骤 2：雇佣蜂阶段

    For $i = 1, 2, \cdots, FN$，执行以下程序

    步骤 2.1：采用式 (2-17) 产生一个新的候选解 V_i，并计算 $f(V_i)$。

    步骤 2.2：如果 $f(V_i) < f(X_i)$，令 $X_i = V_i$，$trial_i = 0$；否则 $trial_i = trial_i + 1$。

步骤 3：跟随蜂阶段

    步骤 3.1：采用式 (2-19) 计算概率值 p_i，令 $i = 1$。

    While $t \leqslant FN$，执行以下程序

    步骤 3.2：

        如果 $rand(0, 1) \leqslant p_i$，执行以下程序

        步骤 3.2.1：采用式 (2-17) 产生一个新的候选解 V_i，并计算 $f(V_i)$。

        步骤 3.2.2：如果 $f(V_i) < f(X_i)$，令 $X_i = V_i$，$trial_i = 0$；否则 $trial_i = trial_i + 1$。

        步骤 3.2.3：令 $t = t + 1$。

    步骤 3.3：令 $i = i + 1$，如果 $i = FN$，令 $i = 1$。

步骤 4：侦察蜂阶段

    如果 $\max(trial_i) > limit$，随机产生一个解替换 X_i。

步骤 5：如果 $gen \geqslant \max Gen$，输出最优解并退出优化；否则，转至步骤 2。

图 2-5 ABC 算法构架图

2.3 群体智能优化算法的改进策略

群体智能优化算法具有良好的优化性能，不针对特定问题有效，自从被研究者提出就受到广泛关注。然而，其发展只有 20 多年时间，一些算法还存在不完善之处。同时，优化领域的 "No Free Lunch Theorems" 理论[100]指出，对于基于迭代的最优化算法，不存在某种算法对所有问题都好。为克服各算法的不足，研究人员相继提出了许多改进措施，这些改进大致可分为：新的搜索公式、控制参数、算法混合和多策略自适应[101]。

（1）新的搜索方程

算法的搜索方程为优化过程产生候选解，不同的搜索方程具有不同的探索与

开发比例，其特性直接影响到求解不同问题时的优化效率。文献[102]受 GA 交叉操作的启发，提出了 CABC（ABC with candidate solution）搜索方程，取得较好的优化效果。文献[103,104]将 DE 算法的变异操作 DE/rand/1 引入 ABC 算法，并用于 APABC（ABC with an adaptive population size）和 ARABC（ranking-based adaptive ABC），增强了 ABC 算法的性能。文献[105,106]也提出了基于随机解改进的搜索方程，并分别用于 ABCVSS（ABC with variable search strategy）和 ABCG（ABC based on the gravity model），提高了 ABC 算法的搜索能力。

为提高智能优化算法的开发能力，提升收敛速度，一些研究人员提出了围绕全局最优解和精英解的搜索方程。文献[107,108]提出最优解保留策略蚂蚁系统（ant system with elitist, ASelite），该算法通过使用最优蚂蚁提高蚂蚁系统中解的质量。文献[109]设计了围绕精英解和基于精英与全局最优解均值的搜索方程，将其用于深度优先搜索的框架，提高了 ABC 算法的搜索效率。文献[110]设计了基于精英解均值搜索方程，同时使用全局最优解引导，改善了 ABC 算法的搜索能力。文献[111]将 CABC 搜索方程的个体选择范围限定为精英解，以此来提高算法的开发能力。

（2）控制参数

关于控制参数设置的研究主要集中在以下 3 种方式：固定、随机和自适应。在经典群体优化算法中采用的是参数固定设置的方式，即参数在搜索之前预先设置好，并且在整个迭代过程中保持不变。

随机设置可分为：随机设置、线性变换、概率分布和特定启发式规则。文献[112]采用每个实验向量从 3 个预先设置的参数池中随机选取。文献[113]采用正交交叉算子提高算法的搜索能力。文献[114]采取自动参数配置方法，即每个个体的进化控制参数从两个预先设置好的参数集合中随机选取。文献[115]中变异参数 F 选取满足正态分布 $N(0.5, 0.3)$。Das 等[116]的变异参数 F 有两种设置方式：随机设置和时变设置，根据设定的启发式规则交替使用。

文献[103]提出一种具有自适应种群大小的 APABC 算法，在间隔一定代数后，根据食物源更新的总成功率与产生的随机数比较的结果，决定是否进行食物源与外部档案的交换来调整种群规模。Liu 等[117]提出利用模糊逻辑控制器自适应调节算法控制参数的 FADE（fuzzy adaptive DE）算法。Gutjahr[118]提出了 GBAS/tdev（GBAS with time-dependent evaporation factor）和 GBAS/tdib（GBAS with time-dependent lower pheromone bound），证明了通过自适应调整挥发系数或者信息素下界值，ACO 算法最终能收敛到全局最优。

（3）算法混合

混合策略即将不同的算法进行混合，综合两种或多种算法的优点来提高个体多样性、增强全局探索能力，或者提高局部开发能力、增强收敛速度与精度，从而提高算法的优化性能。例如：吴庆洪等[119]将遗传算法中的变异操作加入蚁群算法中，提高了算法的收敛速度；邵晓巍等[120]在蚁群算法中利用遗传算法生成初始信息素分布，提高算法收敛速度的同时保证了全局最优解的获取。文献[121,122]分别提出利用粒子群算法和人工蜂群算法改进 DE 算法。Zhang 等[123]提出免疫克隆 DE 算法，利用 DE 算法和免疫克隆算法分别进行种群进化，通过两种群间的个体迁移平衡算法提高搜索能力和搜索速度。考虑基本的 ABC 算法没有利用全局最优解的引导信息，文献[124]将其与直接利用最优解信息生成粒子位置的 PSO 混合，每次迭代求解过程中将二者各自搜索的全局最优解位置进行重组，作为 PSO 新的全局最优解和 ABC 跟随蜂的邻居。文献[125]提出了 ABCADE（ABC with adaptive DE）算法，在雇佣蜂阶段以渐增的选择概率引入 DE 算子来产生候选解，并利用高斯分布自适应地调整尺度因子和交叉率来弥补 ABC 的局限性。

(4) 多策略自适应

很多研究者通过采用多变异算子结合不同搜索特性来改进 DE 算法。如，Tang 等[126]结合 3 个不同的差分向量和 DE/current-to-pbest/1 差分策略以提高种群多样性，差分策略自适应的 SaDE（Self-adaptive DE）[127]，教—学自适应的 TLBSaDE（teaching and learning best DE with self-adaptation）[128]等。文献[129]考虑到互补元素分工和合作有着很好的效率，根据个体的适应值，将整个群体分成三个子群，将具有不同搜索策略的三个进化算子引入相应的子群中进行搜索。

不同的搜索策略具有不同的开发和探索能力，Back 的研究表明[130]，选择过程可以通过改变选择压力来控制探索或开发水平。Cui 等[109]提出了深度优先搜索框架和精英引导搜索方程 DFSABC_Elite（ABC with depth-first search framework and elite-guided search equation）。文献[105]中提出了具有五种搜索策略和计数器更新策略的 ABCVSS 算法。在初始阶段，五种搜索策略具有相同的选择概率。随着搜索的进行，计数器被用来确定每种策略的选择概率。根据优化问题特性的不同，该算法每次迭代选择的策略也会不同。

2.4 智能优化算法收敛理论研究

近年来，智能优化算法在求解生产调度问题中得到广泛的应用。但是大多算法的设计和使用者都从应用的角度验证了算法的有效性，对于算法收敛理论的研究还相对较少。

对于一个优化算法来说，证明其能否收敛有着一定困难。Solis 和 Wets 对纯粹随机优化算法做了深入的研究，证明了优化算法以概率 1 收敛于全局最优解的两个假设条件 H1 和 H2。下面就是一般随机优化算法的收敛性判定标准[93,100,131]。

对于优化问题 $\langle A, f \rangle$，有随机优化算法 D，第 k 次迭代的结果 x_k，下一次迭

代的结果为 $x_{k+1} = D(x_k, \zeta)$，其中 ζ 是算法 D 这次迭代中曾经搜索过的解。

条件 H1：$f(D(x, \zeta)) \leq f(x)$，且若 $\zeta \in A$，则有 $f(D(x, \zeta)) \leq f(\zeta)$。

条件 H1 可保证随机算法的正确性，其目的是希望能保证优化算法的解的适应度值 $f(x)$ 是非递增的。

一个全局收敛的算法，意味着序列 $\{f(x_k)\}_{k=0}^{\infty}$ 最终能趋近 f 在可行解空间 A 上的下确界 $inf(f(x): x \in A)$。由于优化问题 f 的可行解集 A 中可能存在不连续空间或孤立点的情况，使得下确界和其他解的适应度值不连续。考虑到这种情况可能带来的问题，在 Lebesgue 测度空间定义搜索的下确界为

$$\Psi = inf(t: v[x \in A | f(x) < t] > 0) \tag{2-20}$$

其中，$v[X]$ 表示在集合 X 上的 Lebesgue 测度。式（2-20）意味着在搜索空间中存在着非空子集，其成员对应的适应度可无限接近 Ψ。$v[X]$ 和 Ψ 的定义使得 A 上任意一个点都不是非空的，这样无需搜索 A 中所有的点算法就可能达到或接近下确界。因此可定义最优区域为

$$R_{\varepsilon, M} = \begin{cases} \{x \in A | f(x) < \Psi + \varepsilon\} & \Psi \text{ 有限} \\ \{x \in A | f(x) < -M\} & \Psi = -\infty \end{cases} \tag{2-21}$$

其中，$\varepsilon > 0$，M 为充分大正值，如果寻优算法寻找到了 $R_{\tau, M}$ 中的一个点，则可以认为算法找到了可接受的全局最优点或近似全局最优点。

条件 H2：对 $\forall B \in A$，s.t. $v[B] > 0$，有 $\prod_{k=0}^{\infty}(1 - u_k[B]) = 0$。

其中，$u_k[B]$ 为算法 D 第 k 次迭代的结果在集合上的概率测度。算法 D 满足条件 H2 意味着，A 中任意满足 $v[B] > 0$ 的子集 B，算法 D 连续无穷次搜索到 B 中点的几率为 0。因为 $R_{\tau, M} \subset A$，那么满足条件的算法连续无穷次搜索不到近似全局最优点的概率为 0。

定理 2.1[93,131]（算法全局收敛）：假设 f 是可测度的，可行解空间 A 是 R^n 上可测度的子集，算法 D 满足条件 H1、H2，$\{x_k\}_{k=0}^{\infty}$ 是算法 D 产生数列，则有

$$\lim_{k \leftarrow +\infty} P[x_k \in R_{\varepsilon, M}] = 1 \tag{2-22}$$

其中，$P[x_k \in R_{\tau, M}]$ 是算法第 k 步的结果 x_k 在 $R_{\tau, M}$ 中的概率测度。

Van den Bergh 博士利用上述条件 H1 和 H2 证明出基本 PSO 算法不能保证全局和局部收敛[6]。但并不意味着该算法无实用价值，该分析方法为进一步提高算法收敛率的研究有重要意义。

文献[132,133]主要介绍了基于图的蚂蚁系统（graph-based ant system，GBAS）的收敛证明过程。文献[133]给出了 GBAS 算法收敛性的详细证明过程，其中主要证明了两个定理，即①对于每个 $\varepsilon > 0$ 和两个固定参数 ρ、β，当选择蚂蚁数目 S 充分大时，都有一只蚂蚁在第 t 次迭代过程中能够构造出最优解的概率 $P \geq 1 - \varepsilon$；②对于每个 $\varepsilon > 0$ 和两个固定参数 S、β，当选择 ρ 为一个任意接近于 0 的数时，都有一只蚂蚁在第 t 次迭代过程中能够构造出最优解的概率 $P \geq 1 - \varepsilon$。

由于马尔科夫链是对随机过程进行分析的手段，在对算法收敛性以及收敛概率的分析上比较有利。马尔科夫链的分析方法可以从宏观的角度研究种群个体的运动转移过程，并可对智能优化算法中随机变量的作用进行充分的研究。该方法也为智能优化算法分析提供了新的思路。

在本书中，将马尔科夫链理论对最大最小蚂蚁系统（max-min ant system，MMAS）算法和TS算法的混合算法进行收敛性分析，证明其在求解单目标作业车间调度问题时具有全局收敛性。

2.5 多目标优化

2.5.1 多目标优化问题的基本理论

单目标的优化过程就是寻找唯一最优解的过程。多目标优化问题是为了达到总体目标的最优化，需要同时对多个相互冲突和相互制约的目标进行综合优化，即达到各个目标之间的折衷（tradeoffs）[134]。如何构造这个由多个优化解构成的最优解集，并如何判断和评价这个优化解解集的优劣，这都需要对多目标优化问题进行一般性描述。

不失一般性，包含 N 个决策向量和 M 个目标向量的多目标优化问题（multi-objective optimization problems，MOPs），假设为最小化问题，可表述为

$$\begin{cases} \min y = F(x) = (f_1(x), f_2(x), \cdots, f_m(x))^T \\ \text{s.t. } g_i(x) \leq 0, i = 1, 2, \cdots, q \\ h_i(x) = 0, i = 1, 2, \cdots, p \end{cases} \quad (2-23)$$

其中，$x = (x_1, x_2, \cdots, x_n) \in X \in R^n$ 为 n 维的决策向量，X 为 n 维的决策空间。$y = (y_1, y_2, \cdots, y_n) \in Y \in R^m$ 为 m 维的目标向量，Y 为 m 维的目标空间。目标函数 $F(x)$ 定义了由决策空间到目标空间的映射。$g_i(x) \leq 0$ 为 q 个不等式约束，$h_i(x) = 0$ 为 p 个等式约束。

多目标优化问题相关定义如下。

定义 2.1 （Pareto 支配）设 $u = (u_1, u_2, \cdots, u_m)$ 和 $v = (v_1, v_2, \cdots, v_m)$ 是目标空间 R^m 中的两个向量，称 u Pareto 支配 v，当且仅当

$$\forall i \in \{1, 2, \cdots, m\}, u_i \leq v_i \land \exists j \in \{1, 2, \cdots, m\}, u_i \leq v_i \quad (2-24)$$

记作 $u < v$。

定义 2.2 （非支配解集）对于解集 P 中的每个解 x，若 x 不被 P 中任何解所 Pareto 支配，则由 x 组成的解集被称为 P 的非支配解集。

定义 2.3 （Pareto 最优解）对于式（2-23）中任意可行解 $x^* \in X$，则称 x^* 是 Pareto 最优解，当且仅当

$$\neg \exists x \in X, x \prec x^* \tag{2-25}$$

定义 2.4 （Pareto 最优解集）一个多目标优化问题中所有 Pareto 最优解构成的集合称为 Pareto 最优解集（pareto set，PS）。

定义 2.5 （Pareto 前沿）Pareto 最优解集中的解在其目标空间中对应目标向量组成的集合称为 Pareto 前沿（pareto front，PF），即

$$PF = \{F(x) \in R^m | x \in PS\} \tag{2-26}$$

定义 2.6 （理想点）在最小化多目标优化问题目标空间中，由在各个目标上有最小值的可行解组成的向量称为理想点，记作 z^*，即

$$z_j^* = \min f_j(x), j \in \{1, 2, \cdots, m\} \tag{2-27}$$

定义 2.7 （极值点）在最小化多目标优化问题目标空间中，由在各个目标上有最大值的 Pareto 最优解集中的解组成的向量称为极值点，记作 z^{nod}，即

$$z_j^{nod} = \max_{x \in PS} f_j(x), j \in \{1, 2, \cdots, m\} \tag{2-28}$$

虽然不同的多目标优化算法模式各不相同，但它们都是基于进化思想，且以种群形式进化。如图 2-6 所示，初始种群产生后，采用两种进化途径：深度优先即先收敛后分布（图中的实线箭头）或者广度优先即先分布后收敛（图中虚线箭头）。不同于单目标优化只需要找到唯一的最优解，多目标优化算法有三个目标：①使种群收敛到真正的 Pareto 解集（图中虚线表示 Pareto 前沿）；②通过并行搜索得到一个目标空间（或决策空间）均匀分布的非支配解集；③最终得到的非支配解集的扩展性（spread）最大，即每个目标函数都最大限度地被获取的非支配解集覆盖[135]。

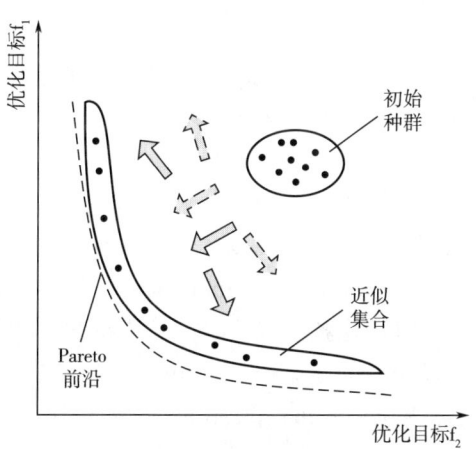

图 2-6 多目标优化算法进化示意图

多目标优化的收敛性与单目标优化中的逼近最优解相似，即在目标空间最大程度的逼近 Pareto 前沿。分布性要求是多目标优化中特有的目标，即获得在目标

空间分布均匀的解集。在求解实际问题时，由于问题的复杂性或 Pareto 前沿上解很多，比如连续问题上存在不可数的解，因此算法一般将生成在 Pareto 前沿上均匀分布的近似集合作为代替 Pareto 最优解集。进一步，为了让决策者可以根据偏好和具体问题特征从近似解集中选取一个最优解，需要尽可能地将 Pareto 前沿特征描绘出来，因此要求最终的近似集合可以最大限度地覆盖 Pareto 前沿。

2.5.2 多目标优化算法

MOPs 存在于诸多领域之中，众多研究者对其进行了广泛的研究，提出了很多解决方法。本节根据在优化过程中是否选用进化算法，将多目标优化算法分为两类：一类是传统多目标优化算法；另一类是多目标优化进化算法。下面进行简单的介绍。

传统多目标优化算法一般是直接将多个目标合并为一个目标处理，或者每次仅考虑一个目标而其他目标通过不同方式（如排序等）作为约束进行优化。传统算法一般包括加权和方法（weighted sum method，WSM）、目标规划（goal programming，GP）、字典排序法（lexicographic ordering，LO）、最小-最大法（min-max approach，MMA）、ε-约束（ε-constraint method，ε-CM）、层次分析法（analytic hierarchy process，AHP）和多属性效用理论（multi-attribute utility theory，MUT）等[134]。大多数情况下，采用这些方法求解时需要根据问题的先验知识选取合适的参数，并且往往只能得到一个 Pareto 最优解。为了获得更多 Pareto 最优解，需要多次调整参数，并多次运行。由于每次优化过程是相互独立的，因此得到的结果往往存在不一致，这使得决策者很难有效地进行决策。

多目标优化进化算法（multi-objective optimization evolutionary algorithms，MOEAs）主要是在解决多目标优化问题时引入进化算法进行优化。进化算法是以种群迭代为基础的，可以同时搜索问题解空间中多个区域，进化的结果是一组解的集合，利用它可以在一次运行中求出问题的多个解甚至全部解[134]。因此，进化算法比较适合多目标优化问题的求解。自从 Schaffer 在 1985 年首次在机器学习中实现向量评估遗传算法（vector evaluated genetic algorithm，VEGA）以来[136]，众多研究者采用不同的适应值分配策略、选择策略、多样性保持策略、精英策略及约束条件处理策略等，对进化算法进行改进，从而产生许多优秀的多目标优化进化算法。其中比较有代表性的是 Srinivas 和 Deb[137] 在 1994 年提出了一种基于非支配排序的遗传算法（non-dominated sorting genetic algorithm，NSGA），采用非劣排序方法对种群进行分层；同年 Horn 等[138] 设计了小生境 Pareto 遗传算法（niched pareto genetic algorithm，NPGA），随机选择两个个体和一个子集进行基于 Pareto 支配的联赛选择；1999 年 Zitzler 和 Thiele[139] 提出了强度 Pareto 进化算法（strength pareto evolutionary algorithm，SPEA），采用精英保留策略并计算外部集中每个非支配个体的强度;2001年Zitzler等[140]提出了SPEA2算法,对适应度分配策略、个体密度估计和外部集的更新策略进行改进;1999年Knowles等[141]设计了Pareto存档进化策略(pareto archived evolutionary strategy,PAES),除了包括一个存放非支配个体的外部集外,还采用了自适应网格技术以实现控制种群多样性功能。2000年Crone等[142]设计了基于Pareto封装的选择算法(pareto envelope-based selection algorithm,PESA),采用一个小的内部种群IP和一个大的外部种群EP;2001年Crone等[143]为了降低基于Pareto排序的计算成本,在PESA基础上提出了PESA-II算法,采用了一种基于网格区域的选择方式。此外,2002年Deb等[144]对NSGA进行改进,设计了新的基于分级的快速非支配排序方法、增加了精英保留策略和拥挤距离计算,提出了NSGA-II算法。NSGA-II算法作为MOEAs的代表,结构简单运行效率高,是应用最广,引用率最高的多目标进化算法。

国内也有诸多学者致力于多目标进化算法的设计和理论研究,比如:周育人等[145]提出Pareto强度演化算法处理约束优化问题;崔逊学等[146]研究带偏好的多目标调和算法处理目标个数增多问题;尚荣华等[147]提出免疫克隆算法处理动态多目标优化问题;石川等[148]提出利用占优树方法设计新的MOEAs,可以快速收敛到Pareto前沿;曾三友等[149]提出基于正交设计的MOEAs,并将其成功应用于工程实践问题;邹秀芬等[150]提出L-优化概念并很好地解决了大量目标优化问题。

目前,多目标进化算法的研究更加细化,研究领域更加宽广,研究范围也从简单的算法创新细分到算法的各个组成构件的研究。其中,有如下几个方面。

(1)适应值赋值方法研究

一般采用基于评价指标值的适应值赋值方法,如基于指标的进化算法(indicator based evolutionary algorithm,IBEA)[151],基于S-指标选择的多目标进化算法(s-metric selection MOEA,SMS-MOEA)[152]等。

(2)种群剪枝策略研究

由于NSGA-II、SPEA2等算法的种群剪枝策略会造成退化现象[153],一些学者提出了可以同时确保收敛性和分布性的剪枝方法,如基于弱化Pareto支配关系的种群更新策略[154-156]。

(3)测试函数问题研究

为了更有效地测试MOEAs的适应能力,一些学者设计出更加具有针对性的复杂测试函数,如强调变量之间关联性的L-ZDT系列测试函数[157],强调解空间复杂度的测试函数[158]。

(4)高维空间问题研究

研究在处理具有高维自变量空间[137]或目标空间问题[159]时多目标进化算法

的性能表现。如 2014 年 Deb[160] 提出的 NSGA-III 算法，用以求解目标个数大于 3 的高维多目标优化问题（many-objective optimization problems，MaOPs）。

(5) 混合优化问题研究

研究通过结合传统的优化技术（如梯度法[161]，牛顿法[162]，单纯形法[163]等）作为局部搜索策略，进行混合多目标进化算法的设计和改进。

(6) 带有偏好的进化方法问题研究

一些学者指出将交互式方法引入进化计算机制，直接生成决策者所偏好的 Pareto 解集（非传统多目标算法的单个解）[164-166]。

2.5.3 MOEAD 算法

MOEAD 算法是由张青富等人[167]于 2007 年首次提出。算法将分解的思想引入到多目标进化算法当中，算法初始阶段通过权重向量将多目标优化问题转化为包含 N 个单目标的单目标优化问题，然后每个子问题利用进化算法中的遗传操作进行搜索寻优。每个子问题在优化过程中只与其相邻的子问题进行信息交互，通过聚合函数向量之间的距离来决定两个子问题的关联程度。MOEAD 算法的优点包括：①通过 N 个均分分布的向量，可以使最终的多目标最优解具有很好的多样性；②将问题转化为单目标优化问题，并降低了求解复杂度。

以切比雪夫聚合函数为例，简要说明 MOEAD 算法的搜索过程。算法首先生成一组均匀分布的权重向量 λ^1，…，λ^N 和参考点 z^*。然后计算向量间的距离，找到 λ 邻域内 T 个最近的权重向量 λ^{i_1}，…，λ^{i_T}，将其定义为 $B(i)=\{i_1,…,i_T\}$。初始化 $z^*=(z_1,z_2,…,z_m)^T$，其中 $z_i = \min\{f_i(x^1),f_i(x^2),…,f_i(x^N)\}$。每个子问题 i 在搜索过程中，在其邻域 $B(i)$ 中随机选择两个个体通过遗传操作产生新解 y，进行判断 if $g^{te}(y|\lambda^j,z^*) \leq g^{te}(x^j|\lambda^j,z^*)$，则令 $x^j=y$，$FV^j=F(y)$。N 个子问题都以这种方式进行并行搜索，达到搜索次数后得到问题的最优解。关于 MOEAD 算法的更多细节，可参考文献[167]。

目前已有学者将 MOEAD 算法应用到流水车间[168]和作业车间[169]等调度问题的多目标优化过程，但在 FJSP-BPM 问题上的应用研究非常少，因此探究利用 MOEAD 求解 MOFJSP-BPM 问题具有非常重要的意义。

MOEAD 算法的构架如图 2-7 所示。

2.5.4 NSGA-II 算法

NSGA-II 算法是由 Deb 等[144]人在 2002 年首次提出的，算法是对 NSGA 的改进，具体改进点包括：①引入精英保留策略，提高了种群性能，加快了算法的搜索速度；②提出了一种新的非支配排序方法，降低了 NSGA 算法的计算复杂度；

③提出了拥挤度距离的概念,用于评价同一非支配等级中个体的优劣,保证了种群的多样性。

NSGA-II 算法在求解过程中,首先根据所改进的排序方法对所有的个体进行快速非支配排序,非支配等级高的个体排在前面;对于属于同一非支配等级的个体,根据拥挤度距离进行比较,拥挤度更大的个体排在前面。然后根据精英策略选择新一代个体。关于 NSGA-II 算法的更多细节可参考文献[144]。

步骤 1:初始化

步骤 1.1:计算任意两个权重向量间的欧氏距离,查找每个权重向量最近的 T 个权重向量。对于每个 $i = 1, \cdots, N$,令 $B(i) = \{i_1, \cdots, i_T\}$,$\lambda^{i1}, \cdots, \lambda^{iT}$ 是 λ^i 最近的 T 个权重向量。

步骤 1.2:在可行空间中均匀随机采集产生初始种群 $x^1, \cdots, x^N$。

步骤 1.3:初始化 $\vec{z} = (z_1, \cdots, z_m)^T$,令 $z_i = \min\{f_i(x^1), f_i(x^2), \cdots, f_i(x^N)\}$。

步骤 1.4:设置 EP 为空。

步骤 2:更新

For $i = 1, 2, \cdots, N$,执行以下程序

步骤 2.1:基因重组,从 $B(i)$ 中随机选取两个序号 k, l,运用遗传算子由 x^k 和 x^l 产生一个新的解 y。

步骤 2.2:改进:对 y 运用基于测试问题的修复和改进启发产生 y'。

步骤 2.3:更新 z:

For each $j = 1, \cdots, m$, if $z_i < f_j(y')$,令 $z_i = f_j(y')$ end for。

步骤 2.4:更新邻域解:

For each $j \in B(i)$, if $g^{te}(y'|\lambda^i, z) \leq g^{te}(x^j|\lambda^i, z)$,

令 $x^j = y'$, $FV^j = F(y')$ end for。

步骤 2.5:更新 EP:从 EP 中移除所有被 $F(y')$ 支配的向量,如果 EP 中的向量都不支配 $F(y')$,将 $F(y')$ 加入 EP。

End for

步骤 3:终止条件:停止并输出 EP,否则转步骤 2。

图 2-7 MOEAD 算法构架图

现阶段采用 NSGA-II 算法求解多目标 FJSP 问题的研究较多,但是用于求解 FJSP-BPM 问题的研究较少。并且如何针对具体问题设计有效的进化算子以及 Pareto 支配机制,依然是一个很有研究价值的方向。

NSGA-II 算法的构架如图 2-8 所示。

步骤1：初始化

    步骤1.1：在搜索空间随机产生初始种群 P_0 和 Q_0，种群规模分别为 SN，设 $t = 0$。

    步骤1.2：计算这些个体的目标函数值。

    步骤1.3：迭代次数 $gen = 0$。

步骤2：计算非支配解序列。

步骤3：在每个非支配等级曲面内计算每个解的拥挤度。

步骤4：主循环

    For $i = 1, 2, \cdots, SN$，执行以下程序

    步骤4.1：选择操作

    步骤4.2：交叉操作

    步骤4.3：变异操作

    步骤4.4：更新种群，在当前种群与产生的新解合并，重新计算非支配解序列和拥挤度，产生新的种群。

步骤5：如果 $gen \geq maxGen$，输出最优解并退出优化；否则，转至步骤2。

图 2-8　NSGA-II 算法构架图

2.5.5　多目标进化算法性能评价指标

MOEAs 的求解目标是快速找到目标空间中逼近真实 PF 且分布广泛均匀的一组非支配目标向量。因此，评价 MOEAs 的性能主要考虑收敛性和多样性。这里给出了三个目前常用且在本书后续章节使用的评价指标。

（1）反向迭代距离（inverted generational distance，IGD）

IGD 测度表示真实 PF 的个体到算法求得的近似解集之间最小距离的平均值，它综合反映了非支配解的收敛性和多样性。显然，当 IGD 测试值较小时，说明获得的解非常接近真实 PF，算法的综合性能较优。IGD 定义如式（2-29）所示。

$$IGD(A, P^*) = \frac{1}{|P^*|} \sum_{x \in P^*} \min_{y \in A} d(x, y) \qquad (2-29)$$

其中，$d(x, y)$ 表示个体 $x \in P^*$ 到真实 PF 上离其最近个体之间的欧氏距离（用非支配解的目标向量度量）。P^* 表示一组在真实 PF 上均匀采样的解集。由于所有测试问题的真实 PF 无法准确获得，本书通过两步来求取用于计算 IGD 测度的 P^*。首先，将所有对比算法多次运行后得到的非支配解进行混合得到混合解集；然后，选取混合解集中的非支配解作为 P^*。

（2）超体积（hypervolume，HV）

HV 测度定义为 Pareto 前沿 A 与参考向量 $r_{ref} = (r_1, r_2, \cdots, r_M)^T$ 围成的超立方体的超体积，如式（2-30）所示。

$$HV(A) = \bigcup_{a \in A} vol(a) \tag{2-30}$$

其中，$vol(a)$ 是 Pareto 前沿 A 中的解 a 与参考向量 r_{ref} 所围成的区域的体积。参考向量 r_{ref} 必须要能被 A 中的所有解支配。HV 测度能够综合反映 Pareto 解集的收敛性和多样性。HV 测度值越大，算法的综合性能越优。

（3）集合覆盖率（set coverage，SC）

设 A 和 B 为两组 PF 近似解集，$C(A, B)$ 测度表示 B 中的解至少被 A 中一个解支配的占比。该评价指标值在 $[0, 1]$ 之间，用来衡量 PF 近似解集的收敛性能，如式（2-31）所示。

$$C(A, B) = \frac{|\{b \in B | \exists a \in A : a \succ b\}|}{|B|} \tag{2-31}$$

$C(A, B) = 1$，表示 B 中所有的解都被 A 中的部分解支配或等于 A 中的解，即 B 的收敛性比 A 差。相反，$C(A, B) = 0$，表示 B 中的解没有被 A 中的解所支配，即 B 的收敛性优于 A。$C(A, B) > C(B, A)$，表示 A 的收敛性优于 B。需要注意的是 $C(B, A) \neq 1 - C(A, B)$。

为了方便计算，在求取三种测度前将所有的 Pareto 解对应的目标向量按照文献[161]的方法归一化，如式（2-32）所示。

$$\tilde{f}_i(x) = \frac{(f_i(x) - f_i^{min})}{(f_i^{max} - f_i^{min})} \tag{2-32}$$

其中，f_i^{max} 和 f_i^{min} 是所有对比算法所得非支配解中的 $f_i(x)$ 的最大值和最小值。基于此，将 HV 测度的参考点设置为 $(1.1, 1.1, 1.1)^T$。

2.6 本章小结

本章详细介绍了五种群体智能优化算法：蚁群算法、差分进化算法、遗传算法、粒子群算法和人工蜂群算法，并对群体智能算法的研究现状进行了论述。针对单目标和多目标两种智能优化问题，本章介绍了两种评价方法：对于已知全局最优解的单目标优化问题，采用收敛理论分析方法；对于无法确认 Pareto 最优解集的多目标优化问题，采用三种性能评价指标，分析其收敛性和多样性。

第 3 章 作业车间调度问题研究

3.1 引言

作业车间调度问题（job shop scheduling problem，JSP）需要解决的是任务或者作业的加工次序问题，属于离散空间的非数值优化 NP-hard 问题。该调度问题广泛存在于航空、汽车、造船、风机、机床、机电产品等制造行业的生产实际中，是现代制造系统中的重要关键问题之一。对该问题的研究不仅可以推动人工智能方法中的启发式算法等相关算法的研究，而且还能在此基础上提出、验证新的群体智能策略与算法，为其他领域类似问题的解决提供条件和手段。

本章首先对 JSP 进行了简单描述，并在此基础上进行数学建模。然后提出混合蚁群优化算法（hybrid ant colony optimization algorithm，HACO）。该算法采用 Giffler&Thompson 算法构造 ACO 的初始解。利用 ACO 算法具有的随机性和大范围搜索能力进行全局搜索，同时根据 JSP 特征，提出了基于关键工序的邻域结构，并将基于这种选择方法的禁忌搜索算法作为局部搜索算法，增强 ACO 算法的开发能力。最后，运用马尔科夫链理论证明该混合算法收敛到全局最优解。本研究为单目标函数 Makespan 研究，在上述收敛理论的指导下，通过对 13 个 Benchmarks 难题进行测试，验证了该混合算法是一个求解作业车间调度问题的有效方法。

3.2 问题描述与数学模型

JSP 问题定义为：给定 n 个待加工工件，m 台加工设备的制造车间，每个工件按照给定的工艺路线进行加工，且各工艺路线中包含多道加工工序，每一道工序由唯一的设备完成加工且加工时间已确定，调度的目标是确定与工艺约束条件相容的各机器上所有工件的加工顺序。

为了更好地描述与理解问题，我们对其进行如下假设：

- 每一道工序必须在指定的机器上不间断地进行加工直到本工序完成为止;
- 在同一时刻,一台设备只能加工一道工序;
- 每一项工件在某一时刻至多只能在一台机器上进行加工;
- 对每一个工件,各工序必须预先给定其先后加工顺序。每一个工件都用自己的流水模式通过机器并独立于其他工件;
- 在开始阶段,所有的设备处于空闲状态;
- 忽略工件在设备之间的运输时间和设备准备时间,设备的缓冲区无限大。

整个 JSP 问题的生产流程如图 3-1 所示。

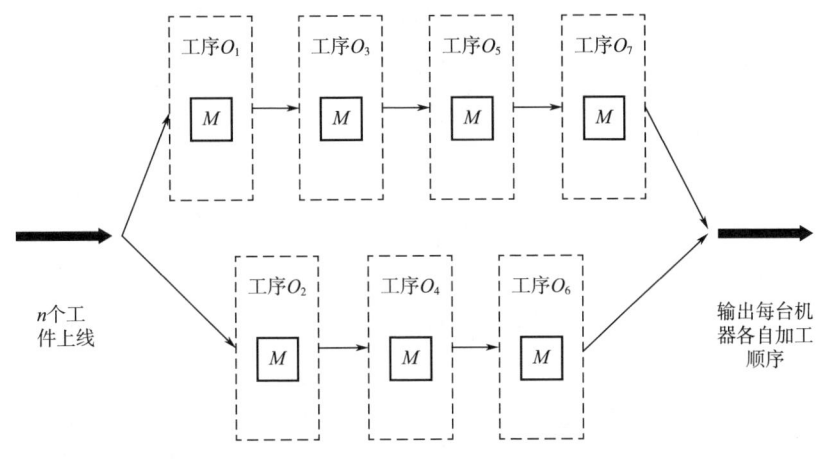

图 3-1　JSP 问题生产示意图

作业车间调度问题的数学模型描述为

$$C_m = \min \max_{1 \leqslant k \leqslant m} \{ \max_{1 \leqslant k \leqslant n} c_{ik} \} \tag{3-1}$$

$$\text{s.t.} \quad c_{ik} - p_{ik} + M(1 - a_{ihk}) \geqslant c_{ih}, \quad i=1, 2, \cdots, n; \ h, k=1, 2, \cdots, m \tag{3-2}$$

$$c_{jk} - c_{ik} + M(1 - x_{ijk}) \geqslant p_{jk}, \quad i, j=1, 2, \cdots, n; \ k=1, 2, \cdots, m \tag{3-3}$$

$$c_{ik} \geqslant 0, \quad i=1, 2, \cdots, n; \ k=1, 2, \cdots, m \tag{3-4}$$

$$x_{ijk} = 0 \ \text{或} \ 1, \quad i, j=1, 2, \cdots, n; \ k=1, 2, \cdots, m \tag{3-5}$$

其中,式(3-1)表示最大完工时间最小 C_m,即 Makespan;式(3-2)~式(3-5)表示工艺约束条件,决定各工件各操作的先后加工顺序,以及加工各个工件的各机器的先后顺序。式中,h, $k = 1, 2, \cdots, m$ 表示机器类型;$i, j = 1, 2, \cdots, n$ 表示待加工零件类型;c_{ik} 和 p_{ik} 分别表示工件 i 在机器 k 上的完工时间和加工时间;M 是一个足够大的正数;a_{ihk} 和 x_{ijk} 分别表示系数和指示变量,其意义为

$$a_{ihk} = \begin{cases} 1, \ \text{若机器} \ h \ \text{先于机器} \ k \ \text{加工工件} \ i \\ 0, \ \text{否则} \end{cases} \tag{3-6}$$

$$x_{ijk} = \begin{cases} 1, & \text{若工件 } i \text{ 先于工件 } j \text{ 在机器 } k \text{ 上加工} \\ 0, & \text{否则} \end{cases} \tag{3-7}$$

3 个工件在 3 台机器上加工的作业车间调度问题的加工时间表，如表 3-1 所示。表中不仅给出了每一个工件在所有机器上的工艺约束，也给出了在每一机器上的加工时间。例如，对于工件 3 而言，其在机器上加工顺序为：2→3→1→2；加工时间为：2，2，3，4。相应地，表 3-1 中第 3 行第 4 列值为 2（4），表示作业 3 的第 4 个工序在机器 2 上加工，加工时间为 4。

表 3-1　　　　　　　　　作业车间调度问题示例

工件	加工机器（加工时间）			
	工序 1	工序 2	工序 3	工序 4
J_1	1 (3)	2 (2)	1 (3)	
J_2	3 (2)	1 (2)		
J_3	2 (2)	3 (2)	1 (3)	2 (4)

Gantt 图是一种作业车间调度问题解的图示方法。以时间为横坐标，以机器序号为纵坐标。表 3-1 中给出的作业车间调度问题用 Gantt 图表示，如图 3-2 所示。在此图中，每个矩形块及其上的标注 (i, j) 表示作业 i 的第 j 道工序 o_{ij}，其左边，也就是横坐标表示此工序的开始时间 s_{ij}，其水平方向的长度表示此工序的加工时间 p_{ij}。

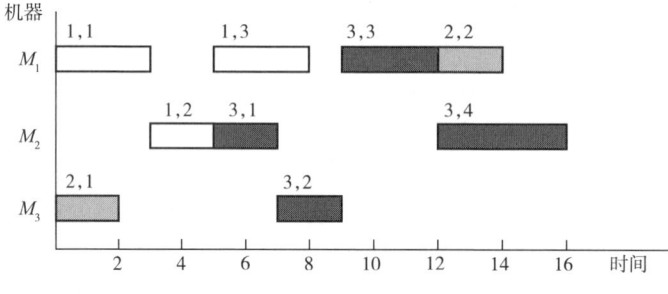

图 3-2　JSP 甘特示意图

对于 JSP，目前应用最多的是基于工序的编码，在该编码染色体中每个工件的工序都用相应的工件序号表示，从左到右扫描染色体，第 k 次出现的工件序号表示该工件的第 k 道工序。它具有任意置换染色体后总能得到可行调度、避免死锁、对解空间表征的完全性等优点。图 3-2 所示的解编码为 [1 2 1 3 3 1 3 2 3]。

3.3 调度类型与关键路径

3.3.1 调度类型

对于一个调度问题，当工艺路径和机器选择部分确定时，由于可以在任意两道工序之间插入无限的闲置时间，所以原则上说，任何作业车间调度问题（仅工序排序部分）的可行性解数量都是无限的。在不考虑任何两道连续工序之间存在闲置时间的情况下，调度问题可以分为三种类型[170]。

①半活动调度（semi-active schedule）：在不改变机器上加工顺序的条件下，没有一个操作可以提前加工。

②活动调度（active schedule）：在不推迟其他操作或破坏优先顺序的条件下，没有任何一个操作可以提前加工。

③非延迟调度（non-delay schedule）：如果一个工件等待加工时，对应地不存在相应的处于空闲的机器。

三种调度类型的关系如图 3-3 所示，若 JSP 处于半活动调度时，可以通过改变机器上工件的加工次序来获得更好的解，这样移动也称为可允许左移。例如，当一个工序在其前道工序完工后，可以将该工序插入到同一机器中操作时间比它长而出现时刻比它早的另一个操作之前，即在那个操作还未开始工作前插入到机器的空闲时间内。显然，通过可允许左移将半活动调度转化为活动调度，正规目标函数必然有所改善。非延迟调度集包含在活动调度集中，不能保证包含全部最优解，但研究结果表明非延迟调度的平均解的质量优于活动调度[171]。

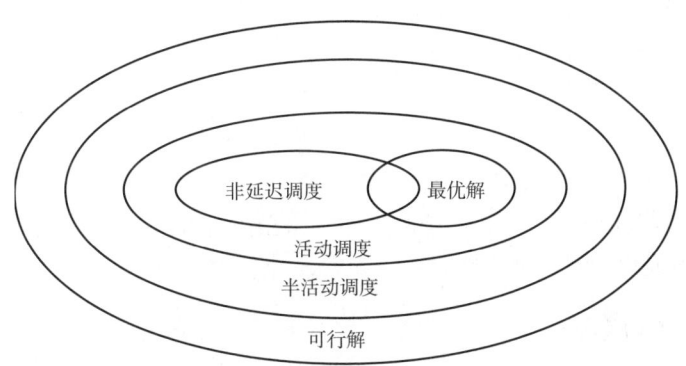

图 3-3 调度类型关系

对于正规调度性能指标，如最大完成时间，也已证明最优调度必为活动调度[172]。因此，对于正规调度性能指标在设计优化算法时，如果将搜索空间限于活动调度集，不仅能保证最优调度的存在，而且能够提高优化效率。但是对于非正规调度性能指标，如提前/拖期惩罚代价最小等调度问题，最优解有可能存在于半活动调度集中。

在本研究中，活动调度由 Giffler 和 Thompson 提出的 Giffler&Thompson 算法[173]来产生。具体执行过程如下。

步骤1：令 $Q(1) = \{o_{ij} | i=1, \cdots, n; j=1, \cdots, m\}$ 为所有操作的集合；$S(1)$ 为所有工件第 1 道操作的集合。

步骤2：令 $t = 1$。

步骤3：令 o^* 为满足 $c(o^*) = \min \{c(o_{ij}) | o_{ij} \in S(t)\}$ 的操作，m^* 为进行该操作的机器；从集合 $\{o^*_{im} \in S(t); r(o^*_{im}) < c(o^*)\}$ 中确定一个操作 o^*_{im}。

步骤4：生成 $Q(t+1) = Q(t) \setminus \{o^*_{im}\}$。由 $S(t)$ 除去操作 o^*_{im}，并添加工件 i 的下一道工序来生成集合 $S(t+1)$。

步骤5：若 $Q(t+1)$ 为非空，则令 $t=t+1$，并转步骤 3；否则结束算法。

其中，o_{ij} 表示工件 i 在机器 j 上的操作；p_{ij} 表示 o_{ij} 的加工时间；$S(t)$ 表示第 t 步的前一道工序的执行时刻的所有未执行的集合；$r(o_{ij})$ 表示 $S(t)$ 中 o_{ij} 对应工件 i 到达机器 j 的时间；$c(o_{ij})$ 表示 $S(t)$ 中的 o_{ij} 可完成的最早时间，即 $c(o_{ij}) = r(o_{ij}) + p_{ij}$。

Giffler&Thompson 算法是一种树搜索算法，所生成的活动调度中至少包含调度问题的一个最优解。Giffler&Thompson 算法的本质就是在调度工序时避免出现可以允许左移的空闲工序。为了达到这个目的，下一个要调度的工序就必须在可调度工序集 $S(t)$ 中仔细地进行选择以避免长时间的空闲，而冲突集中的工序就满足这样的限定。只要下一个工序从冲突集中选择，产生的时间空闲就会足够小，从而使最终确定的调度为活动调度。

如果将上述算法的步骤 3 改为：

步骤3：令 o^* 为满足 $c(o^*) = \min \{ES(o_{ij}) | o_{ij} \in S(t)\}$ 的操作（$ES(o_{ij})$ 表示允许的最早开始时间），m^* 为进行该操作的机器；从集合 $\{o^*_{im} \in S(t); ES(o^*_{im}) = c(o^*)\}$ 中确定一个操作 o^*_{im}。

则生成的调度是一个非延迟调度，即如果至少存在一个工件等待加工时，对应地不存在相应的处于空闲的机器。

3.3.2 关键路径

一个作业车间调度问题的可行解就是要确定在同一机器上加工的所有工序的加工顺序。在可行解中，从源节点到目的节点的最长加权路径称为关键路径（critical path）。显然，一个调度的生产周期 $C_{\max}$ 就是关键路径的长度。当然，这条路径并不一定是唯一的。

研究表明,作业调度问题的优化结果与关键路径的长短密切相关。所谓关键路径是指一个可行调度中工序间无时间间隔的最长路径。例如:图 3-2 中存在一条关键路径:(1,1)(1,2)(3,1)(3,2)(3,3)(3,4)。关键工序的甘特图如图 3-4 所示。

可以将关键路径上的工序分解为块的序列。所谓块是关键路径上在相同机器上加工的相邻工序的集合。例如:关键路径上的(1,2)(3,1)工序组成块。对于相邻的两个块,前一个块的最后一道工序与后一个块的第一道工序,总是在相同作业中。例如:作业 3 的工序(3,1)和(3,2)。

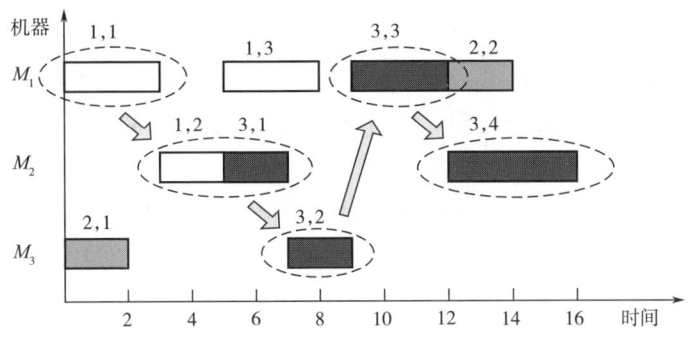

图 3-4　JSP 关键路径甘特图

3.4　最大最小蚁群算法

蚁群算法已经在许多优化组合问题中得到了很好的应用,如路径规划问题、流水车间调度问题等。但由于与其他优化算法相比,该算法搜索时间较长,探索能力不足,容易产生停滞现象,且其具有的正反馈机制使算法无法跳出局部最优等缺点。使其应用在大规模组合优化问题(如作业车间调度问题等)时,求解效果一般。很多学者对此进行研究,并提出了改进方法。

最大最小蚁群系统(max-min ant system,MMAS)是在 1996 年由学者 Stuzle 和 Hoose 共同提出的一种改进蚁群算法[174]。MMAS 为避免搜索过程陷入局部最优,规定了各条路径上的信息素的最大、最小值。另外,为加强正反馈的效果,在信息素轨迹更新时仅允许最好的解来添加信息素,提高蚁群的搜索效率。本研究在此基础上,通过添加局部搜索算法,增强 MMAS 的开发能力。

MMAS 算法是在蚁群算法基础上进行了许多改进后的算法。其主要在信息素更新、信息素限制和信息素初始化三方面作了改进。

(1) 信息素更新

MMAS 采用精英策略（elitist strategy）对信息素进行更新，即在每次迭代后仅允许一个最优的蚂蚁更新信息素轨迹，这样可以在算法运行期间更大地利用最优解的信息。其中，该最优蚂蚁可以是当代最优的，也可以是全局最优的。更新信息素的规则为

$$\tau_{ij}(n+1) = \rho * \tau_{ij}(n) + \Delta\tau_{ij}^{\text{best}} \tag{3-8}$$

其中，$\tau_{ij}(t)$ 代表节点 i 与节点 j 在时间 t 的信息素浓度；ρ 为信息素挥发参数，$0 < \rho < 1$；$\Delta\tau_{ij}^{\text{best}} = 1/f(s^{\text{best}})$，$f(s^{\text{best}})$ 表示迭代最优解 S_{ib} 或者全局最优解 S_{gb} 的开销。在 MMAS 中更倾向于用迭代最优解 S_{ib} 的开销来表示 $f(s^{\text{best}})$。

MMAS 为了使最优解的元素信息得到最大加强，每次只更新一个解（S_{ib} 或 S_{gb}）。如果利用全局最优解 S_{gb} 更新信息素，搜索有可能过快地集中在某一个解周围，从而限制去开发更好的解，陷入局部最优；反之，如果利用当次迭代最优解 S_{ib} 更新信息素，则由于每次迭代产生的 S_{ib} 差异较大，从而使很多解的信息素得到不确定性的加强。本研究采用了一种混合策略，即用迭代最优解 S_{ib} 作为一种默认的更新信息素的选择，在固定的迭代次数后，使用全局最优解 S_{gb} 作为更新信息素的选择。

(2) 信息素限制

为了尽量避免信息素无限增加，导致搜索停滞现象的发生，MMAS 对信息素进行限定，即将信息素限定在 $[\tau_{\min}, \tau_{\max}]$ 之间，如果存在 $\tau_{ij}(t) > \tau_{\max}$，则令 $\tau_{ij}(t) = \tau_{\max}$；如果存在 $\tau_{ij}(t) < \tau_{\min}$，则令 $\tau_{ij}(t) = \tau_{\min}$。通过做这样的限制可以使信息素之间差距缩小，达到避免停滞现象发生的目的。信息素上界和下界的计算公式为

$$\tau_{\max} = \frac{1}{\rho} \frac{1}{f(S_{gb})} \tag{3-9}$$

$$\tau_{\min} = \frac{\tau_{\max}(1-P_{dec})}{(avg-1)P_{dec}} = \frac{\tau_{\max}(1-\sqrt[n]{P_{dec}})}{(avg-1)\sqrt[n]{P_{dec}}}, \quad P_{dec} = (P_{dec})^n \tag{3-10}$$

其中，ρ 为信息素挥发参数；$f(S_{gb})$ 为当前全局最优解对应的开销；$avg = n/2$；P_{dec} 为每次迭代蚂蚁能选中正确节点的概率。为简单起见，设 P_{dec} 为大于零的常量；P_{best} 为在假定 MMAS 能够找到最优路径的概率。如果 $P_{best} = 1$，则 $\tau_{\min} = 0$；若 P_{best} 太小，则可能会出现 $\tau_{\min} > \tau_{\max}$ 的情况，此时，$\tau_{\min} = \tau_{\max}$。$P_{best}$ 是与算法搜索的次数密切相关的。在本研究中 $\tau_{\max}$ 和 $\tau_{\min}$ 设为固定值。

(3) 信息素初始化

第一次迭代时，$\tau(0)$ 可以取任意值；第二次迭代时，设种群中所有个体的信息素的值为 $\tau_{\max}(1)$。此后，所有的信息素值被限定在 $\tau_{\min}$ 和 $\tau_{\max}$ 之间，这种信息素初始化方式加强了第一次搜索对解的开发效果。

在本研究中，为了提高算法的在初始阶段的探索能力，在开始搜索前，所有边的信息素设为信息素最大值 $\tau_{\max}$。由于初始阶段蚂蚁的搜索范围较大，将减少搜索停滞于局部最优的情况发生。

3.5 禁忌搜索算法

禁忌搜索（taboo search，TS）算法是 Glover 在 1986 年提出一种启发式算法[175]，它是对局部搜索算法的扩展，为避免局部最优化而设计。TS 算法是对人类思维过程的一种模拟，它的重要思想是记忆已搜索到的局部最优解的一些对象，并在进一步的迭代搜索中尽量避开这些对象，同时可以通过藐视准则来赦免一些被禁忌的优良解，进而保证多样化的有效探索以最终实现全局优化。

禁忌搜索是人工智能的一种体现，其最重要的思想是标记对应已搜索的局部最优解的一些对象，并在进一步的迭代搜索中尽量避开这些对象（而不是绝对禁止），从而保证对不同的有效搜索途径的探索。为了避免死循环，禁忌搜索把最近进行的 T 个移动（T 可固定也可变化）放在一个禁忌表中（也称短期记忆），在目前的迭代中这些移动是被禁止的，在一定数目的迭代之后它们又被释放出来。这样的禁忌表是一个循环表，它被循环地修改，其长度 T 称作 Taboo size。最后，还须定义一个停止准则来终止整个算法。由于禁忌表的限制，使其在搜索中有可能跳出局部极小。禁忌搜索算法受到了中外许多学者的重视，如 Languan 等（1993）提出了带有拖期惩罚和序列依赖设置成本及时间的调度问题的禁忌搜索算法等。禁忌搜索涉及邻域（neighborhood）、禁忌表（taboo list）、禁忌长度（taboo length）、候选解（candidate）、藐视准则（aspiration criterion）等概念。

基本禁忌搜索的相关操作如下。

（1）适配值函数

类似于其他算法，禁忌搜索的适配值函数也是用于对搜索状态的评价，进而结合禁忌准则和藐视准则来选取新的当前状态。显然，目标函数直接作为适配值函数是比较容易理解的做法。当然，目标函数的任何变形都可作为适配值函数。

若目标函数的计算比较困难或耗时较多，如一些复杂工业过程的目标函数值需要一次仿真才能获得，此时可采用反映问题目标的某些特征值作为适配值，进而改善算法的时间性能。当然，选取何种特征值要视具体问题而定，但必须保证特征值的最佳性与目标函数的最优性一致。

（2）禁忌对象

所谓禁忌对象就是被置入禁忌表中的那些变化元素，而禁忌的目的则是为了尽量避免迂回搜索而多探索一些有效的搜索路径。归纳而言，禁忌对象通常可选取状态本身或状态分量或适配值的变化等。

以状态本身或其变化作为禁忌对象是最为简单、最容易理解的途径。具体而言，当状态由 a 变化至状态 b 时（$a \to b$），将 $a \to b$ 的变化视为禁忌对象，从而在一定条件下禁止了 b 再转化为 a，避免进化陷入循环。

（3）禁忌长度和候选解

禁忌长度和候选解集的大小是影响 TS 算法性能的两个关键参数。所谓禁忌长度，即禁忌对象在不考虑藐视准则情况下不允许被选取的最大次数（换言之，可视为对象在禁忌表中的任期）。候选解集则通常是当前状态的邻域解集的一个子集。在算法的构造和计算过程中，一方面要求计算量和存储量尽量少，这就要求禁忌长度和候选解集要尽量小；但是，另一方面，禁忌长度过短将造成搜索的循环，候选解集过小将容易造成早熟收敛，陷入局部极小。

（4）藐视准则

在禁忌搜索算法中，可能会出现候选解全部被禁忌，或者存在一个优于"当前最优解"状态的禁忌候选解，此时藐视准则将使某些状态解禁，以实现更高效的优化性能。在此给出藐视准则的几种常用方式。

①基于适应度值的准则。全局形式（最常用的方式）：若某个禁忌候选解的适配值优于"当前最优解"状态，则解禁此候选解为当前状态和新的"当前最优解"状态；区域形式：将搜索空间分成若干个子区域，若某个禁忌候选解的适配值优于它所在区域的"当前最优解"状态，则解禁此候选解为当前状态和相应区域的新"当前最优解"状态。该准则可直观理解为算法搜索到了一个更好的解。

②基于搜索方向的准则。若禁忌对象上次被禁时使得适配值有所改善，并且目前该禁忌对象对应的候选解的适配值优于当前解，则对该禁忌对象解禁。该准则可直观理解为算法正按有效的搜索途径进行。

③基于最小错误的准则。若候选解均被禁忌，且不存在优于"当前最优解"状态的候选解，则对候选解中最佳的候选解进行解禁，以继续搜索。该准则可直观理解为对算法死锁的简单处理。

（5）终止准则

与模拟退火、遗传算法一样，禁忌搜索也需要一个终止准则来结束搜索进程，而严格实现理论上的收敛条件，即在禁忌长度充分大的条件下实现状态空间的遍历，这显然是不切合实际的，因此实际设计算法时通常采用近似的收敛准则。常用方法包括：给定算法的最大迭代次数、设定算法的最大运行时间。

综述分析，TS 算法的基本思想是：产生一个初始解，并赋予当前解和最好解；按邻域结构产生当前解的邻域解集，也就是候选解集，并用目标函数评价各个候选解的适应度；若最佳候选解对应的适应度值优于当前最优解，则忽视其禁忌特性，用其替代当前解和当前最优解，并将相应的对象加入禁忌表，同时修改禁忌表中各对象的任期；若不存在上述候选解，则在候选解中选择非禁忌的最佳解赋予新当前解,更新禁忌表,修改禁忌表中各对象的任期。重复上述迭代搜索过程,直至满足停止准则。基本禁忌搜索算法的具体执行过程如下。

步骤 1:给定算法参数,随机产生初始解 x,置禁忌表为空。

步骤 2:判断算法终止条件是否满足?若是,则结束算法并输出优化结果;否则,继续以下步骤。

步骤 3:利用当前解的邻域函数产生其所有(或若干)邻域解,并从中确定若干候选解。

步骤 4:对候选解判断藐视准则是否满足?若成立,则用满足藐视准则的最佳状态 y 替代 x 成为新的当前解,即 $x=y$,并用与 y 对应的禁忌对象替换最早进入禁忌表的禁忌对象,同时用 y 替换"best so far"状态,然后转步骤 6;否则,继续以下步骤。

步骤 5:判断候选解对应的各对象的禁忌属性,选择候选解集中非禁忌对象对应的最佳状态为新的当前解,同时用与之对应的禁忌对象替换最早进入禁忌表的禁忌对象元素。

步骤 6:转步骤 2。

我们可以明显地看到,邻域函数、禁忌对象、禁忌表和藐视准则,构成了禁忌搜索算法的关键。其中,邻域函数沿用局部邻域搜索的思想,用于实现邻域开发;禁忌表和禁忌对象的设置,体现了算法避免迂回搜索的特点;藐视准则,则是对优良状态的奖励,它是对禁忌策略的一种放松。需要指出的是,上述算法仅是简单的禁忌搜索框架,对各关键环节复杂和多样化的设计则可构造出各种改进禁忌搜索算法。同时,算法流程中的禁忌对象,可以是搜索状态,也可以是特定搜索操作,甚至是搜索目标值等。

禁忌搜索算法在组合优化中的应用领域非常广阔。在禁忌搜索刚刚提出来的 20 世纪 80 年代,人们主要用它来解决旅行商 TSP 问题、0-1 背包问题和图节点着色等问题。自从 Hurink J 于 1994 年将禁忌搜索应用于作业车间调度问题后,禁忌搜索算法在调度领域获得了蓬勃发展,特别是 Nowicki 等[8] 1996 年提出的禁忌搜索算法在解决车间调度问题上取得了很好的效果,至今调度问题仍是禁忌搜索算法应用最广泛且成功的一个领域。

3.6 基于关键工序的邻域结构

3.6.1 作业车间调度问题的邻域结构

邻域结构是从一个给定解移动到另一个解或邻域解的机制。邻域解是由给定解通过一次移动得到的,邻域搜索算法中从一个解如何移动到另一个解是由邻域结构决定。Eikelder 等[176]指出，一个邻域搜索算法的时间复杂性主要取决于邻域的大小和确定移动的评估代价。为了使算法有更好的效果和更高的效率，在保证不损失解的质量的前提下邻域必须高度约束并能进行快速评估，而且能提高向优质解移动的可能性。

在关于调度问题的早期文献中，邻域结构比较简单，它是通过交换同一台机器上任意相邻的工序而得到的。这种邻域结构的邻域集合非常巨大，确定和评价每次移动需要相当大的代价。对于大规模实际问题，函数评价上将花费过多时间，以至于不能在一个可允许的时间内得到满意的解。另外，某些移动还可能产生不可行解。因此，后来的研究重点转向如何在减少邻域的大小和保证移动的可行性方面。

Laarhoven 等[177]对调度问题邻域结构所做的研究具有里程碑意义。他们将搜索限定到关键路径上，通过交换块上的相邻工序得到邻域解。现有研究证明：只能通过移动关键路径上的工序，才有可能缩短作业车间调度问题当前解的最大完工时间。这种邻域结构具有以下特性。

① 如果 $s \in R$ 是一个可行解，那么交换同一机器上相邻的工序不会导致非法解。

② 如果交换两个非关键路径上相邻的工序得到了一个可行解 s'，则在 s' 中的关键路径的长度不会比 s 中的关键路径长度短（因为 s 中的关键路径在 s' 中仍然存在）。

③ 从任意可行解 s 出发，经过有限次的移动可以到达一个最优解 s^*（即连通性）。

然而，$N1$ 邻域结构的尺寸仍然相当大，并且包含大量非改进移动。Matsuo 等[178]证明：对于 u 和 v（假设 u 在 v 的前面），如果 u 的紧前工序或 v 的紧后工序不在包括 u 和 v 的关键路径上，那么交换 u 和 v 不能缩小最大完工时间。也就是说，交换工序块内的相邻工序不能缩小最大完工时间。之后 Grabowski 等[179]进一步研究，他们扩展了其早期为一台机器定义的邻域结构[180]，首先提出来块的概念，将一个移动定义为把一个内部关键工序移动至其块首或块尾。此后，Dell'Amico 和 Trubian[181]提出的应用 $N4$ 邻域结构的禁忌搜索算法，在一段时间内曾是求解作业车间调度问题最有效的方法。

$N4$ 邻域结构要求把关键块内每个工序尽可能地移至块首或块尾位置。由于可能产生不可行解，所以不一定能完成该移动操作。$N4$ 邻域结构具有连通性。Nowicki 和 Smutnicki[8]、Balas 和 Vazacopoulos[182]又分别提出了 $N5$ 和 $N6$ 邻域结构。$N5$ 邻域结构首块仅交换最后两个加工工序，相应的尾块仅交换前两个加工工序，所有中间块分别交换头两个加工工序和最后两个加工工序；当块中的工序少于两个工序时，则不存在可交换邻域。$N5$ 邻域结构比其他邻域结构小，所以计算速度也更快。但由于 N5 邻域结构仅在一条关键路径上进行工序交换，并过度限制了无效移动，使得邻域联通能力和搜索效率受到限制。N6 邻域结构是把内部工序移至块首之前和块尾之后（块首或块尾工件没有前继或后续工序除外），并且它采用比 N4 邻域结构约束力更强的鉴定可行性解策略，能够探索更大的解空间。N6 邻域结构也可以看作 N5 邻域结构的扩展，它比类似的 N4 邻域结构更具约束性，是目前求解作业车间调度问题最有效的邻域结构之一[183]。本研究采用的是 N6 邻域结构，其移动操作如图 3-5 所示。

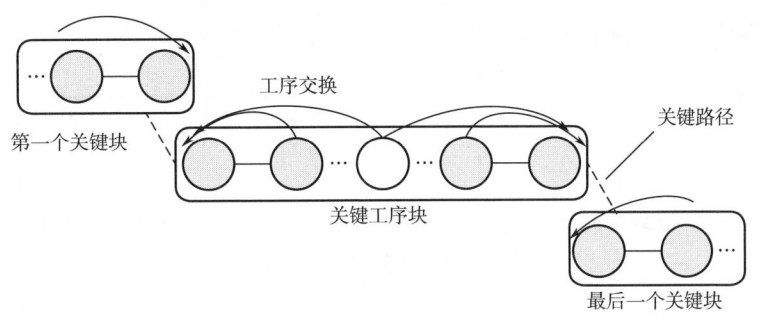

图 3-5　邻域结构—N6

3.6.2　基于关键工序的邻域结构

令 $PJ(o)$ 表示在同一作业中工序 o 的前一道工序，$PM(o)$ 表示在同一机器上加工的工序 o 的前一道工序，$ES(o)$ 和 $EC(o)$ 表示工序 o 的加工开始时间和结束时间。如果关键路径中工序 o 满足：$ES(o)=EC(PM(o))=EC(PJ(o))$，称工序 o 为关键工序。

当关键路径不唯一时，并不是所有的 N6 邻域结构的邻域交换都能缩短关键路径。如图 3-6 所示的一个 6×6 问题解的 Gantt 图。图中存在两条关键路径，第一条为：(4,1) (3,2) (5,1) (5,2) (4,2) (4,3) (5,3) (3,4) (3,5) (6,4) (5,5) (5,6)；第二条为：(4,1) (3,2) (5,1) (5,2) (4,2) (3,3) (3,4) (3,5) (6,4) (5,5) (5,6)。其中第二条关键路径中，当将工序 (4,2) 移动到块尾 (3,3) 后没有缩短关键路径，是因为 $ES(3,4)=MAX(EC(5,3),EC(3,3))$。工序 (3,4) 是一个关键工序，尽管工序 (3,3) 提前了，由于关键工序 (3,4) 依赖工序 (3,3) 和 (5,3)，所以没有缩短关键路径。也就是说，关键工序之前的邻域交换不会缩短关键路径。

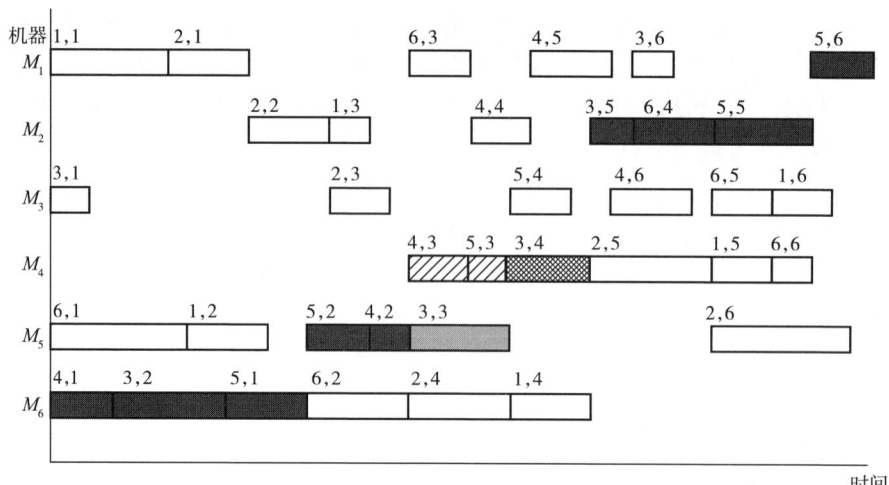

图 3-6　6×6 问题解的 Gantt 图

N6 邻域结构是邻域结构中最有效的邻域结构之一,是否有必要在此基础上,在邻域集合中将不会缩短关键路径长度的邻域去除,也就是说,是否有必要只考虑关键工序与关键路径上的最后一道工序之间的 N6 邻域。为此,以 13 个难解典型 Benchmarks 问题为例,通过调用 Giffler&Thompson 算法随机产生活动调度集中的解,进行关键工序检测,检测结果如表 3-2 所示[184]。

表 3-2 的关键工序检测结果表明,在 13 个难解典型 Benchmarks 问题中确实存在关键工序,关键工序的数量最少为 3.00%,最多为 11.11%,13 个难解典型 Benchmarks 问题平均为 7.24%。在本研究中,为改善 TS 算法的效率,采用基于关键工序的邻域选择策略,通过缩小邻域选择范围,提高 TS 算法的优化性能。

表 3-2　13 个难解典型 Benchmarks 问题的关键工序检测试验

问题	作业数 n	机器数 m	试验次数	存在关键工序数	百分比/%
FT10	10	10	200	16	8.00
LA02	10	5	100	6	6.00
LA19	10	10	200	17	8.50
LA21	15	10	300	19	6.33
LA24	15	10	300	9	3.00
LA25	15	10	300	17	5.67
LA27	20	10	400	34	8.50
LA29	20	10	400	28	7.00
LA36	15	15	450	32	7.11
LA37	15	15	450	50	11.11

续表

问题	作业数 n	机器数 m	试验次数	存在关键工序数	百分比/%
LA38	15	15	450	38	8.44
LA39	15	15	450	28	6.22
LA40	15	15	450	37	8.22

TS 算法中的基于关键工序的邻域选择方法：当关键路径唯一时，将关键路径上根据 $N6$ 获得的可交换邻域作为邻域选择集合；当关键路径不唯一时，将最后一道关键工序和最后一道工序之间的可交换邻域作为邻域选择集合；TS 算法从上述邻域选择集合中选择一个可交换邻域进行交换（通常是邻域中最好的）。如果上述邻域选择集合为空时，表示已无可交换的邻域。

3.7 混合蚁群优化算法求解 JSP

3.7.1 种群更新策略

为构造作业车间调度问题的解，本研究采用改进的 Giffler&Thompson 算法。将常规 Giffler&Thompson 算法在步骤 4（参见第 3.3.1 节）中随机选取冲突集 G 中的一个操作，改为根据信息素计算式（3-11），按概率来选择冲突集中的操作。

$$P(o_i|\tau) = \frac{\min_{o_j \in G}\tau_{ij}}{\sum_{o_k \in G}\min_{o_j \in G}\tau_{kj}} \quad (3-11)$$

这里将在同一台机器上加工的操作 o_i 和 o_j 叫作一对相关操作。对于 n 个作业在 m 台机器的作业车间调度问题，对于机器 $k(k = 1, 2, \cdots, m)$ 有 n 个工件中的工序加工，这 n 个工序构成相关操作集，需要一个 $n \times n$ 的矩阵表示信息素值[185]。式（3-12）中，τ_{ij} 表示 o_i 在 o_j 前加工的信息素值，τ_{ji} 表示 o_j 在 o_i 前加工的信息素值。

$$\Im = \begin{bmatrix} 0 & \tau_{12} & \tau_{13} & \cdots & \tau_{1n} \\ \tau_{21} & 0 & \tau_{23} & \cdots & \tau_{2n} \\ \tau_{31} & \tau_{32} & 0 & \cdots & \tau_{3n} \\ \vdots & \vdots & \vdots & & \vdots \\ \tau_{n1} & \tau_{n2} & \tau_{n3} & \cdots & 0 \end{bmatrix} \quad (3-12)$$

τ'_{ij} 表示信息素 τ_{ij} 更新后的值。信息素更新过程仅对在软复位后的最优解的信息轨迹进行更新。同时需要对信息素浓度进行限制，使其能够克服早熟和陷入局部优化的缺点。τ'_{ij} 的计算方法如式（3-13）所示。

$$\tau'_{ij} = \tau_{ij} + \rho \cdot (\delta(o_i, o_j) - \tau_{ij}) \tag{3-13}$$

其中，$\delta(o_i, o_j) = \begin{cases} \tau_{\max}, & \text{如果} o_i \text{在} o_j \text{前被加工} \\ 0, & \text{如果} o_j \text{在} o_i \text{前被加工} \end{cases}$

当更新信息素后，还要检测更新后的信息素值是否越界。如果大于最大值，将其设置为最大值；如果小于最小值，将其设置为最小值。

信息素挥发系数 ρ 的计算方法如式（3-14）所示，随着 ρ 值的减少，该路径被选择的概率将降低，但不能低于最小值。$\rho_{\min}$ 为 ρ 的最小值，$\varepsilon = 0.1$。

$$\rho_{(t+1)} = \begin{cases} \varepsilon \cdot \rho_{(t)}, & \varepsilon \cdot \rho_{(t)} > \rho_{\min} \\ \rho_{\min}, & \text{否则} \end{cases} \tag{3-14}$$

当蚁群算法进化若干代以后，信息素表中各个信息素的值都趋近于 $\tau_{\max}$ 或 $\tau_{\min}$，此时蚁群中的解可能过早收敛，使算法陷入停滞。为此在每次迭代结束后计算收敛因子 cf，当 cf 的值大于 0.99，则对算法进行软复位，即对信息素的值重置初始值，重新进行搜索，解决算法陷入停滞的问题。cf 的计算公式如式（3-15）所示。

$$cf = 2 \cdot \left(\left(\frac{\sum_{\tau_{ij} \in \tau} \max\{\tau_{\max} - \tau_{ij}, \tau_{ij} - \tau_{\min}\}}{|\tau| \cdot (\tau_{\max} - \tau_{\min})} \right) - 0.5 \right) \tag{3-15}$$

3.7.2 基于关键工序邻域选择策略的 TS 算法

本章采用基于关键工序的邻域选择策略 TS 算法，首先要识别出关键路径上存在的关键工序，从而选择能起到缩短关键路径作用的有效邻域，使得算法的效率得到提高。其具体方法如下。

步骤 1：每次移动都是选择邻域中没有被禁止的解，并计算其适应度值，从中选择好于原解的解。

步骤 2：若所有未禁忌的解都不好于原解，则根据藐视准则，选择禁忌表中的适应度值好于原解的解。

步骤 3：若搜索到的解都不好于原解，则选择最不差的未禁忌的解。

步骤 4：若所有的解都被禁忌了，则选择这些解中被禁忌时间最长的解，即禁忌表中的第一个元素。

步骤 5：用所选新解更新当前解。

步骤 6：更新禁忌表。

步骤 7：若经过一定步数之后，仍不能获得好于原解的新解，则结束该过程。

3.7.3 混合蚁群优化算法架构

采用单一 ACO 算法求解作业车间调度问题,当算法运行一段时间后,陷入局部最优很难改进,这就需要找出一种方法跳出局部最优。为此,基于 ACO 设计一种混合蚁群算法(hybrid ant colony optimization,HACO)。由于目标函数的正规性,最优解一定在活动调度集合中,为此,HACO 算法采用 Giffler&Thompson(G&T)算法生成活动调度集中的调度作为 ACO 的初始解;采用 ACO 的改进算法 MMAS 算法进行全局搜索;运用基于关键工序的邻域选择策略的 TS 算法进行局部并行(以概率 P_l)搜索。HACO 算法流程如图 3-7 所示。

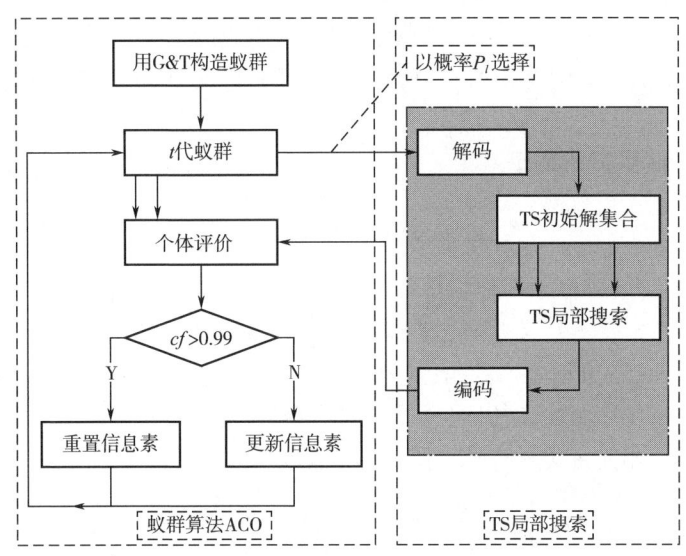

图 3-7 HACO 算法搜索策略示意图

HACO 算法的主要步骤如下。

步骤 1:设置相关参数,进化迭代次数初始值 $gen = 0$。

步骤 2:调用 Giffler&Thompson 算法产生初始化种群。

步骤 3:初始化信息素表。

步骤 4:判断进化代数 gen 是否大于最大进化代数 maxGen,如果大于,则保存全局最优解并退出算法;如果不大于,则继续执行进化。

步骤 5:对每个子群中的每个个体分别执行邻域搜索。

步骤 6:根据概率 P_l,选择部分个体进行 TS 并行搜索。

步骤 7:获取当次迭代的最优解,更新软复位后的最优解和全局最优解;其中如果软复位后的最优解为空,则设为当次迭代的最优解。

步骤 8：利用软复位后的最优解更新信息素表。

步骤 9：计算收敛因子 cf。

步骤 10：如果 $cf > 0.99$，则重置信息素，软复位后的最优解为空。

3.7.4 全局收敛性分析

优化算法的收敛性是很重要的性质，一个新设计的算法是否收敛是算法使用者非常关心的问题。单纯的蚁群算法和 TS 算法的收敛性分别由朱庆保在文献[186]，王凌在文献[187]中探讨过。本研究通过应用马尔科夫（markov）链[188]等理论对 ACO 算法与 TS 算法的混合算法进行收敛性分析，证明得到该混合的算法具有全局收敛性。

定义 3.1 （markov 链）设有随机序列为 $\{X_n, n \in T\}$，参数集 $T = \{0, 1, 2, \cdots\}$ 为离散的时间序列，与 X_n 所对应取值的全体组成的状态空间是离散的状态集 $S = \{s_0, s_1, s_2, \cdots\}$。若对于任意整数 $n \in T$ 和任意的 $s_0, s_1, s_2, \cdots, s_{n+1} \in S$，条件概率满足

$$P\{X_{n+1} = s_{n+1} | X_0 = s_0, X_1 = s_1, \cdots, X_n = s_n\} = P\{X_{n+1} = s_{n+1} | X_n = s_n\} \quad (3\text{-}16)$$

则称 $\{X_n, n \in T\}$ 为 Markov 链。

定义 3.2 （转移概率矩阵）矩阵 $\{P_{ij} : i, j = 1, \cdots, k\}$ 被称为 $k \times k$ 阶转移概率矩阵 P，其中 $P_{ij} = P\{X_{n+1} = j | X_n = i\}$ 为马尔科夫链 $\{X_n, n \in T\}$ 的转移概率。

由于 MMAS 算法和 TS 算法在搜索过程中某一解的产生只与它的前一个解有关，而与以前的解无关，所以混合算法 HACO 对应的解序列是一个马尔科夫链。

定义 3.3 给定 $n \times n$ 阶随机阵 P，其遍历系数定义为

$$\tau(P) = \frac{1}{2} \max_{i,j} \sum_{k=1}^{n} |p_{ik} - p_{jk}| = 1 - \min_{i,j} \sum_{k=1}^{n} \min(p_{ik}, p_{jk}) \quad (3\text{-}17)$$

对 TS 算法，由解 i 产生解 j 的概率如式（3-18）表示

$$g_{ij} = \begin{cases} \dfrac{1}{|N(i)|}, & j \in N(i) \\ 0, & j \notin N(i) \end{cases} \quad (3\text{-}18)$$

定理 3.1 假设搜索空间 X 有限，且其邻域结构满足对称性和强连通性，则禁忌搜索算法必然收敛且找到最优解。

定理 3.2 设 P、Q 为随机阵，则

$$\tau(PQ) \leq \tau(P) \cdot \tau(P) \leq \tau(P) \quad (3\text{-}19)$$

定理 3.3 非齐次马尔科夫链 $\{P(k)\}$ 弱遍历，当且仅当存在一个严格增的正数列 $\{k_i\}$, $i = 1, 2, \cdots$，满足

$$\sum_{i=0}^{\infty} [1 - \tau(P(k_i, k_{i+1}))] = \infty \quad (3\text{-}20)$$

定理 3.4 设 $\{P_{ij}(k)\}$ 为一弱遍历的非齐次马尔科夫链，且 $P_{ij}(k)$ 为正则扩

张。若 $P_{ij}(k)$ 是渐近单调函数闭集；或有界变差函数闭集，则此马尔科夫链强遍历。

引理 3.1 多项式函数集及有理多项式函数集在（0，1］上均为渐近单调函数闭集和有界变差函数闭集；有理指数函数集在（0，1］上为渐近单调函数闭集。

定理 3.5 HACO 算法对应的马尔科夫链是强遍历的，即当时间趋于无穷时，混合算法最终以概率 1 收敛到最优种群集[189]。

证明：

（1）弱遍历性

由**定理 3.1** 知，若邻域结构满足对称性和强连通性且搜索空间有限，则禁忌搜索算法一定收敛于最优解。因此，禁忌搜索算法所对应的马尔科夫链 $\{A(k)\}$ 强遍历，由**定理 3.3** 知存在一个严格增的正数列 $\{k_i\}$，$i = 1, 2, \cdots$，满足

$$\sum_{i=0}^{\infty} [1 - \tau(A(k_i, k_{i+1}))] = \infty \qquad (3-21)$$

对于 HACO 算法的遍历系数，有

$$\tau(P) = \tau(P_s P_A P_C A^m) \leqslant \tau(A) \qquad (3-22)$$

于是可得

$$\sum_{i=0}^{\infty} [1 - \tau(P(k_i, k_{i+1}))] \geqslant \sum_{i=0}^{\infty} [1 - \tau(A(k_i, k_{i+1}))] = \infty \qquad (3-23)$$

由定理 3.3 知 HACO 算法弱遍历。

（2）强遍历性

由于混合算法所对应的马尔科夫链 $\{P_{ij}(k)\}$ 中的 $P_{ij}(k)$ 与 k 无关，所以 $P_{ij}(k)$ 满足正则扩张条件。由**定理 3.4** 和**引理 3.1**，可得 $P_{ij}(k)$ 是闭集的渐近单调函数。所以 HACO 算法所对应的马尔科夫链是强遍历的。由**定理 3.5** 可知，HACO 算法具有全局收敛性，即 $\lim P(Z_t \in S_{bs}) = 1$，其中 Z_t 为种群为第 t 代种群的最优适配值。

3.8 实验设计与分析

为了验证本章提出的 HACO 算法在求解 JSP 问题上的有效性，进行详细的算例验证和分析。算法使用 C# 编程实现，实验平台为 Intel（R）Core™ CPU 2.4GHz 处理器，2GB 内存。为了消除随机误差对算法性能的影响，测试算法在每个测试问题上独立运行 10 次。由于马尔科夫链等理论的收敛性证明是基于对最优种群已知的情况，在本节中，我们使用最小 Makespan 作为目标函数，针对 13 个已知最优解的 Benchmarks 问题进行实验比较。

3.8.1 实验设置

参数设定如下：HACO 算法蚁群大小为 $|O|*70\%$，进化代数为 $|O|*70\%$，其中 $|O|$ 为工序总数。进行 TS 搜索的概率为 20%（$P_l=0.2$），TS 的搜索经过 50 步后，仍不能得到更好的解则结束该过程。其中 ρ 是 [0，1] 之间的一个随机数，通过试验结果分析，选择 $\rho=0.1$，$\tau_{min}=10$，$\tau_{max}=1000$。信息素的初始值均设为 500；ACO 算法蚁群大小为 $|O|*200\%$，进化代数为 $|O|*200\%$；GA 算法种群大小为 $|O|*70\%$，进化代数为 $|O|*70\%$，交叉概率 0.85，变异概率 0.05。

3.8.2 实验算例

JSP 问题由于其重要性和代表性，相关研究人员已设计了若干典型问题（benchmarks），用以测试和比较不同算法的优化性能。本章采用的 13 个算例来源于两个不同研究者的贡献，下面对其作简单介绍。

表 3-3　　　　　　　　Benchmarks 问题的相关研究

问题	n	m	最优解	时间/秒	计算机	最早取得最优解的研究者
FT10	10	10	930	6420	CYBER170-750	Lageweg（1984）
LA02	10	5	655	3.03	VAX780/11	Adams 等（1988）
LA19	10	10	842	115	VAX780/11	Adams 等（1988）
LA21	15	10	1046	87478	ELC	Applegete 等（1991）
LA24	15	10	935	65422	ELC	Applegete 等（1991）
LA25	15	10	977	6420	ELC	Applegete 等（1991）
LA27	20	10	1235	25307	IBM RS6000	Carlier 等（1994）
LA29	20	10	1153	604800	Pentium 90	Martin（1996）
LA36	15	15	1268	1303	PRIME2655	Carlier 等（1990）
LA37	15	15	1397	1577	ELC	Applegete 等（1991）
LA38	15	15	1196	165	AT 386 DX	Nowichi（1996）
LA39	15	15	1233	6745	ELC	Applegete 等（1991）
LA40	15	15	1222	150.1	ELC	Applegete 等（1991）

第一组算例来源于 Fisher 和 Thompson（1963），包括 3 个经典算例分别称为 FT06，FT10 和 FT20（或称为 MT06，MT10 和 MT20），规模分别为 6×6，10×10

和 20×5，前者为工件数，后者为机器数。第二组算例来源于 Lawrence (1984)，包括 40 个典型的算例，命名为 LA1~LA40，对应 8 个不同规模（每一规模包含 5 个问题），分别为 10×5、15×5、20×5、10×10、15×10、20×10、30×10、15×15，各子类问题也被称为 F1~F5、G1~G5、A1~A5、B1~B5、C1~C5、D1~D5 和 I1~I5。

本研究采用了第一组算例中最为经典的 FT10 和第二组算例中被认为较难的 12 个算例。表 3-3 给出了这 13 个 Benchmarks 问题的相关研究。

3.8.3 与其他算法的比较

通过以上分析，理论上可以保证 HACO 算法的全局收敛性。然而，这种证明是建立在无穷大禁忌表、无限搜索时间等理想操作条件下。考虑到计算机性能的局限性和时间的有限性，在具体的计算实验中，我们只是以收敛理论为指导，根据实际情况，在禁忌长度、进化代数等方面作了如上的限定。因此，我们得到的一些问题的实际解只是接近最优解，而不能达到最优解。

HACO 算法的搜索区域被限定在活动调度，由表 3-4 可知，这种搜索区域的限定不影响最优解的获取。在 13 个 Benchmarks 问题中，FT10、LA02、LA19、LA36 和 LA38 均到达了标准最优解，其他问题的大部分解也是优于 ACO 和 GA 算法的最优解。特别是对于 5 个 15×15 数据规模较大 Benchmarks 问题，HACO 算法获得的解质量更好，运行速度更快。

表 3-5 为十次实验结果的相对错误率（Percentage relative error，PRE），代表了所求最优解与标准最优解的接近程度。HACO 算法获得的平均相对误差率（Average percentage relative error，APRE）是 7.32，分别比 ACO 小 3.06%，但较 GA 高 1.99%。

表 3-4　　　　　　　　　十次实验结果的最优值和平均值

问题	c^{**}	HACO			ACO			GA		
		c^*	平均值	时间/秒	c^*	平均值	时间/秒	c^*	平均值	时间/秒
FT10（10×10）	930	**930**	942.3	15.78	934	958.4	20.45	943	963.0	60.09
LA02（10×5）	655	**655**	655.0	2.92	**655**	655.0	5.76	**655**	682.4	14.43
LA19（10×10）	842	**842**	850.1	25.12	**842**	856.7	27.55	**842**	842.0	54.38
LA21（15×10）	1046	1060	1110.2	89.11	1164	1201.6	60.5	1058	1068.0	171.18
LA24（15×10）	935	956	1025.3	230.16	1012	1119.1	157.81	945	949.0	165.86
LA25（15×10）	977	1012	1022.7	200.32	1104	1137.0	167.9	1020	1026.5	177.18
LA27（20×10）	1235	1247	1321.3	600.15	1290	1430.1	480.75	1442	1464.9	577.59
LA29（20×10）	1153	1301	1405.1	500.27	1331	1433.0	487.75	1305	1330.7	569.55
LA36（15×15）	1268	**1268**	1309.7	357.9	1338	1396.8	498.5	1318	1326.3	687.78

续表

问题	c^{**}	HACO			ACO			GA		
		c^*	平均值	时间/秒	c^*	平均值	时间/秒	c^*	平均值	时间/秒
LA37（15×15）	1397	1528	1537.4	600.86	1513	1529.2	464.01	1436	1441.1	790.57
LA38（15×15）	1196	**1196**	1308.7	438.5	1269	1294.3	488.33	1242	1251.0	731.47
LA39（15×15）	1233	1284	1409.5	476.7	1312	1324.3	509.24	1244	1247.3	720.53
LA40（15×15）	1222	1276	1307.7	513.2	1284	1299.8	538.17	1243	1286.4	855.50

注：黑体字为最优解

表3-5　　　　　　　　　　十次实验结果的 *PRE* 值

问题	HACO（*PRE*）	ACO（*PRE*）	GA（*PRE*）
FT10（10×10）	1.31	3.05	3.55
LA02（10×5）	0.00	0.00	4.16
LA19（10×10）	0.95	1.75	0.00
LA21（15×10）	5.78	14.88	2.10
LA24（15×10）	8.81	19.69	1.50
LA25（15×10）	4.47	16.38	5.07
LA27（20×10）	6.53	15.80	18.62
LA29（20×10）	18.1	17.45	15.51
LA36（15×15）	3.18	10.16	4.60
LA37（15×15）	9.13	9.46	3.16
LA38（15×15）	8.61	8.22	4.60
LA39（15×15）	12.5	7.40	1.16
LA40（15×15）	6.55	6.37	5.27
APRE	7.32	10.38	5.33

注：$PRE = (Avg - c^{**}) \times 100/c^{**}$ 为相对误差百分比，代表了所求最优解与标准最优解的接近程度。APRE 为13个问题的平均相对误差百分比。

通过对以上实验结果的分析，我们可以看到，HACO 算法融合策略有效地改善算法的整体探索能力。内嵌的并行 TS 有效地改善单一 TS 算法对初始解和对进化代数的依赖，进一步提高了开发效率。另外，当在蚁群算法的求解质量较好的情况下，采用 HACO 算法的十次求解平均值有进一步的提高，表明了算法融合策略对提高算法开发能力的有效性。

图3-8展示了 LA38 实例的最优解甘特图。

第 3 章　作业车间调度问题研究

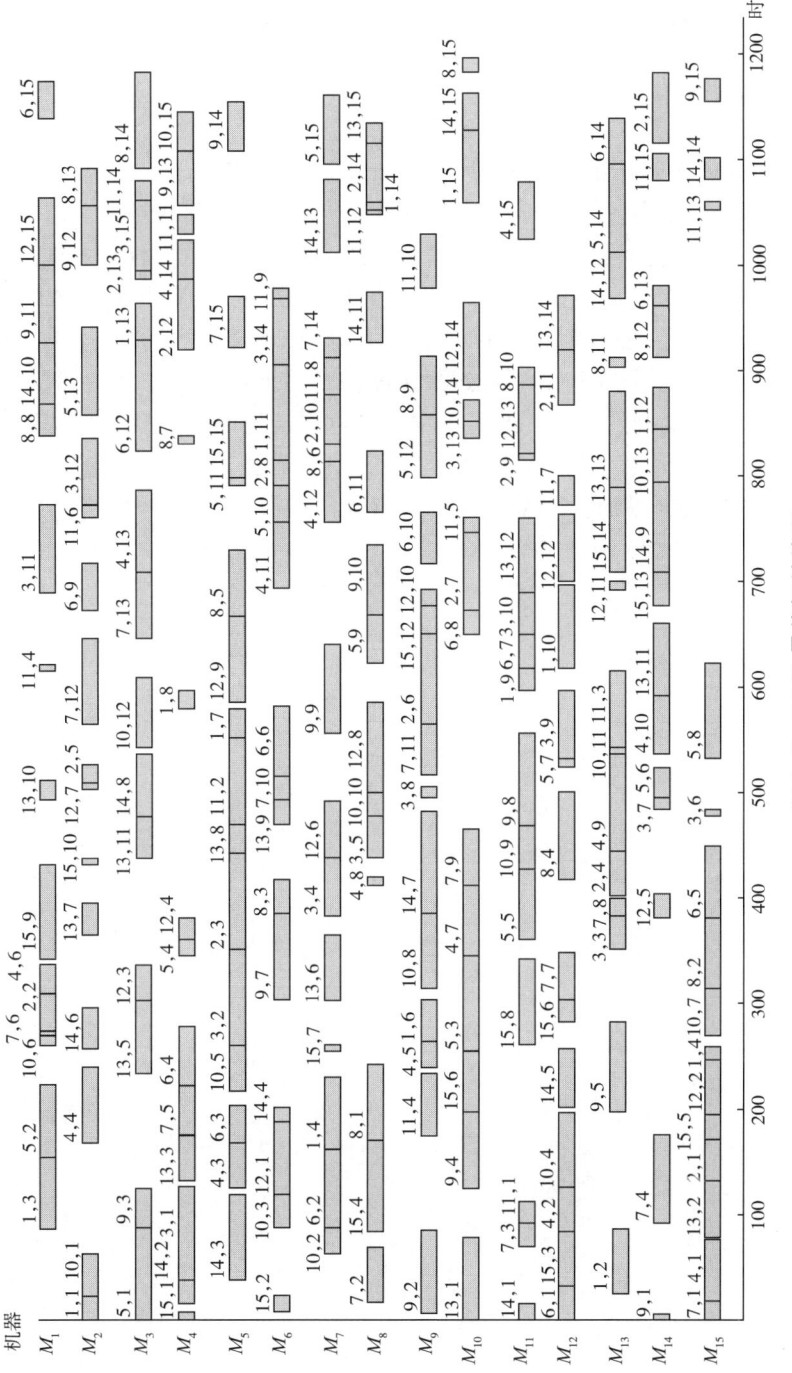

图 3-8　LA38 最优解甘特图

3.9 本章小结

随着对 JSP 问题的不断深入研究，传统的单一算法优化结果往往不够理想。同时，算法理论研究的落后，也导致了单一算法性能改进程度的局限性。如何在有效的时间内提高算法的求解质量，是 JSP 问题中研究的热点。本章首先根据 JSP 问题特征，提出了一种基于关键工序的邻域结构，从而减小了邻域的搜索空间，使邻域空间更优，避免了无用的搜索，使搜索过程向着更优的方向进行。然后，从对算法的混合策略和算法的搜索特征研究入手，提出了混合蚁群算法（HACO）。该算法在充分利用 ACO 算法的大范围、随机搜索和群体协同能力的同时，将使用基于关键工序的邻域选择策略的禁忌搜索算法作为局部搜索策略，提高了 ACO 算法的开发能力。通过运用马尔科夫链理论对 HACO 算法进行收敛性分析，证明其具有全局收敛性。针对 JSP 典型问题中的 13 个难解的 Benchmarks 问题进行测试，验证了本章提出算法的混合策略有效性，为求解 JSP 问题提供了一种可行、有效的方法。

第 4 章 柔性作业车间调度问题研究

4.1 引言

柔性作业车间调度问题（flexible job shop scheduling problem，FJSP）是作业车间调度问题的扩展。与作业车间调度问题中工件的每道工序只能在唯一确定的机器上加工不同，在 FJSP 中每道工序允许在多台不同的机器上加工，并且在不同的机器上加工所需时间也不相同。这减少了作业车间调度问题对机器的约束，扩大了可行解的搜索范围，增加了问题的难度。与作业车间调度问题相比，FJSP 更接近实际的制造环境，是实际生产中迫切需要解决的一类调度问题。

本章首先对 FJSP 进行了简单描述，并在此基础上进行数学建模。然后提出了动态多种群差分进化算法（differential evolution algorithm with dynamic multi-population，DEDMP）求解多目标 FJSP。该算法通过聚类划分将整个种群划分为若干个子种群，并根据搜索经验动态调整子种群的大小。此外，DEDMP 采用了两种新颖的搜索策略（一种具有较强的开发性，一种具有较强的探索性）。同时，为了直接在搜索空间中生成可行解，新颖的变异、交叉和替换算子被采用。最后，我们在已知的基准实例上，将 DEDMP 与差分进化算法和其他优秀算法进行了比较。实验结果表明，该算法优于或至少具有一定的竞争力。

4.2 问题描述与数学模型

FJSP 问题定义为：给定 n 个待加工工件，m 台加工设备的制造车间，每个工件按照给定的工艺路线进行加工，且各工艺路线中包含多道加工工序，每一道工序可以由不同的设备完成加工，每一个设备具备完成加工不同工序的能力，调度的目标是确定工件的每一道工序的加工机器，以及每台机器上各工件的加工顺序。

为了更好地描述与理解问题，我们对其进行如下假设：

- 若某工序在设备上已开始加工,则不能中断,直到工序完成;
- 在同一时刻,一台设备只能加工一道工序;
- 同一个工件的同一道工序在同一时刻只能被一台机器加工;
- 各个工件之间相互独立,没有优先级差异;
- 在开始阶段,所有的设备处于空闲状态;
- 忽略工件在设备之间的运输时间和设备准备时间,设备的缓冲区无限大。

整个 FJSP 问题的生产流程如图 4-1 所示。

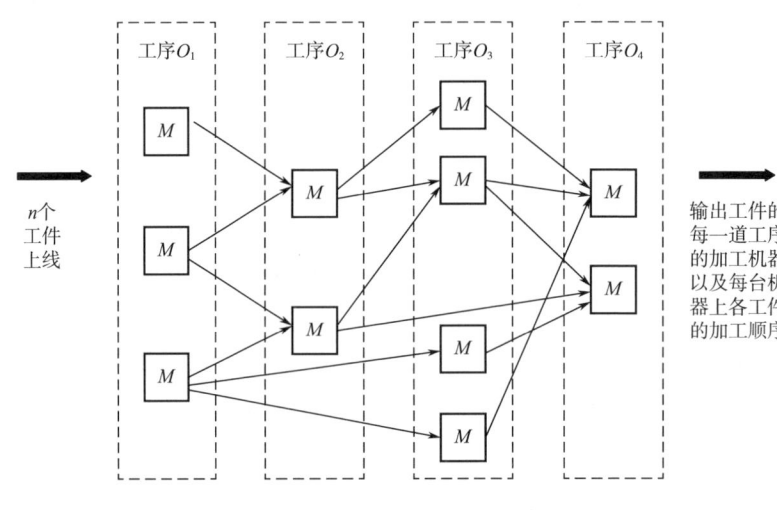

图 4-1　FJSP 问题生产示意图

表 4-1 定义了用于描述 FJSP 调度问题的数学符号。

表 4-1　FJSP 问题数学符号及意义

FJSP 部分	
i, i' 为工件序号,i, i' = 1, 2, ⋯, n;	c_{ij} 为工序 O_{ij} 的结束加工时间;
k 为机器序号,k = 1, 2, ⋯, m;	s_j 为第 j 个工件的尺寸;
h_i 为第 i 个工件的工序总数;	A 为一个足够大的整数;
j, j' 为工序序号,j, j' = 1, 2, ⋯, h_i;	p_{ijk} 为工序 O_{ij} 在机器 k 上的加工时间;
n 为工件总数;	s_{ij} 为工序 O_{ij} 的开始加工时间;
m 为机器总数;	C_i 为第 i 个工件的完工时间;
Ω 为总的机器集;	C_m 为最大完工时间最小;
Ω_{ij} 为第 i 个工件在第 j 道工序的可选加工机器集;	W_m 为最大负荷机器最小;
m_{ij} 为第 i 个工件在第 j 道工序的可选加工机器数;	$T_o\left(T_o = \sum_{i=1}^{n} h_i\right)$ 为所有工件工序总数;
	M_{ijk} 为工序 O_{ij} 在机器 k 上加工;
	O_{ij} 为第 i 个工件的第 j 道工序。

第 4 章 柔性作业车间调度问题研究

$$x_{ijk} = \begin{cases} 1, & \text{如果工序} O_{ij} \text{选择机器} k \\ 0, & \text{否则} \end{cases}$$

$$y_{iji'j'k} = \begin{cases} 1, & \text{如果} O_{ijk} \text{先于} O_{i'j'k} \text{加工} \\ 0, & \text{否则} \end{cases}$$

基于上述变量和下标，柔性作业车间调度问题的模型建立如下。

$$C_m = \min(\max_{1 \le i \le n}(C_i)) \tag{4-1}$$

$$W_m = \min(\max_{1 \le k \le m} \sum_{i=1}^{n} \sum_{j=1}^{h_i} p_{ijk} x_{ijk}) \tag{4-2}$$

$$W_t = \min(\sum_{k=1}^{m} \sum_{i=1}^{n} \sum_{j=1}^{h_i} p_{ijk} x_{ijk}) \tag{4-3}$$

约束条件

$$s_{ij} + x_{ijk} \times p_{ijk} \le c_{ij} \tag{4-4}$$

式中：$i = 1, 2, \cdots, n$；$j = 1, 2, \cdots, h_i$；$k = 1, 2, \cdots, m$。

$$c_{ij} \le s_{i(j+1)} \tag{4-5}$$

式中：$i = 1, 2, \cdots, n$；$j = 1, 2, \cdots, h_i - 1$。

$$c_{ih_i} \le C_m \tag{4-6}$$

式中：$i = 1, 2, \cdots, n$。

$$s_{ij} + p_{ijk} \le s_{i'j'} + A(1 - y_{iji'j'k}) \tag{4-7}$$

式中：$i = 0, 1, 2, \cdots, n$；$i' = 1, 2, \cdots, n$；$j = 1, 2, \cdots, h_i - 1$；$j' = 1, 2, \cdots, h_{i'}$；$k = 1, 2, \cdots, m$。

$$c_{ij} \le s_{i(j+1)} + A(1 - y_{i'j'i(j+1)k}) \tag{4-8}$$

式中：$i = 1, 2, \cdots, n$；$i' = 0, 1, 2, \cdots, n$；$j = 1, 2, \cdots, h_i - 1$；$j' = 1, 2, \cdots, h_{i'}$；$k = 1, 2, \cdots, m$。

$$\sum_{k=1}^{m_{ij}} x_{ijk} = 1 \tag{4-9}$$

式中：$i = 1, 2, \cdots, n$；$j = 1, 2, \cdots, h_i$；$k = 1, 2, \cdots, m$。

$$\sum_{i=1}^{n} \sum_{j=1}^{h_i} y_{iji'j'k} = x_{i'j'k} \tag{4-10}$$

式中：$i' = 1, 2, \cdots, n$；$j' = 1, 2, \cdots, h_{i'}$；$k = 1, 2, \cdots, m$。

$$\sum_{i'=1}^{n} \sum_{j'=1}^{h_{i'}} y_{iji'j'k} = x_{ijk} \tag{4-11}$$

式中：$i = 1, 2, \cdots, n$；$j = 1, 2, \cdots, h_i$；$k = 1, 2, \cdots, m$。

$$s_{ij} \ge 0, c_{ij} \ge 0 \tag{4-12}$$

式中：$i = 1, 2, \cdots, n$；$j = 1, 2, \cdots, h_i$。

式（4-1）~式（4-3）是算法最小化的三个目标，即最大完工时间最小、最大负荷机器最小和机器总负荷最小；式（4-4）和式（4-5）表示每一个工件的工序先后顺序约束；式（4-6）表示工件的完工时间约束，即每一个工件的完工时间不可能超过总完工时间；式（4-7）和式（4-8）表示工序约束，即同一时刻同一台机器只能加工一道工序；式（4-9）表示机器约束，即同一时刻同一道工序只能且仅能被一台机器加工；式（4-10）和式（4-11）表示每一台机器存在循环操作；式（4-12）表示各个参数变量必须是正数。

3 个工件在 3 台机器上加工的柔性作业车间调度问题的加工时间如表 4-2 所示。可以看出，柔性作业车间调度问题的求解过程包括两部分：选择各工序的加工机器和确定每台机器上的先后顺序。

表 4-2 柔性作业车间调度问题示例

工件	工序	机器		
		M_1	M_2	M_3
J_1	O_{11}	1	—	3
	O_{12}	4	2	2
J_2	O_{21}	—	2	4
	O_{22}	1	2	3
	O_{23}	—	—	2
J_3	O_{31}	4	2	3
	O_{32}	1	—	4

图 4-2 给出了对应上述实例一个解的甘特图。每个方框上方用 i，j 表示工序 o_{ij}，其左边，也就是横坐标表示此工序的开始时间 s_{ij}，其水平方向的长度表示此工序的加工时间 p_{ijk}。

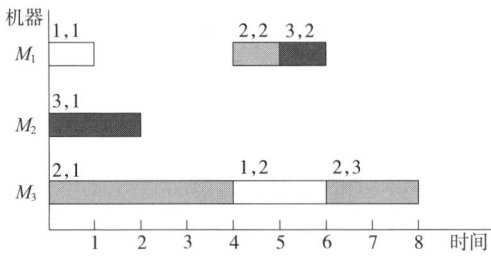

图 4-2 FJSP 甘特示意图

4.3 动态多种群策略

4.3.1 多种群策略

在传统的进化计算过程中，一般每代仅保留一个种群。但是，对于一些同时具有多个最优解的多目标优化问题，单一种群进化会使种群陷入一个或几个局部最优区域，从而使种群的多样性变差。当前许多研究人员针对这一缺陷，设计了不同的基于多种群的多目标进化算法，计算结果进一步证明了多种群策略对于多目标问题的有效性。其中，在多目标 PSO（multi-objective PSO，MOPSO）算法[190]中，采用聚类划分方法将种群划分为多个子种群，计算结果证明解的分散性获得很大的改善。在另外一个 MOPSO 算法[191]中，设计了一个动态机制自适应调整子种群数量，计算结果也证明了该策略的有效性。同时，一些论文对 DE 算法进行改进时也采用了多种群策略，但多数论文讨论的是其用于解决单目标优化问题[192,193]。对于多目标优化问题，Zaharie 和 Petcu[194]提出了并行自适应 Pareto DE（parallel adaptive Pareto DE，APDE）算法，该算法将种群划分为若干个子种群，对不同的种群分别采用岛屿迁徙模型和随机拓扑结构进行并行迭代。Parsopoulos 等[195]提出了一种基于向量评价的多种群 DE 算法求解多目标优化问题，其并行迭代策略为环形拓扑结构。虽然文献[194,195]均采用了多种群策略，但二者研究的重点是多目标 DE 算法的并行化模式。此外，两种改进 DE 算法只使用了一种变异策略（公式）。由于不同的变异策略具有不同的搜索行为和性能，如何将多种群策略与多变异策略结合起来，进一步提高多目标 DE 算法的性能，还需要进一步研究。

此外，王显鹏和唐立新[196]提出了一种动态多种群 DE（adaptive multi-population DE，AMPDE）算法用于求解连续多目标优化问题，在该文中对子种群的大小 T 进行了详细的探讨。当 T 取一个较小的值时，子种群中的个体在有限的代数里无法得到充分的进化，且频繁的种群调整会占用额外的计算资源；当 T 取一个较大的值时，不适合的交叉、变异操作会使子种群陷入局部最优空间，也是一种浪费计算资源的情况。因此，如何平衡子种群的大小，使得每个子种群有足够的进化代数，并且将更多的计算资源用于更有开发潜力的子种群是多种群策略的研究重点。

考虑上述研究，多种群策略被认为是在不浪费种群多样性的情况下促进开发的一种有效技术。本研究将整个种群划分为若干个子种群，并根据搜索过程反馈信息动态调整子种群的大小，其具体操作过程如下。

首先，利用聚类划分操作将整个种群划分为若干个子种群，其中 $T(T \in S$，

$S = \{5, 10, 25\}$)是随机分配的。然后,在每次迭代中,根据全局最优解改变 T 的值。如果当前迭代后全局最优解没有得到改进,则表示当前 T 不适合当前迭代的搜索,从集合 S 中随机选择一个新的 T;否则,若全局最优解得到改进,则表示当前 T 可以用来改进最优解,T 保持不变。

聚类划分操作过程如下。

① 如果整个种群为空,输出各个子种群;否则,重复执行步骤②-⑤。

② 在整个种群中随机选择个体 X_i,将其作为第 i 个子种群的中心点。

③ 计算整个种群中的个体与 X_i 之间的欧几里得距离,选取距离最小的 $T-1$ 个个体。

④ 将 X_i 和 $T-1$ 个个体合并,形成第 i 个子种群。

⑤ 将这 T 个个体从整个种群中删除。

4.3.2 两种搜索策略

优化算法设计的关键问题之一是搜索策略的有效性。本研究详细介绍了具有不同特征的两种搜索策略。一种具有较强的探索性,一种具有较强的开发性。为了实现探索性和开发性的平衡,子种群采用不同的搜索策略。

(1) CDE(CDE_Elite)

受到混沌 ABC(chaotic ABC,CABC)算法[197]的启发,为了提高算法的探索能力,本研究提出了一个近似的搜索策略,混沌 DE(chaotic DE,CDE)策略,见式(4-13)。

$$V_i = X_{r1} + F \times (X_{r1} - X_{r2}) \quad (4\text{-}13)$$

其中,$r1$ 和 $r2$ 是在第 j 个子种群中随机选择的个体,$r1, r2 \in \{1 \cdots T_j\}$,且 $r1 \neq r2$。T_j 表示第 j 个子种群的大小。F 是 $[0, 1]$ 之间的随机数。

在式(4-13)中,扰动的个体都是随机选取的,因而不会偏向任何一个搜索方向,此外又用随机解 X_{r1} 替代当前解 X_i 作为基向量,能够在周围搜集到更多的信息。然而由于总是围绕随机解 X_{r1} 和 X_{r2} 进行开发,没有用到先验知识,因此它更偏向于探索,其开发性仍然不足。所以,我们提出了一个新的搜索策略,将精英解纳入到 CDE 策略之中,即 CDE_Elite 策略,见式(4-14)。

$$V_i = X_{pbest} + F \times (X_{pbest} - X_{r2}) \quad (4\text{-}14)$$

其中,X_{pbest} 表示从子种群的前 20% 解中随机选择的个体。CDE_Elite 可以看作 CDE 的变种策略,它将搜索公式的第一项限制到 X_{pbest},使得搜索时施加的扰动围绕着精英解进行,从而获得更好的开发能力。

(2) DE/rand-to-pbest/1

上文提到的搜索策略,具有贪婪性较弱,收敛速度慢的缺点。为了进一步提高算法的开发能力,我们采用了没有外部档案集的"DE/rand-to-pbest/1"搜索策略[198],见式(4-15)。从当前的子种群中随机选择一个个体作为基向量,其扰动部分是由最佳解和随机移动方向两种信息相结合而产生。

$$V_i = X_{r1} + F \times (X_{pbest} - X_{r1}) + F \times (X_{r2} - X_{r3}) \tag{4-15}$$

其中,X_{pbest} 表示从子种群的前 20% 解中随机中选择的个体。$r1$,$r2$,$r3 \in \{1 \cdots T_j\}$,且 $r1 \neq r2 \neq r3$。T_j 表示第 j 个子种群的大小。F 是[0,1]之间的随机数。

如图 4-3 所示,本章提出两种不同特性的搜索策略,一种是有利于探索的,另一种是通过引入局部最优解而有利于开发的。每个子种群在每一代中选择不同的搜索策略。在进化的早期阶段,为了找到更好的解,更多的子群使用 CDE 策略来搜索更多的区域(加强探索)。同时,CDE_Elite 策略利用精英个体的信息,有效地提高了收敛速度。在进化的后期,种群处于局部最优状态。更多的子群使用"DE/rand-to-pbest/1"策略。由于"DE/rand-to-pbest/1"策略的二项式特性,它可以提供一个更大的步长,增加了摆脱局部最优的可能性。

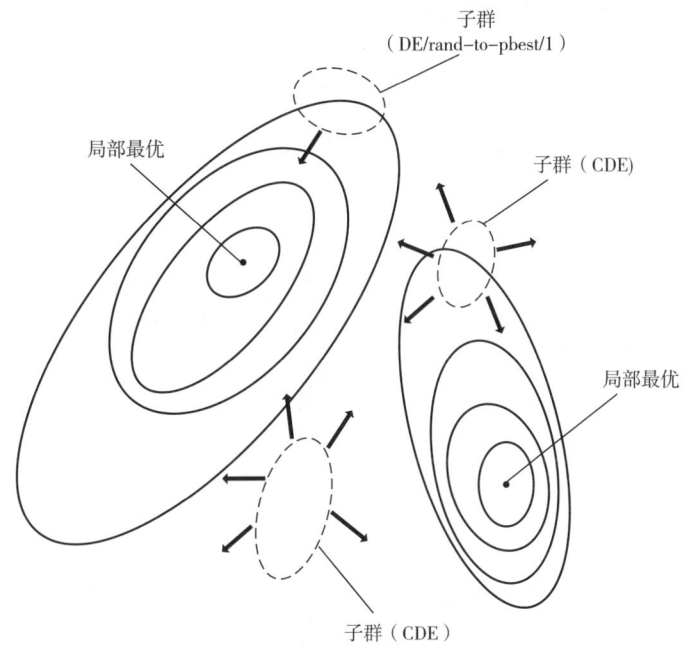

图 4-3 个体寻优过程

4.3.3 多搜索策略自适应机制

为了获得最令人满意的优化性能,通常需要对最合适的搜索策略执行试错。经验表明,在不同的进化阶段,采用不同的搜索策略可以更好地平衡探索性和开发性。因此，本研究的自适应机制为，根据之前的搜索结果来选择更为适合的搜索策略。其策略自适应公式如式（4-16）所示。

$$pf_G = (1-c) \times pf_G + c \times mean_A(p_{1,G}) \quad (4\text{-}16)$$

其中，$c=0.05$（具体讨论分析参看本章4.5.1）。根据式（4-16），当前策略的选择概率是由当前的策略和以前成功的策略共同决定的。也就是说，第 k 个策略的成功率越大，选择其生成解决方案的概率就越大。

$$p_{k,G} = \frac{S_{k,G}}{\sum_{k=1}^{K} S_{k,G}} \quad (4\text{-}17)$$

$$S_{k,G} = \frac{\sum_{g=1}^{G-1} ns_{k,g}}{\sum_{g=1}^{G-1} ns_{k,g} + \sum_{g=1}^{G-1} nf_{k,g}} + \varepsilon \quad (4\text{-}18)$$

式中，$S_{k,G}$ 表示由第 k 个策略产生的候选解的成功率；$ns_{k,g}$ 和 $nf_{k,g}$ 是在选择操作中成功或失败的第 k 个策略所产生的子代数量；ε 是一个小的恒定值，以避免可能出现的不可行解，$\varepsilon = 0.01$。显然，第 k 个策略的成功率更大，被选择的概率也会更大。为了保证每个策略都能被选择，参数 pf 值被限制在 $[0.1, 0.9]$ 之间。

4.4 动态多种群差分进化算法求解 FJSP

4.4.1 编码和解码

柔性作业车间调度问题是继承作业车间调度特性的一种扩展调度问题，对于 FJSP，不仅要确定工序的加工顺序，还需要为每道工序选择一台合适的机器，仅采用基于工序的编码方法不能得到问题的解。根据 FJSP 特性，本研究采用了一种扩展的基于工序的编码方法，该编码由两部分组成：第一部分为工序排序向量（operations sequencing，OS），用于确定工序的加工先后顺序；第二部分为机器选择向量（machines assignment，MA），用于选择每道工序的加工机器。融合这两种向量，可得到柔性作业车间调度问题的一个可行解。

图 4-4 所示为扩展的基于工序的编码染色体，该图是根据表 4-2 生成的解（图 4-2）的编码。

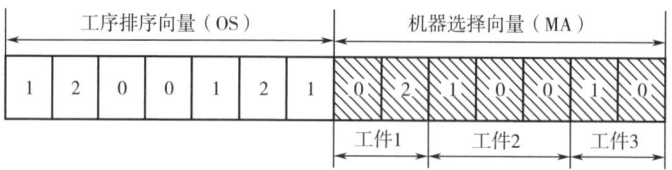

图 4-4 FJSP 编码方法

其中，基于工序编码的基因串 OS 确定工序的加工先后顺序，染色体长度等于所有工件的工序之和 T_0。每个基因用工序号直接编码，工序出现的顺序表示该工件工序间的先后加工顺序，即对染色体从左到右进行编译，对于第 h 次出现的工件号，表示该工件 i 的第 h 道工序，并且工件号的出现次数等于该工件的工序总数 h_i。以表 4-2 为例，如图 4-4 所示，假设工序染色体为 [1 2 0 0 1 2 1]，则其中第一个 "0" 表示工件 J_1 的工序 O_{11}，第二个 "0" 表示工件 J_1 的工序 O_{12}，以此类推，转换成各工序的加工顺序为 $O_{21} \to O_{31} \to O_{11} \to O_{12} \to O_{22} \to O_{32} \to O_{23}$。

基于机器编码的基因串 MA 为每个工件所有工序的加工机器，染色体长度也为 T_0。每个基因位按照工件和工件工序的顺序依次排列，每个基因表示当前工序选择的加工机器在可选机器集中的顺序号，并不是对应的机器号。以表 4-2 为例，如图 4-4 所示，依次是工件 J_1、工件 J_2 和工件 J_3 的所有工序。工序 O_{12} 有 3 台机器可以选择，对应的 2 表示可选机器集中第 3 台机器，即在机器 M_3 上进行加工。同理，工序 O_{21} 有 2 台机器可以选择，分别为机器 M_2 和机器 M_3，图中对应的 "1" 表示可选机器集中第 2 台机器，即在机器 M_3 上进行加工。

设工件 J_i 的第 j 道工序 O_{ij} 的完工时间为 c_{ij}，工序的加工时间为 p_{ijk}，其中 k 为工序 O_{ij} 的加工机器。对于具有工件释放时间的柔性作业车间调度问题，解码计算时需要考虑工序 O_{ij} 是否为工件的第一道工序。工序 O_{ij} 完工时间的计算公式为

$$c_{i,j} = \begin{cases} \max\{R_i, t_{hp}\} + p_{ijk} & j = 1 \\ \max\{t_{i(j-1)}, t_{hp}\} + p_{ijk} & j > 1 \end{cases} \quad (4-19)$$

其中，R_i 表示工件 J_i 的释放时刻；c_{hp} 表示工序 O_{ij} 在加工机器 M_k 上紧前工序的完工时间（如果工序 O_{ij} 没有机器紧前工序，则 $c_{hp} = 0$）；$c_{i(j-1)}$ 表示工序 O_{ij} 的工件紧前工序 $O_{i(j-1)}$ 的完工时间。

从式 (4-19) 可以看出，工件 J_i 第一道工序的开始时间由工件的释放时刻 R_i 和该工序在加工机器上紧前工序的完工时间的最大值决定；工件 J_i 的非第一道工序 O_{ij} 的开始时间由它在加工机器上的紧前工序和工件的紧前工序中的最大值决定。

根据式 (4-19) 进行解码，可得到该染色体对应的半主动调度解。采用一种插入式贪婪解码算法求解柔性作业车间调度问题，使染色体经过解码后产生主动调度。该解码方法的描述如下：把染色体看做工序的有序序列，根据工序在该序列上的顺序进行解码，将每道工序插入到该工序已选加工机器上的最佳可行的加工时刻安排加工，直到序列上所有工序都安排完为止。应用插入式贪婪解码算法将图 4-4 所示染色体解码，得到的主动调度解的甘特图如图 4-2 所示。

4.4.2 种群初始化

种群初始化在进化算法中是一个关键问题，初始解对进化的速度和质量有很大的影响。目前，大部分文献普遍采用随机初始化方法，该方法会产生初始解质量低和机器之间负载不平衡的现象。为了获得最优解，随机初始解需要更多的进化代数或者更大的种群规模。为了保证初始种群具有较高的质量和多样性，本章提出了一种多目标多规则 Giffler&Thompson 算法。

多目标多规则 Giffler&Thompson 算法步骤如下。

① 令 $Q(1) = \{o_{ij} | i=1, \cdots, n; j=1, \cdots, m\}$ 为所有操作的集合；$S(1)$ 为所有工件第 1 道操作的集合。

② 令 $t = 1$。

③ 令 o^* 为满足 $c(o^*) = \min\{c(o_{ij}) | o_{ij} \in S(t)\}$ 的操作，m^* 为进行该操作的机器；根据规则集，从集合 $\{o_{im}^* \in S(t); r(o_{im}^*) < c(o^*)\}$ 中确定一个操作 o_{im}^*。

④ 生成 $Q(t+1) = Q(t) \setminus \{o_i^*\}$。由 $S(t)$ 除去操作 o_{im}^*，并添加工件 i 的下一道工序集来生成集合 $S(t+1)$。

⑤ 若 $Q(t+1)$ 为非空，则令 $t=t+1$，并转步骤③；否则结束算法。

上述算法的步骤③中的规则集包括两部分：机器选择向量（MA），由 20% 的 OPT 规则、20% 的 LPT 规则、20% 的 WCR 规则和 40% 的随机规则组合而成。工序排序向量（OS），由 20% 的 MWR 规则、20% 的 MOR 规则、20% 的 SPT 规则和 40% 的随机规则组合而成。各调度规则描述如下。

（1）机器选择向量

规则 A：随机规则

规则 B：最短处理时间（operation minimum processing time，OPT）规则[199]

规则 C：最长加工时间（longest processing time，LPT）规则[200]

规则 D：最小机器负荷（workload considered rule，WCR）规则[201]

（2）工序排序向量

规则 A：随机规则

规则 B：最长剩余加工时间（most work remaining，MWR）规则[202]

规则 C：最多剩余工序（most number of operations remaining，MOR）规则[198]

规则 D：最短加工时间（shortest processing time，SPT）规则[202]

4.4.3 变异操作

根据 DE 算法的进化机制，变异操作反映了个体在优化过程中的信息交换和

第4章 柔性作业车间调度问题研究

相互学习行为。方法如式（4-20）所示。

$$V_i = X_a \oplus \sum_{k=1}^{K} (F \otimes (X_{k1} - X_{k2})) \tag{4-20}$$

其中，F 是变异系数，$F \in [0, 1]$。将式（4-20）分解，我们得到

$$\Delta(k)_i = F \otimes (X_{k1} - X_{k2}) \Leftrightarrow \delta(k)_{i,j} = \begin{cases} x_{k1,j} - x_{k2,j} & rand(\cdot) < F \\ 0 & 其他 \end{cases} \tag{4-21}$$

然后我们根据式（4-22），将 X_a 和临时矢量 $\Delta(k)_i$ 累加，获得变异个体 V_i，$\Delta(k)_i = (\delta(k)_{i,0}, \delta(k)_{i,j}, \cdots, \delta(k)_{i,n})$。如果 $F = 0$，则 $\Delta(k)_i = 0$。

$$V_i = X_a \oplus \sum_{k=1}^{K} \Delta(k)_i \Leftrightarrow \tag{4-22}$$

$$v_{i,j} = v_{a,j} \oplus \sum_{k=1}^{K} \delta(k)_{i,j} = \begin{cases} mod\left(\left(x_{a,j} + \sum_{k=1}^{K} \delta(k)_{i,j} + K \times n\right), n\right) & OS \\ mod\left(\left(x_{a,j} + \sum_{k=1}^{K} \delta(k)_{i,j} + K \times mac[j]\right), mac[j]\right) & MA \end{cases}$$

其中，mod 为余数计算公式，$mac[j]$ 表示工序 j 的可选机器数量。

通过一个实例详细的阐述该变异操作，根据表 4-2 给定 6 个可行解，X_i，X_a，X_{11}，X_{12}，X_{21} 和 X_{22}，并设 $F = 0.5$，$K = 2$。变异操作过程如图 4-5 所示。

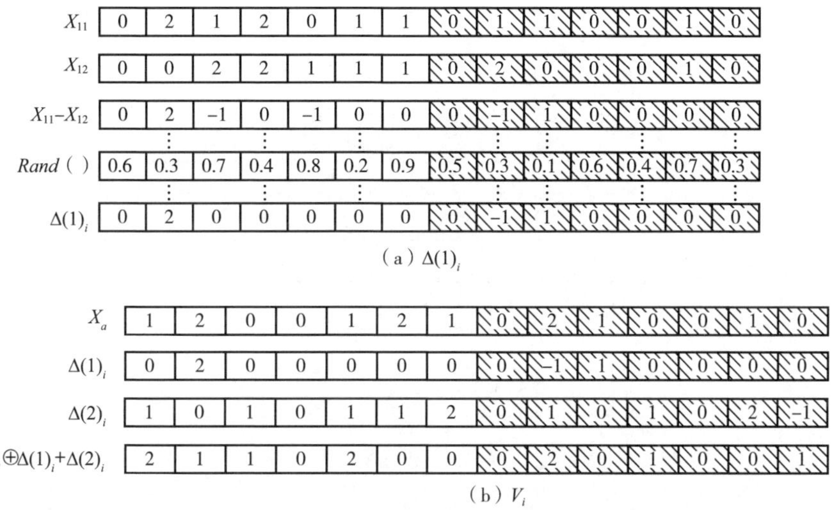

图 4-5 变异操作

该变异操作保证了所得到的变异个体 V_i 的 OS 和 MA 序列都是完整的。但对于工序排序向量，其中每个工件号的重复次数并不一定与初始情况相同，即 OS 序列并不表示一个合法调度。由基本 DE 可知，变异个体的作用在于对目标个体产生扰动，使其避免陷入局部极值。因此，变异个体 V_i 没有必要一定为合法个

体，可通过设计合理的交叉操作使得所得实验个体为表示合法的调度方案。这里 $\Delta(1)_i$ 和 $\Delta(2)_i$ 的生成方式是相同的。

4.4.4 交叉操作

交叉操作就是通过将变异个体 V_i 与对应的目标个体 X_i 相互作用得到合法的实验个体 U_i。这体现了差分进化算法对个体极值信息的利用[203]。根据 FJSP 特性，我们将交叉操作分为工序排序向量交叉操作（图 4-6）和机器选择向量交叉操作（图 4-7）。

（1）工序排序向量交叉操作

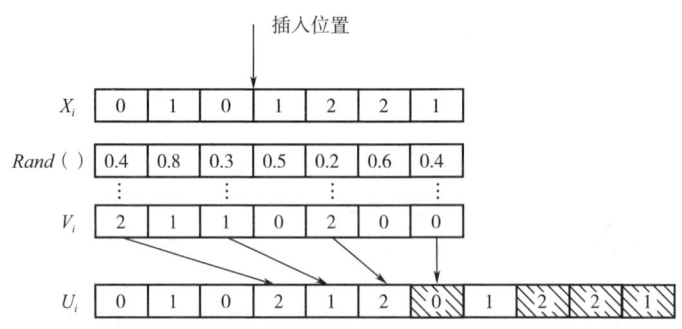

图 4-6 工序排序向量交叉操作

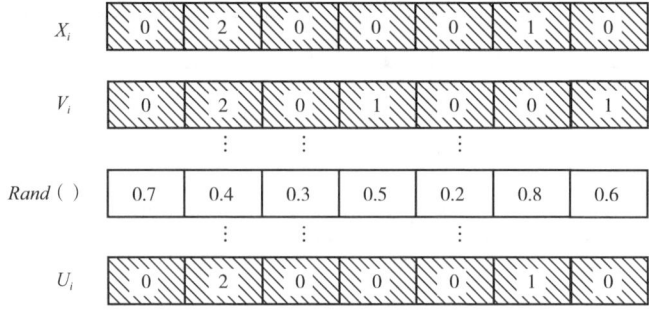

图 4-7 机器选择向量交叉操作

OS 操作步骤如下所示。

① 随机产生一个插入点 i'，$i' \in [1, n \times m]$。
② 如 $rand(\cdot) < C_r$，则将 $v_{i,j}^t \in V_i^t$ 插入 U_i^t 的位置 i'，并令 $i' = i' + 1$。
③ 令 $j = j + 1$。如 $j \leqslant n$，则返回步骤②。
④ 从后向前依次删除 U_i^t 中多余的分量，使得每个工件重复 m 次。

（2）机器选择向量交叉操作

MA 操作公式如式（4-23）所示。

$$u_{i,j} = \begin{cases} v_{i,j}, & rndn(i) < C_r \vee j = rndn(i) \\ x_{i,j}, & 其他 \end{cases} \quad (4-23)$$

4.4.5 替换操作

本研究提出了一种基于多目标进化算法的种群个体多样性更新替换方法。该方法能有效保留进化早期的局部最优解，并保持进化早期的多样性。通过后期剔除更多的局部最优解，可以加快对全局最优解的收敛速度。下面简单介绍一下替换操作的主要步骤。

当目标个体 X_i^G 被实验个体 U_i^{G+1} 支配，即 $f(U_i^{G+1}) < f(X_i^G)$。试验个体和目标个体进行交换而不是替换。然后，根据概率 $(G-1)/G_{\max}$，将目标向量中最差的 $count$ 个个体替换为试验个体中最好的个体。

$$count = \lfloor a \cdot rand \cdot NP \rfloor \quad (4-24)$$

其中，为了避免陷入局部最优，a 设为常数值 0.03。

4.4.6 动态多种群差分进化算法架构

DEDMP 算法流程：

① 初始阶段
② 设置终止条件和相关参数，$G = 0$。
③ 初始化种群（参见 4.4.2 小节）。
④ 计算每个个体的目标函数值，然后通过 Pareto 非支配排序算法进行排序。
⑤ 将非支配解记为最优解。
⑥ 通过聚类划分，将种群分为若干个子种群。
⑦ 若算法的终止条件满足，则输出最优解集；否则执行步骤⑧—步骤㉞。
⑧ 对每个子群中的每个个体分别执行 DE 操作。
⑨ $G = G + 1$。
⑩ if $rand(0, 1) < pf$ then
⑪ $flag = 0$
⑫   根据式（4-15），生成新解 V_i^{G+1}
⑬ else
⑭ $flag = 1$
⑮   if $rand(0, 1) < 20\%$ then
⑯   根据式（4-14），生成新解 V_i^{G+1}

续表

⑰	else
⑱	根据式（4-13），生成新解 V_i^{G+1}
⑲	end if
⑳	end if
㉑	通过变异交叉操作，产生实验个体 U^{G+1}
㉒	if $f(U_i^{G+1}) < f(X_i^G)$ then
㉓	交换 U_i^{G+1} 和 X_i^G
㉔	if $flag = 0$，ns_1++；否则，ns_2++
㉕	else
㉖	if $flag = 0$，nf_1++；否则，nf_2++
㉗	end if
㉘	根据式（4-16），更新策略成功率 pf。
㉙	更新最优解集。
㉚	if $rand(0, 1) < (G-1)/G_{max}$ then
㉛	$count = \lfloor a \cdot rand \cdot NP \rfloor$
㉜	将目标向量中最差的 $count$ 个个体替换为试验个体中最好的个体。
㉝	end if
㉞	根据当代执行结果，调整子群规模，并重新进行种群划分。

4.4.7 算法复杂性分析

与基本 DE 算法相比，DEDMP 算法在种群划分过程和替换过程产生了额外的计算负担。为了比较基本 DE 算法和 DEDMP 算法的时间复杂度，本节对额外的计算负担进行估算。首先，在通过聚类划分将整个种群划分为多种群的过程中，需要计算两个不同个体之间的配对距离，时间成本为 $NP \cdot (NP + T - 2)/2T$。这个过程的时间复杂度为 $O(D \cdot NP^2)$，其中 D 表示可行解空间的维度。其次，根据适应度对子群中的个体进行排序，时间复杂度为 $O(NP \cdot \log(NP))$。最后，在执行替换操作时，需要在目标种群中选择 $count$ 个最差个体，在实验种群中选择 $count$ 个最优个体。其时间复杂度为 $(2NP \cdot \log(NP))$。由于，基本 DE 的计算复杂度为 $O(D \cdot NP)$[204]，本章提出的 DEDMP 时间复杂度为 $O(D \cdot NP^2 + NP \cdot \log(NP) + 2NP \cdot \log(NP))$，简化后为 $O(D \cdot NP^2)$。

值得注意的是，只有产生新的全局最优解时，才需要在聚类划分时重新计算个体间的欧几里得距离。因此，DEDMP 的实际复杂度远低于 $O(D \cdot NP^2)$。

4.5 实验设计与分析

为了验证本章提出的 DEDMP 算法在求解 FJSP 上的有效性,进行详细的算例验证和分析。算法使用 C#编程实现,实验平台为 Intel(R) Core™ i5-6500 CPU 3.20GHz 处理器,8GB 内存。我们选取了研究最普遍使用的 Benchmarks 问题,该基准问题包括 5 个 Kacem 实例(Ka4×5、Ka8×8、Ka10×7、Ka10×10 和 Ka15×10)和 10 个 BRdata 实例(MK01—MK10)。

为了消除随机误差对算法性能的影响,测试算法在每个测试问题上独立运行 30 次,算法单次运行的终止条件是达到函数评价次数的阈值。此外,考虑到不同测试问题的复杂性,每个测试问题设定的函数评价次数阈值不同。

4.5.1 实验设置

参数设定为:$NP = 200$,$F = rndn(0.5, 0.3)$,$C_r = rndn(0.5, 0.3)$,Kacem 实例的 $FEs = 150000$,BRdata 实例的 $FEs = 500000$。其中,$rndn(0.5, 0.3)$ 表示均值为 0.5,方差为 0.3 的正态分布;FEs 表示函数评价次数。此外,在评估不同算法时,使用的是同一组随机种群作为初始种群。

表 4-3 c 值对参数 pf 的影响

c	进化代数									
	5	10	15	20	25	30	35	40	45	50
0.05	77.38%	59.87%	46.33%	**35.85%**	27.74%	21.46%	16.61%	**12.85%**	9.94%	7.69%
0.1	59.05%	34.87%	20.59%	12.16%	7.18%	4.24%	2.50%	1.48%	0.87%	0.52%
0.15	44.37%	19.69%	8.74%	3.88%	1.72%	0.76%	0.34%	0.15%	0.07%	0.03%
0.2	32.77%	10.74%	3.52%	**1.15%**	0.38%	0.12%	0.04%	**0.01%**	0.00%	0.00%
0.25	23.73%	5.63%	1.34%	0.32%	0.10%	0.03%	0.01%	0.00%	0.00%	0.00%
0.3	16.81%	2.82%	0.47%	0.08%	0.01%	0.00%	0.00%	0.00%	0.00%	0.00%
0.35	11.60%	1.35%	0.16%	0.02%	0.00%	0.00%	0.00%	0.00%	0.00%	0.00%

在策略自适应参数 pf 的计算公式(4-16)中,c 值用于控制历史经验在 pf 计算时所占的比例。c 值是一个常量,当 c 取较小值时,算法更倾向于历史经验,而当 c 取较大值时,算法更关注近期经验。由表 4-3 可知,经过 20 代和 40 代进化,当 $c = 0.05$ 时,产生的 pf 分别为 35.85%和 12.85%;当 $c = 0.2$ 时,pf 仅分别为 1.15%和 0.01%。过度的参考近期搜索经验,自适应参数缺乏稳定性,会使策略选择剧烈波动以至于随机性加强。为了减少策略选择的随机性,本研究采用较

小的 c 值，$c = 0.05$。

4.5.2 多种群搜索策略的有效性

在本章的第 4.3.1 节中，提出了一种多种群搜索策略来提高算法的探索能力。本小节将 DEDMP 与几种不同的算法变体作对比，分析不同的种群规模对算法性能的影响。首先，采用单种群来替代多种群，从而得到一种单种群 DEDMP 算法（single-population DEDMP，DEDMP_{SP}）。其次，将子种群个数设为常量 5、10 和 25，分别记作 DEDMP_5、DEDMP_{10} 和 DEDMP_{25}。在每个测试实例上，对于不同算法独立运行 30 次后的结果对应的 IGD、HV 和 C 测试值进行显著水平为 0.005 的 Wilcoxon 检验，并将在统计意义下显著优于其他算法的值标（IGD 测试值越小越好，HV 和 C 测试值越大越好）。接下来在表 4-4、表 4-5、表 4-6、表 4-7 和表 4-8 中加粗的结果表示相同的含义。

表 4-4　　不同种群规模算法所得 IGD 测试的平均值比较

问题	$n \times m$	Flex.	DEDMP	DEDMP_{SP}	DEDMP_5	DEDMP_{10}	DEDMP_{25}
Ka4×5	4×	5	0.0000	0.0000	0.2500	0.2500	0.0000
Ka8×8	8×8	6.48	**0.1414**	0.3512	0.6000	0.2532	0.1414
Ka10×7	10×7	7	0.0000	0.0000	0.1067	0.0025	0.0000
Ka10×10	10×10	10	0.0820	0.1815	0.2930	0.1745	0.0378
Ka15×10	15×10	10	0.0000	0.0920	0.2800	0.3132	0.0000
MK01	10×6	2.09	**0.0020**	0.1016	0.3354	0.1018	0.0025
MK02	10×6	4.1	**0.0077**	0.2412	0.6067	0.0741	0.0347
MK03	15×8	3.01	0.0000	0.1414	0.5400	0.0062	0.0014
MK04	15×8	1.91	**0.0059**	0.0468	0.8064	0.2537	0.0515
MK05	15×4	1.71	0.0000	0.2215	0.3241	0.2436	0.0127
MK06	10×15	3.27	**0.0404**	0.0404	0.4734	0.2775	0.1280
MK07	20×5	2.83	**0.0004**	0.0064	0.2500	0.2928	0.0064
MK08	20×10	1.43	0.0000	0.6553	0.5551	0.2500	0.0410
MK09	20×10	2.52	**0.0017**	0.0239	0.4622	0.1521	0.1521
MK10	20×15	2.98	**0.0174**	0.2278	0.7501	0.1714	0.0797
Wilcoxon 检验			—	0 78	0 120	0 105	7 59
$R - R + p\_value$				0.0022	0.0007	0.0010	0.0208

表 4-4 列举了 DEDMP 在不同种群规模情况下关于 IGD 测度的比较结果。DEDMP 获得 15 个实例的最好 IGD 值，其中有 8 个实例得到显著改善。相比之

下，DEDMP$_{SP}$ 退化为简单的两个搜索方程自适应策略，对探索性提升有限，实验结果证明该情况只在 MK06 上获得较好的结果。当子种群个数固定时，开发能力明显受限，在有限的进化代数内没有获得任何优解。对表 4-5 进行分析，HV 测度的比较结果也得到相似的结论，多种群自适应的 DEDMP 获得的解具有更好的分布性。

为了进一步验证 DEDMP 的有效性，对表 4-4 和表 4-5 的实验结果，使用 SPSS 软件进行非参数检验。$Wilcoxon$ 检验结果表明，p_value 值均小于 0.05，说明其他算法与 DEDMP 显著不同。

表 4-5　　　　　不同种群规模算法所得 HV 测试的平均值比较

问题	DEDMP	DEDMP$_{SP}$	DEDMP$_5$	DEDMP$_{10}$	DEDMP$_{25}$
Ka4×5	0.5986	0.5856	0.5986	0.6076	0.5986
Ka8×8	0.6535	0.6257	0.3917	0.6162	0.6317
Ka10×7	1.1205	1.1205	0.7636	1.1136	1.0972
Ka10×10	0.6782	0.6687	0.4128	0.6634	0.7845
Ka15×10	**0.3927**	0.2874	0.1833	0.1279	0.3767
MK01	1.1362	1.0313	0.7833	1.0425	1.1313
MK02	**0.8908**	0.4871	0.3912	0.6012	0.7858
MK03	0.9796	0.8485	0.5796	0.9465	0.9851
MK04	1.1437	1.1313	0.7437	1.1040	1.1225
MK05	**1.1376**	0.9854	0.9212	0.9733	1.1025
MK06	0.9908	0.9945	0.8822	0.9222	0.9454
MK07	0.8496	0.8256	0.6751	0.6625	0.8256
MK08	0.5775	0.3656	0.4122	0.5432	0.5611
MK09	1.1293	1.0912	0.3200	1.0293	1.0233
MK10	**1.1383**	0.9822	0.5383	1.1003	1.1140
$Wilcoxon$ 检验	—	104 1	105 0	118 2	89 16
R-R+p_value		0.0012	0.0010	0.0010	0.0219

在表 4-6 中，C 测度结果表明，DEDMP 明显优于其他算法。产生这样结果的原因是通过种群规模自适应改变，提高了针对不同规模问题的探索性。

表 4-6　　　　　不同种群规模算法所得 C 测试的平均值比较

问题	DEDMP (A) vs DEDMP$_{SP}$ (B)		DEDMP (A) vs DEDMP$_5$ (C)		DEDMP (A) vs DEDMP$_{10}$ (D)		DEDMP (A) vs DEDMP$_{25}$ (E)	
	$C(A, B)$	$C(B, A)$	$C(A, C)$	$C(C, A)$	$C(A, D)$	$C(D, A)$	$C(A, E)$	$C(E, A)$
Ka4×5	0.0250	0.0000	**1.0000**	0.0000	**1.0000**	0.0000	**0.0417**	0.0000

续表

问题	DEDMP (A) vs DEDMP$_{SP}$ (B)		DEDMP (A) vs DEDMP$_5$ (C)		DEDMP (A) vs DEDMP$_{10}$ (D)		DEDMP (A) vs DEDMP$_{25}$ (E)	
	C(A, B)	C(B, A)	C(A, C)	C(C, A)	C(A, D)	C(D, A)	C(A, E)	C(E, A)
Ka8×8	**1.0000**	0.0000	**1.0000**	0.0000	**1.0000**	0.0000	**0.3133**	0.0000
Ka10×7	0.0000	0.0000	**1.0000**	0.0000	**1.0000**	0.0000	0.0000	0.0000
Ka10×10	0.0333	0.0000	**1.0000**	0.0000	**1.0000**	0.0000	0.0000	0.0000
Ka15×10	**1.0000**	0.0000	**1.0000**	0.0000	**1.0000**	0.0000	**1.0000**	0.0000
MK01	**0.9474**	0.0000	**1.0000**	0.0000	**1.0000**	0.0000	**0.9333**	0.0000
MK02	**1.0000**	0.0000	**1.0000**	0.0000	**1.0000**	0.0000	**0.9160**	0.0000
MK03	**1.0000**	0.0000	**1.0000**	0.0000	**1.0000**	0.0000	**1.0000**	0.0000
MK04	**0.8823**	0.0000	**1.0000**	0.0000	**1.0000**	0.0000	**1.0000**	0.0000
MK05	**1.0000**	0.0000	**1.0000**	0.0000	**1.0000**	0.0000	**1.0000**	0.0000
MK06	**0.9637**	0.0078	**1.0000**	0.0000	**1.0000**	0.0000	**1.0000**	0.0000
MK07	**1.0000**	0.0000	**1.0000**	0.0000	**1.0000**	0.0000	**1.0000**	0.0000
MK08	**0.9583**	0.0000	**1.0000**	0.0000	**1.0000**	0.0000	**1.0000**	0.0000
MK09	**1.0000**	0.0000	**1.0000**	0.0000	**1.0000**	0.0000	**1.0000**	0.0000
MK10	**1.0000**	0.0000	**1.0000**	0.0000	**1.0000**	0.0000	**1.0000**	0.0000

4.5.3 自适应机制和替换操作的有效性

为了证明本章提出的多策略自适应动态机制和替换操作在 DEDMP 中的优越性，本节提出了三个不同的算法变体：仅使用 CDE（CDE_Elite）策略的 DEDMP，简称 DEDMP$_1$；仅使用"DE/rand-to-pbest/1"策略的 DEDMP，简称 DEDMP$_2$；不使用替换操作的 DEDMP，简称 DEDMP$_{nr}$。

表 4-7 和表 4-8 列举了 DEDMP、DEDMP$_1$、DEDMP$_2$ 和 DEDMP$_{nr}$ 关于三个测度的比较结果。显然，四种算法在 7 个测试实例上的 *IGD* 测度值性能存在显著差异，其中 DEDMP 在 5 个 BRdata 实例上的性能优异，而 DEDMP$_1$ 获得 2 个最佳值，DEDMP$_2$ 仅得到 1 个最佳值。此外，DEDMP 在 *HV* 测度值对比实验中，获得了 15 个实例中的 11 个最佳值（4 个实例差异显著）。这说明两种搜索策略在不同的实例上具有不同的优势，而动态在二者之间选择会获得更好的探索和开发效果。从 *Wilcoxon* 检验结果可以看出，除了 DEDMP$_1$ 的 *IGD* 测度值，*p_value* 值均小于 0.05，说明 DEDMP 与其他算法存在显著差异。表 4-8 的 *C* 测度结果显示，DEDMP 显著支配了 3 个 DEDMP$_1$、6 个 DEDMP$_2$ 和 12 个 DEDMP$_{nr}$。进一步证明

了通过 DEDMP 获得的解具有更好的分布性和收敛性。因此根据实验结果，当求解 FJSP 时，具有多策略自适应动态机制和替换操作的 DEDMP 比其他三种变体算法更适用于多目标问题搜索过程。

为了进一步验证本章提出的自适应机制的有效性，我们选取了部分实例进行测试。图 4-8 是实例 Ka10×7、Ka15×10、MK06 和 MK09 在运行过程中参数 pf 的变化趋势图。图中实例是每 50 代采集一次数据。从图中曲线的变化趋势，我们可以看出对于不同算例，参数 pf 的变化趋势存在明显差异。

表 4-7　　　不同算法变体所得 *IGD* 和 *HV* 测试的平均值比较

问题	*IGD*				*HV*			
	DEDMP	DEDMP$_1$	DEDMP$_2$	DEDMP$_{nr}$	DEDMP	DEDMP$_1$	DEDMP$_2$	DEDMP$_{nr}$
Ka4×5	0.0000	0.0000	0.0000	0.0000	0.5986	0.5986	0.5986	0.5986
Ka8×8	0.0000	0.0000	0.0000	0.0582	0.6535	0.6535	0.6585	0.5623
Ka10×7	0.0000	0.0000	0.0000	0.0000	1.1205	1.1205	1.1182	1.1195
Ka10×10	0.0820	**0.0521**	0.1343	0.2500	0.6782	0.6926	0.5625	0.5320
Ka15×10	0.0000	0.2946	0.3124	0.0444	**0.3927**	0.2667	0.2323	0.3732
MK01	0.0020	0.0355	**0.0015**	0.0017	1.1362	1.0976	0.1313	0.1356
MK02	0.0077	0.0501	0.0065	0.1287	0.8908	0.8450	**0.9128**	0.7611
MK03	0.0000	0.0000	0.0000	1.0079	0.9796	0.9796	0.9796	0.3434
MK04	**0.0059**	0.0064	0.0085	0.2514	**1.1437**	1.1212	1.1078	1.0787
MK05	0.0000	0.0127	0.0056	0.2431	1.1376	1.0874	1.1025	0.8745
MK06	**0.0404**	**0.0404**	0.1785	0.4526	0.9908	**0.9956**	0.9459	0.8215
MK07	**0.0004**	0.0069	0.2687	0.3511	**0.8496**	0.8432	0.7525	0.7180
MK08	0.0000	0.0000	0.0000	0.6554	0.5775	0.5775	0.5775	0.3333
MK09	**0.0017**	0.0143	0.3333	0.5098	1.1293	1.0897	0.9670	0.8905
MK10	**0.0174**	0.0253	0.0323	0.4622	**1.1383**	1.1125	0.1098	0.9732
Wilcoxon 检验		6　39	3　52	1　90		51　4	73　5	105　0
$R - R + p\_value$		0.0506	0.0125	0.0019	—	0.0166	0.0076	0.0010

表 4-8　　　不同算法变体所得 *C* 测试的平均值比较

问题	DEDMP (*A*) vs DEDMP$_1$ (*B*)		DEDMP (*A*) vs DEDMP$_2$ (*C*)		DEDMP (*A*) vs DEDMP$_{nr}$ (*D*)	
	C(*A*, *B*)	*C*(*B*, *A*)	*C*(*A*, *C*)	*C*(*A*, *B*)	*C*(*B*, *A*)	*C*(*A*, *C*)
Ka4×5	0.0000	0.0000	0.0000	0.0000	0.0000	0.0000

续表

问题	DEDMP (A) vs DEDMP$_1$ (B)		DEDMP (A) vs DEDMP$_2$ (C)		DEDMP (A) vs DEDMP$_{nr}$ (D)	
	C(A, B)	C(B, A)	C(A, C)	C(A, B)	C(B, A)	C(A, C)
Ka8×8	0.0000	0.0000	0.0000	0.0000	0.0092	0.0008
Ka10×7	0.0000	0.0000	0.0333	0.0000	0.0000	0.0000
Ka10×10	0.0083	0.0000	**0.1850**	0.0000	**0.0333**	0.0000
Ka15×10	0.3167	0.0000	0.2500	0.0000	**1.0000**	0.0000
MK01	0.2020	0.2221	**0.4834**	0.0420	**0.9459**	0.0000
MK02	0.2323	0.1250	**0.4523**	0.1212	**0.9091**	0.0000
MK03	0.0000	0.0000	0.0000	0.0000	**1.0000**	0.0000
MK04	0.1656	0.1724	**0.3457**	0.1000	**0.8856**	0.0000
MK05	0.0030	0.0030	0.1727	0.1300	**0.9875**	0.0000
MK06	0.5323	0.4585	0.3000	0.2787	**1.0000**	0.0000
MK07	**0.3065**	0.1690	**0.4545**	0.0033	**1.0000**	0.0000
MK08	0.0143	0.0000	0.3300	0.0000	**1.0000**	0.0000
MK09	**0.5206**	0.1152	0.0333	0.0000	**1.0000**	0.0000
MK10	**0.5478**	0.3700	**0.6625**	0.1678	**1.0000**	0.0000

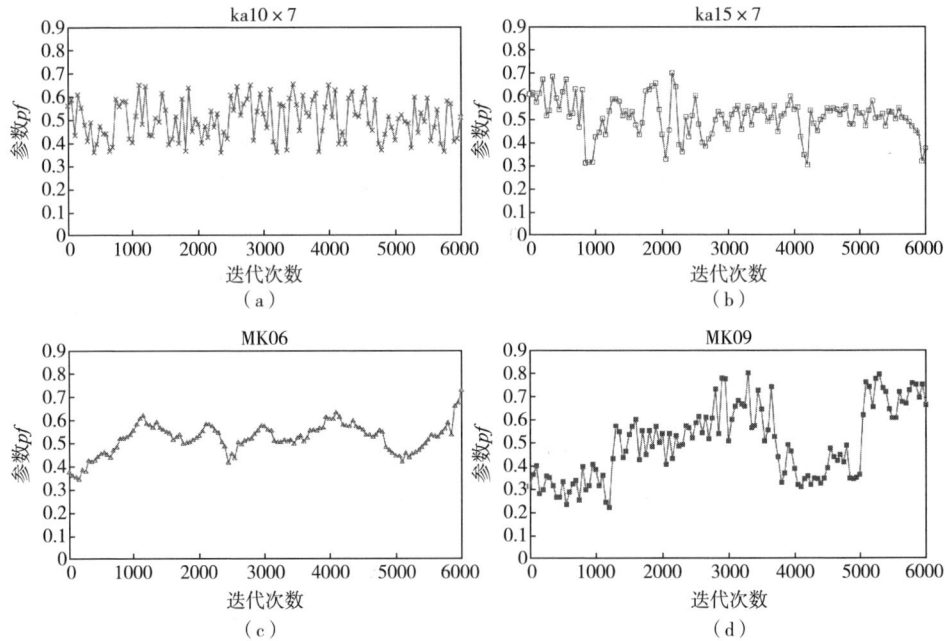

图 4-8 参数 pf 变化趋势图

如图 4-8 所示，当 $pf > 0.5$ 时，说明"DE/rand-to-pbest/1"比 CDE 有更多的机会被调用；反之，说明"DE/rand-to-pbest/1"被选择的机会减少。我们以实例 MK09 为例，来进一步分析两种搜索策略是如何工作的，及对开发能力和探索能力的影响。初始阶段，pf 在 0.3 附近寻优，说明此时 CDE 有 70% 的概率被选择，这是因为在算法的起始阶段计算资源集中在探索性进化方面。随着迭代次数的增加，pf 在 0.5 左右徘徊，此时开发和探索没有明显的差异。最后阶段，pf 趋近于 0.7，说明"DE/rand-to-pbest/1"策略增强了算法的开发能力，加速收敛。

4.5.4 与其他算法的比较

本节将 DEDMP 与已有的求解 FJSP 的先进算法作比较。这些算法包括：jDE[205]，JADE[198]，SaDE[115]，SaJADE[206]，TMDE[207]，GDE3[208]，SAN[209]，AMALGAM[210] 和 NSGA-II[124]。与前面实验中采用的统计检验方法不同，本节求取三个测度所针对的对象是一个算法多次运行后搜集到的非支配解，不是每次的平均值。同时，将每个算法获得的非支配解合并，作为 IGD 和 HV 测度值计算时的 Pareto 前沿。

表 4-9　　　　DEDMP 和其他算法所得 IGD 测试值比较

问题	DEDMP	jDE	JADE	SaDE	SaJADE	TMDE	GDE3	SAN	AMALGAM	NSGA-II
Ka4×5	**0.0000**	**0.0000**	**0.0000**	**0.0000**	**0.0000**	**0.0000**	**0.0000**	**0.0000**	**0.0000**	**0.0000**
Ka8×8	**0.1414**	**0.1414**	0.2532	**0.1414**	**0.1414**	**0.1414**	**0.1414**	**0.1414**	**0.1414**	0.2532
Ka10×7	**0.0000**	**0.0000**	**0.0000**	**0.0000**	**0.0000**	**0.0000**	**0.0000**	**0.0000**	**0.0000**	0.0074
Ka10×10	0.0820	0.0820	**0.0000**	**0.0000**	**0.0000**	**0.0000**	0.1343	0.0025	**0.0000**	0.1343
Ka15×10	**0.0000**	**0.0000**	**0.0000**	**0.0000**	**0.0000**	**0.0000**	0.1429	**0.0000**	**0.0000**	0.2804
MK01	**0.0020**	0.3333	0.0525	**0.0020**	0.0033	0.0078	0.0356	0.0307	0.0043	0.0356
MK02	**0.0000**	0.0077	0.0662	0.1493	0.0119	0.0357	**0.0000**	**0.0000**	**0.0000**	0.0501
MK03	**0.0643**	0.1911	0.2119	0.2119	0.0838	**0.0643**	**0.0643**	0.1911	**0.0643**	0.0838
MK04	0.0242	**0.0059**	0.4040	0.1508	0.1470	0.0271	0.0234	0.0617	0.3415	0.0234
MK05	0.0025	**0.0000**	**0.0000**	0.0185	**0.0000**	0.0245	**0.0000**	**0.0000**	**0.0000**	0.0127
MK06	**0.0404**	0.3333	0.1083	0.1283	0.1519	0.2296	0.0734	**0.0404**	0.0733	0.0734
MK07	0.0940	0.1040	0.0243	0.1174	0.0243	0.0243	0.0669	**0.0142**	**0.0142**	0.0669
MK08	**0.0440**	0.0820	0.1519	0.1519	**0.0440**	0.0567	0.0540	0.1519	0.0687	0.0540

续表

问题	DEDMP	jDE	JADE	SaDE	SaJADE	TMDE	GDE3	SAN	AMALGAM	NSGA-II
MK09	0.0115	0.1520	0.0648	0.1083	0.1520	0.0250	**0.0056**	**0.0056**	**0.0056**	0.0142
MK10	**0.0186**	0.0250	0.0423	0.0902	0.0250	0.0419	0.0423	0.0902	0.0250	0.0714
Wilcoxon 检验		6 49	16 62	4 51	15 40	17 38	12 43	16 29	20 25	8 97
$R-R+p\_value$		0.0284	0.0712	0.0166	0.2026	0.2845	0.1141	0.4413	0.7671	0.0052

表4-9和表4-10列出了DEDMP和其他9种算法关于 IGD 和 HV 测度的比较结果，这两个测度综合考虑了算法的收敛性和分布性的优劣，对比每个实例，算法搜到的最优测度值以粗体标记。首先，从表4-9中可以看出，DEDMP 在15个实例中获得了10个最好的 IGD 测度值，在2个实例上获得第二好的结果。虽然没有算法可以在 Kacem 实例上找到 Ka8×8 的所有非支配解，但 DEDMP 等8种算法优于 JADE 和 NSGA-II。特别是 DEDMP 获得了规模最大的 MK10 实例的最佳值。NSGA-II 的性能比其他算法要差一些，因为这些算法在原始文献中并不是求解多目标问题，我们这里对这些算法作了稍微的改动，采用 NSGA-II 提出的快速非支配排序算法作为选择操作。SAN 算法是一种带有多种群框架的进化算法，在15个实例中，它获得了9个最好的 IGD 测度，这也证明了多种群架构是适合求解 FJSP 这类离散优化问题的。AMALGAM 是一种基于多策略自适应的算法，它在5个 Kacem 实例和5个 BRdata 实例中获得了最佳值，表明在进化过程中采用多种搜索公式是解决复杂优化问题的有效方法。

表4-10　　DEDMP 和其他算法所得 HV 测试值比较

问题	DEDMP	jDE	JADE	SaDE	SaJADE	TMDE	GDE3	SAN	AMALGAM	NSGA-II
Ka4×5	**0.5977**	**0.5977**	**0.5977**	**0.5977**	**0.5977**	**0.5977**	**0.5977**	**0.5977**	**0.5977**	**0.5977**
Ka8×8	**0.5365**	**0.5365**	0.3267	**0.5365**	**0.5365**	**0.5365**	**0.5365**	**0.5365**	**0.5365**	0.3267
Ka10×7	**0.4065**	**0.4065**	**0.4065**	**0.4065**	**0.4065**	**0.4065**	**0.4065**	**0.4065**	**0.4065**	0.3984
Ka10×10	0.9060	0.9060	**0.9276**	**0.9276**	**0.9276**	0.9268	0.8560	0.9210	**0.9276**	0.9210
Ka15×10	**1.1075**	**1.1075**	**1.1075**	**1.1075**	**1.1075**	**1.1075**	1.0865	**1.1075**	**1.1075**	1.0250
MK01	**1.2435**	1.0540	1.0769	1.2424	1.2134	1.1786	1.1375	1.1243	1.2125	1.1375
MK02	0.9656	0.9354	0.8410	0.6528	0.9124	0.8678	0.9654	**0.9676**	**0.9676**	0.8421
MK03	**0.7669**	0.7112	0.6255	0.6256	0.7543	0.7630	**0.7669**	0.7112	**0.7669**	0.7598

续表

问题	DEDMP	jDE	JADE	SaDE	SaJADE	TMDE	GDE3	SAN	AMALGAM	NSGA-II
MK04	1.0893	**1.1566**	0.6789	0.9980	1.0025	1.0976	1.0858	1.0010	0.8569	1.1072
MK05	0.8574	**0.9454**	**0.9454**	0.8222	0.9378	0.8079	0.9354	**0.9454**	0.8954	0.8232
MK06	**0.9318**	0.7520	0.8823	0.8754	0.8520	0.7866	0.9220	0.9310	0.9254	0.9220
MK07	0.1894	0.1423	0.4250	0.1543	0.4250	0.4300	0.2658	0.6578	**0.6628**	0.2635
MK08	**0.5525**	0.4273	0.2698	0.2698	0.5480	0.4680	**0.5525**	0.2698	0.5325	0.5500
MK09	**1.3254**	1.1536	1.2650	1.1874	1.1536	1.2525	**1.3254**	**1.3254**	1.3225	1.2854
MK10	**1.0435**	0.9652	0.8831	0.7669	0.9496	0.8825	0.8828	0.7750	0.9843	0.7894
Wilcoxon 检验		45 10	63 15	64 2	45 21	50 16	32 13	35 20	32 23	85 20
$R - R + p\_value$		0.0745	0.0597	0.0058	0.2860	0.1307	0.2604	0.4446	0.6465	0.0413

从表 4-10 中可以看出，*HV* 测度与 *IGD* 测度情况相似。在 4 个 Kacem 实例和 6 个 BRdata 实例中，DEDMP 获得了最好的结果。对于所有的 Kacem 实例，AMALGAM、SaDE 和 SaJADE 算法优于其他算法。对于 BRdata 实例，GDE3 和 SAN 算法的性能也是优于除 DEDMP 外的其他算法。而 NSGA-II 仅在一个实例上获得了最佳 *HV* 测度值。

由表 4-9 和表 4-10 中 *Wilcoxon* 检验结果可知，除了 SaDE 和 NSGA-II，各算法的 p_value 均大于 0.05，说明与 DEDMP 与 SaDE 和 NSGA-II 差异显著，而与其他算法差异不显著。

为了进一步比较不同算法收敛性的优劣，DEDMP 与 9 种算法关于集合覆盖率的比较结果在表 4-11 中列出。可以清楚地从表中看出，DEDMP 算法明显优于除 SAN 和 AMALGAM 之外的其余 7 种算法。jDE 在 MK04 实例上优于 DEDMP，但 DEDMP 在 7 个 BRdata 实例上优于 jDE。与 JADE、SAN 和 NSGA-II 相比，DEDMP 仅分别在 MK04、MK06 和 MK09 实例上结果稍差。SaJADE 在 MK02、MK04 和 MK07 上取得了更好的覆盖率，而 DEDMP 在其他 6 个实例上优于 SaJADE。当与 GDE3 对比时，GDE3 在 MK04、MK06 和 MK09 上结果更好，这证明了所提出的替换操作是更有效的。AMALGAM 与 DEDMP 具有相似的自适应多策略搜索机制，在 MK03、MK07 和 MK10 上获得更好的覆盖率，同时在 11 个实例上与 DEDMP 获得了相同的非支配解，说明了多策略搜索机制对于多目标 FJSP 是有效的。

表 4–11　DEDMP 和其他算法所得 C 测试值比较

问题	DEDMP (A) vs JDE (B)		DEDMP (A) vs JADE (C)		DEDMP (A) vs SaDE (D)		DEDMP (A) vs SaJADE (E)		DEDMP (A) vs TMDE (F)		DEDMP (A) vs GDE3 (G)		DEDMP (A) vs SAN (H)		DEDMP (A) vs AMALGAM (I)		DEDMP (A) vs NSGA-II (J)	
	$C(A,B)$	$C(B,A)$	$C(A,C)$	$C(C,A)$	$C(A,D)$	$C(D,A)$	$C(A,E)$	$C(E,A)$	$C(A,F)$	$C(F,A)$	$C(A,G)$	$C(G,A)$	$C(A,H)$	$C(H,A)$	$C(A,I)$	$C(I,A)$	$C(A,J)$	$C(J,A)$
Ka4×5	0.0000	0.0000	0.0000	0.0000	0.0000	0.0000	0.0000	0.0000	0.0000	0.0000	0.0000	0.0000	0.0000	0.0000	0.0000	0.0000	0.0000	0.0000
Ka8×8	0.0000	0.0000	0.0000	0.0000	0.0000	0.0000	0.0000	0.0000	0.0000	0.0000	0.0000	0.0000	0.0000	0.0000	0.0000	0.0000	0.0000	0.0000
Ka10×7	0.0000	0.0000	0.0000	0.0000	0.0000	0.0000	0.0000	0.0000	0.0000	0.0000	0.0000	0.0000	0.0000	0.0000	0.0000	0.0000	0.0000	0.0000
Ka10×10	0.1850	0.0000	0.0000	0.0000	0.2500	0.0000	0.0000	0.0000	0.3437	0.0000	0.0000	0.0000	0.0000	0.0000	0.0000	0.0000	0.1850	0.0000
Ka15×10	0.0020	0.0000	0.6667	0.0000	0.0000	0.0000	0.1414	0.0000	0.0402	0.0000	0.0000	0.0000	0.0000	0.0000	0.0000	0.0000	0.0000	0.0000
MK01	0.9091	0.0000	1.0000	0.0000	0.9459	0.0000	0.2414	0.0000	0.7472	0.0000	0.1818	0.0000	0.0000	0.0000	0.0000	0.0000	0.7526	0.0000
MK02	0.2500	0.0000	0.8690	0.0000	1.0000	0.0000	0.1429	0.2857	0.2500	0.0000	0.4444	0.0000	0.0000	0.0000	0.0000	0.0000	0.9091	0.0037
MK03	0.8571	0.0000	0.7333	0.0000	0.6667	0.0000	0.0000	0.0000	0.0000	0.0000	0.1000	0.0000	0.0255	0.0000	0.0303	0.0303	0.0255	0.0000
MK04	0.0347	0.0741	1.0000	0.0000	1.0000	0.0438	0.0340	0.0271	0.0741	0.0347	0.0000	0.0438	0.0000	0.0000	0.0000	0.0000	0.0303	0.2740
MK05	0.0000	0.0000	0.0000	0.0000	0.3598	0.0000	0.0000	0.0000	0.0000	0.0000	0.5984	0.0000	0.4000	0.0000	0.0000	0.0000	0.7802	0.0303
MK06	0.5984	0.1387	0.1241	0.1250	1.0000	0.0000	0.1241	0.1165	0.1165	0.6350	0.1250	0.0000	0.6350	0.0000	0.1021	0.0403	0.3133	0.2500
MK07	0.2500	0.0000	0.0000	0.0000	0.6667	0.0000	0.0000	0.1000	0.2500	0.0000	0.6326	0.0000	0.0000	0.0000	0.1529	0.1769	0.1766	0.0000
MK08	0.0000	0.0000	0.6250	0.0000	0.0000	0.0000	0.6250	0.0000	0.0000	0.0000	0.0000	0.0000	0.0000	0.0000	0.0000	0.0000	0.0000	0.0000
MK09	0.3333	0.0500	0.8978	0.0250	1.0000	0.0000	0.7817	0.3333	0.0562	0.0500	0.1286	0.1429	0.2349	0.2857	0.0000	0.0000	0.8284	0.0121
MK10	0.6667	0.1428	0.6858	0.2349	0.6000	0.1143	0.5612	0.2651	0.5602	0.1428	0.7625	0.1143	0.3288	0.2651	0.0123	0.0505	0.5462	0.2158

图 4-9 展示了 Ka15×10 实例的非支配解甘特图。

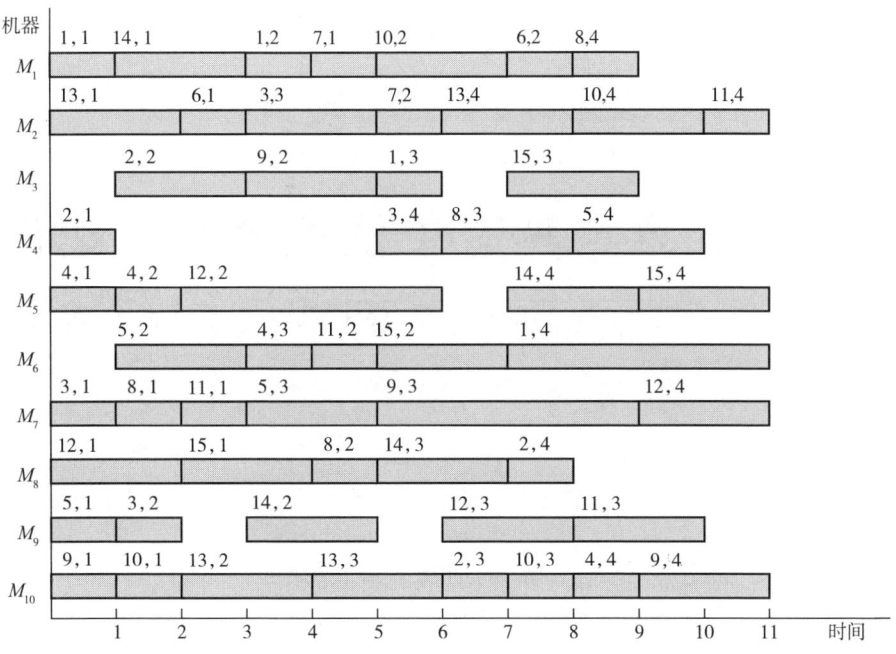

图 4-9　Ka15×10 非支配解甘特图

4.6　本章小结

本章研究了最大完工时间最小、最大负荷机器最小和机器总负荷最小为优化目标的 FJSP 问题。首先，为了实现算法在进化的不同阶段动态调整探索和开发能力，本章提出了一种动态多种群差分进化算法（DEDMP）。该算法采用一种自适应多种群策略，通过聚类方式进行种群划分，并根据搜索反馈信息，在迭代过程中自适应调整每个子群的大小；提出了两个新的搜索方程，子群根据每种方程生成保留候选解的成功率，动态选择具有不同特性的搜索方程，以平衡算法的探索和开发能力。另外，针对 FJSP 问题的特点，本章提出了一种多目标多规则 Giffler&Thompson 算法构造 DEDMP 的初始解；设计了一种新颖的变异、交叉和替换算子，实现个体在优化过程中信息的交换和利用。

研究结果表明，DEDMP 是一种有效的改进 DE 算法。该算法与目前广泛使用的其他算法相比，能产生更好的 Pareto 前沿。此外，DEDMP 对优化目标的数量没有任何限制，可以将该算法扩展到包含更多优化目标的 FJSP 问题。

第 5 章 具有单批处理机的柔性作业车间调度问题研究

5.1 引言

FJSP-BPM 问题是柔性作业车间调度和批调度相结合的问题,广泛存在于变压器制造、半导体生产、发动机零部件制造、钢铁生产线等制造企业中。在这类问题中,工件首先需要通过 FJSP 部分进行加工,在此阶段工件满足 FJSP 问题中的工艺柔性和机器柔性,之后工件的特定工序需要以组批的方式统一通过类似于干燥炉、烘干机等批处理机器,然后完成整个生产过程。FJSP-BPM 问题在解决柔性作业车间部分的机器选择和工序排序子问题的同时,还需要解决批处理机部分的分批子问题,其求解的复杂度和约束条件的复杂度都有所增加。此外,FJSP-BPM 具有很强的工业背景,是实际制造过程中广泛存在并且迫切需要解决的一类调度问题,对 FJSP-BPM 问题的研究具有很高的价值与意义。

本章研究了小规模数据下的具有单批处理机的柔性作业车间调度问题(flexible job shop scheduling problem with single batch processing machine, FJSP-SBPM),创建了调度问题的数学模型,并提出一种改进的免疫遗传算法(improved immune genetic algorithm, IIGA)进行求解。IIGA 算法在免疫遗传算法的基础上引入了贪婪最优解和交叉熵的思想,通过计算个体与贪婪最优解的交叉熵相似度加快算法的寻优速度,提高算法的搜索能力。批处理机部分,设计了符合问题特性的分批规则,提高组批效率,使工件快速有效通过批处理机工序,进而完成整个生产过程。最后在实验验证阶段,分别采用标准的 FJSP 算例和符合 FJSP-SBPM 问题特性的某变压器企业实际数据,对 IIGA 算法性能进行了验证和分析。

5.2 问题描述与数学模型

FJSP-SBPM 问题可以分为两个部分。第一部分为柔性作业车间部分，n 个工件上线后，首先需要在 m 台机器上完成柔性加工，满足 FJSP 问题的工艺约束和机器约束；第二部分为批处理部分，具有 1 台批处理机，工件以组批的方式通过批处理部分，相当于到达时间不同的批调度问题。因此 FJSP-SBPM 可以描述为：

n 个工件 ($J_1, J_2, \cdots, J_n$) 要在 $m+1$ 台设备 ($M_1, M_2, \cdots, M_m, M_B$) 上加工，工件在 ($M_1, M_2, \cdots, M_m$) 上加工时，属于柔性作业车间问题，在此阶段每个工件包含多道工序，每道工序的可选加工机器不同，对应的加工时间也不完全相同。工件通过 FJSP 部分后以组批方式通过批处理机 M_B，需要满足批调度问题的体积约束和加工约束。调度的目标是确定工件所有工序在 FJSP 部分的加工机器和机器上的加工顺序，以及工件在批处理机部分的组批方式，使系统某些性能达到最优[211-213]。因此 FJSP-SBPM 问题包含三个子问题：机器选择、工序排序和工件组批方式。整个 FJSP-SBPM 问题的生产流程如图 5-1 所示。

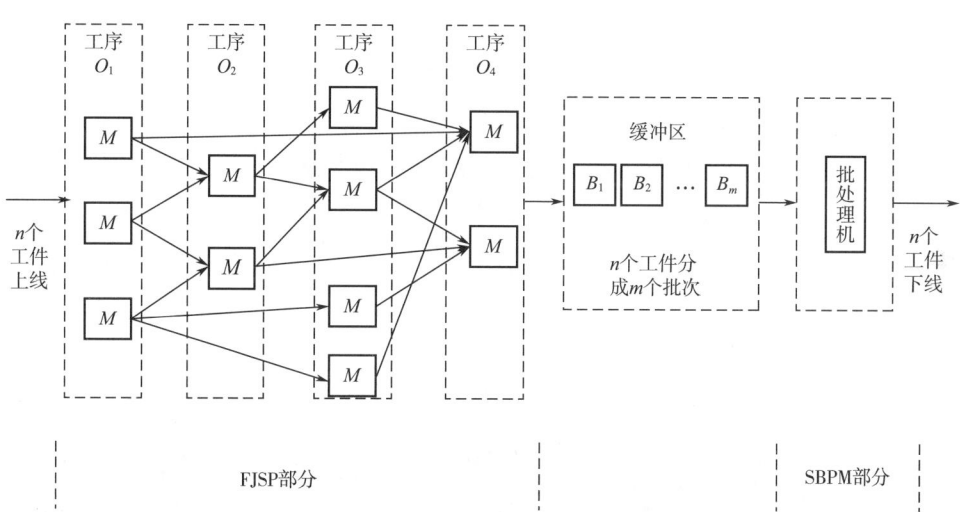

图 5-1 FJSP-SBPM 问题生产示意图

表 5-1 定义了用于描述 FJSP-SBPM 调度问题的数学符号。

表 5-1　　　　　　　　FJSP-SBPM 问题数学符号及意义

FJSP 部分	BPM 部分
n 为工件总数；	p_j 为第 j 个工件的批加工时间；
m 为机器总数；	s_j 为第 j 个工件的尺寸；
i 为机器序号，$i = 1, 2, 3, \cdots, m$；	r_j 为第 j 个工件到达批处理机前面缓冲区的到达时间；
j, l 为工件序号，$j, l = 1, 2, 3, \cdots, n$；	B 为所有批的集合；
h_j 为第 j 个工件的总工序数；	B_b 为表示机器 M 上的第 b 个批；
k 为工序序号，$k = 1, 2, 3, \cdots, h_j$；	S 为批处理机的容量；
O_{jk} 为工件 j 的第 k 道工序；	J_b 为批 B_b 中的工件合集；
p_{ijk} 为工序 O_{jk} 在机器 i 上的加工时间；	RT^b 为批 B_b 的到达时间；
s_{jk} 为工序 O_{jk} 的开始时间；	ST^b 为批 B_b 的开始时间；
c_{jk} 为工序 O_{jk} 的完工时间；	PT^b 为批 B_b 的加工时间；
I 为一个足够大的正数；	CT^b 为批 B_b 的完工时间。

本章选择最大完工时间 $C_{\max}$ 作为优化指标，FJSP-SBPM 的数学模型表示为

s.t.

$$\min C_{\max} \tag{5-1}$$

$$s_{jk} + x_{ijk} \times p_{ijk} \leqslant c_{jk} \tag{5-2}$$

$$c_{jk} \leqslant s_{j(k+1)} \tag{5-3}$$

$$c_{jk} \leqslant C_m \tag{5-4}$$

$$s_{jk} + p_{ijk} \leqslant s_{lh} + I(1 - y_{ijklh}) \tag{5-5}$$

$$c_{jk} \leqslant s_{j(k+1)} + I(1 - y_{ijkl(h+1)}) \tag{5-6}$$

$$\sum_{i=1}^{m_{jk}} x_{ijk} = 1 \tag{5-7}$$

$$\sum_{j=1}^{n} \sum_{k=1}^{h_j} y_{ijklh} = x_{ilh} \tag{5-8}$$

$$\sum_{l=1}^{n} \sum_{h=1}^{h_k} y_{ijklh} = x_{ijk} \tag{5-9}$$

$$s_{jk} \geqslant 0, c_{jk} \geqslant 0 \tag{5-10}$$

$$x_{ijk} = \begin{cases} 1, \text{如果工序} O_{jk} \text{选择机器} i \\ 0, \text{否则} \end{cases} \quad y_{ijklh} = \begin{cases} 1, \text{如果} O_{ijk} \text{先于} O_{ilh} \\ 0, \text{否则} \end{cases}$$

$$\sum_{b \in B} x_{jb} = 1 \tag{5-11}$$

$$\sum_{s=1}^{B} y_{bs} = 1 \tag{5-12}$$

$$\sum_{j=1}^{n} s_j x_{jb} \leqslant S \tag{5-13}$$

$$RT^b \geqslant r_j x_{jb} \tag{5-14}$$

$$PT^b \geqslant p_j x_{jb} \tag{5-15}$$

$$ST^b \geqslant RT^b \tag{5-16}$$

$$ST^{b'} \geqslant CT^b (\forall b, b' \in B) \cap \left(\forall s \leqslant B, \sum_{i=1}^{s} y_{bi} \geqslant \sum_{i=1}^{s} y_{b'i} \right) \tag{5-17}$$

$$CT^b = ST^b + PT^b \tag{5-18}$$

$$x_{jb}, y_{bs} \in (0, 1) \tag{5-19}$$

式（5-1）为优化目标；式（5-2）和式（5-3）表示工序之间存在先后顺序关系；式（5-4）表示优化目标的约束条件；式（5-5）和式（5-6）表示工序加工顺序约束；式（5-7）表示工序选择约束；式（5-8）和式（5-9）表示加工机器具有柔性；式（5-10）表示正数约定；式（5-11）表示组批约束，即一个工件只能加入一个批中；式（5-12）表示批次加工约束，即所有批次只能加工一次；式（5-13）表示每个批的体积约束；式（5-14）和式（5-15）表示批的时间约束；式（5-16）表示批的开工时间约束；式（5-17）则表示批次一旦开始加工，中途加工过程不能中断；式（5-18）则表示批完工时间的计算；式（5-19）表示决策变量，x_{jb}，y_{bs} 均为 01 变量。

表 5-2 展示了一个包含 4 个工件、5 台机器、10 道工序的柔性作业车间调度问题实例。其中表格内的数字表示工件在相应机器上的加工时间，"—"表示工件不可以在对应机器上加工。

表 5-2　　一个 4×5 的 FJSP 问题实例

工件	工序	机器				
		M_1	M_2	M_3	M_4	M_5
J_1	O_{11}	2	6	5	3	5
	O_{12}	—	8	2	4	—
J_2	O_{21}	3	7	—	—	6
	O_{22}	4	6	5	10	—
	O_{23}	—	7	11	—	8
J_3	O_{31}	—	3	8	6	—
	O_{32}	7	8	2	9	—
J_4	O_{41}	—	8	6	4	4
	O_{42}	3	12	—	7	9
	O_{43}	—	5	6	10	—

5.3 柔性作业车间调度问题的析取图模型

析取图模型是描述调度问题的一种方式，它采用包含三个元素的三元组来表示调度问题[65]，其可以表示为：$G = (N, A, E)$。其中 N 表示所有工序组成的集合，并将每道工序对应的加工时间设置为此节点的权值，0 和 $*$ 表示虚拟设置的起点与终点工序。A 表示同一个工件的工序有向弧集合，E 表示同一台机器上的工序有向弧集合。以表 5-2 所示的调度问题为例，其对应的节点集 $N = \{0, O_{11}, O_{12}, O_{21}, O_{22}, O_{23}, O_{31}, O_{32}, O_{41}, O_{42}, O_{43}, *\}$，对应的有向弧集合 $A = \{(O_{11}, O_{12}), (O_{21}, O_{22}), (O_{22}, O_{23}), (O_{31}, O_{32}), (O_{41}, O_{42}), (O_{42}, O_{43})\}$。选择确定的某一个调度结果后，就可以得到析取弧集 E。例如假设机器 1 上的选择 $S_1 = \{O_{42}, O_{21}\}$，机器 2 上的选择 $S_2 = \{O_{31}, O_{22}\}$，机器 3 上的选择 $S_1 = \{O_{11}, O_{32}, O_{43}\}$，机器 4 上的选择 $S_2 = \{O_{41}, O_{12}\}$，机器 5 上的选择 $S_2 = \{O_{23}\}$，则调度问题的有向图和甘特图分别为图 5-2 和图 5-3 所示。

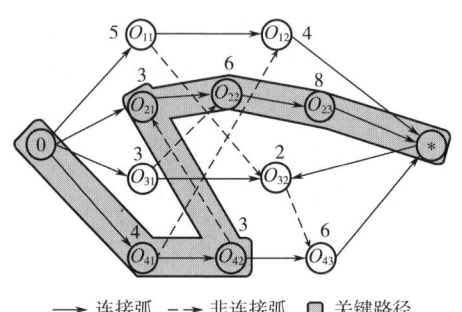

图 5-2 调度实例的有向图

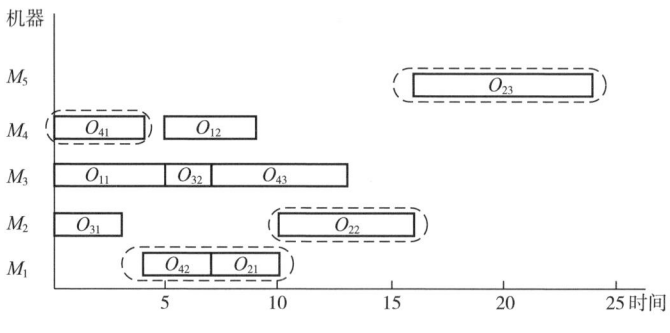

图 5-3 调度实例的甘特图

关键路径定义为从起点工序 0 到终点工序 $*$ 的最长工序路径。以图 5-2 为例，其关键路径为 $O_{41} \to O_{42} \to O_{21} \to O_{22} \to O_{23}$，关键工序为 O_{41}，O_{42}，O_{21}，O_{22}，O_{23}，并且有一个关键块 $\{O_{42}, O_{21}\}$。在邻域结构的研究中通过改变关键路径来完成搜索过程。定义 $s^e(G, h)$ 和 $s^l(G, h)$ 分别表示工序 O_h 的最早开工时间和最晚开工时间；$c^e(G, h)$ 和 $c^l(G, h)$ 分别表示工序 O_h 的最早完工时间和最晚完工时间，$p(G, h)$ 表示节点工序 O_h 的加工时间。$PJ(G, h)$ 和 $SJ(G, h)$ 分别表示工序 O_h 属于同一工件的前道工序和后道工序；$PM(G, h)$ 和 $SM(G, h)$ 分别表示工序 O_h 属于同一台机器的前道工序和后道工序，那么有

$$c^e(G, h) = s^e(G, h) + p(G, h) \tag{5-20}$$

$$c^l(G, h) = s^l(G, h) + p(G, h) \tag{5-21}$$

调度过程中最早的完工时间可以表示为

$$s^e(G, h) = \max\{c^e[PJ(G, h)], c^e[PM(G, h)]\} \tag{5-22}$$

调度中最晚完工的工件及其完工时间，也就是最大完工时间，其计算过程为

$$c^l(G, h) = \min\{s^l[SJ(G, h)], s^l[SM(G, h)]\} \tag{5-23}$$

5.4 改进的免疫遗传算法

5.4.1 贪婪最优解

本章对免疫遗传算法进行改进，引入了贪婪最优解思想。在算法每一次迭代前，通过贪婪思想找到一个贪婪最优解。这个贪婪最优解不一定是全局最优解，但是和全局最优解之间有很高的相似度。因此在改进的免疫遗传算法中选择与贪婪最优解相似度高的个体可以加快寻优速度。贪婪最优解选择思想如下。

①工件的每道工序在选择机器时，尽可能选择机器合集中时间最小的机器。
②机器选择阶段，尽可能地将工序均匀分配到各个机器上。
③鉴于工序前后顺序的约束，尽可能将靠前的工序尽早开始加工。

对于 n 个工件 m 台机器的贪婪最优解的求解步骤如下。

步骤 1：设置一个整数型数组，长度等于机器总数 m，依次为机器序号 $[M_1, M_2, \cdots, M_m]$，数组对应的为加工时间，初始化数组为零。

步骤 2：随机选择一个工件 J_{j^1}，选择工件 J_{j^1} 首道工序 O_{j^11} 的最短加工时间的机器 M_{m^1}，将工序 O_{j^11} 分配到机器 M_{m^1} 上，并设置 $M_{m^1} = T_{j^11m^1}$。

步骤 3：然后再从剩余的 $n-1$ 个工件中随机选择 J_{j^2}，选择工件 J_{j^2} 首道工序 O_{j^21} 的最短加工时间的机器 M_{m^2}（此时工件 J_{j^2} 的第一道工序 O_{j^21} 在机器 M_{m^1} 上的加工时间应该为 $T_{j^21m^1} = T_{j^21m^1} + M_{m^1}$）。然后更新 $M_{m^1} = T_{j^21m^1}$。若遇到时间相同，优先选择已分配工序数目少的机器。

步骤4：以此类推，完成所有工件的第一道工序的机器分配问题。
步骤5：重复步骤2-4，完成全部工件的全部工序的机器分配问题。
步骤6：得到最终的机器分配结果的贪婪最优解 X_{best}。

贪婪最优解的求解过程如图5-4所示。

序号	随机工件	对应工序	设备分配	机器数组					机器编码
				M_1	M_2	M_3	M_4	M_5	
步骤1	J_2	O_{21}	M_1	3	0	0	0	0	1
	J_4	O_{41}	M_4	3	0	0	4	0	4
	J_3	O_{31}	M_2	3	3	0	4	0	2
	J_1	O_{11}	M_3	3	3	5	4	0	3
步骤2	J_3	O_{32}	M_3	3	3	7	4	0	3
	J_4	O_{42}	M_1	5	3	7	4	0	1
	J_1	O_{12}	M_4	5	3	7	8	0	4
	J_2	O_{22}	M_2	5	9	7	8	0	2
步骤3	J_2	O_{23}	M_5	5	9	7	8	8	5
	J_4	O_{43}	M_3	5	9	13	8	8	3

以表5-2的FJSP问题为例，在步骤1，随机选择的工件依次为2-4-3-1，根据贪婪最优解求解规则，以及他们第一道工序的加工时间，得到的机器选择结果为1-4-2-3。然后依据求解规则依次完成步骤2和步骤3，最后将机器选择结果转化为MS编码。

J_1		J_2			J_3		J_4		
3	4	1	2	5	2	3	4	1	3

图 5-4 贪婪最优解的求解示意图

5.4.2 交叉熵

在免疫算法当中，引入了抗体信息熵、抗体相似度、抗体浓度等概念[214]。对于一个不确定系统的状态

$$X = (x_1, x_2, \ldots, x_n), P = \{p_1, p_2, \ldots, p_n\},$$

$$0 \leq p_i \leq 1, i = 1, 2, \ldots, n, 且 \sum_{i=1}^{n} p_i = 1 \tag{5-24}$$

分别定义系统的信息熵 H、第 m 个基因座的信息熵 $H_m(N)$、抗体 i 和 j 的相似度 $A_{i,j}$、平均信息熵 $H_{i,j}(2)$ 以及抗体浓度 C_i 的计算方式为

$$H = -\sum_{k=1}^{n} p_k \ln(p_k) \tag{5-25}$$

$$H_m(N) = -\sum_{k=1}^{s} p_{km} \ln(p_{km}) \tag{5-26}$$

$$A_{i,j} = \frac{1}{1 + H_{i,j}(2)} \tag{5-27}$$

$$H_{i,j}(2) = \frac{1}{M} \sum_{k=1}^{M} H_k(2) \tag{5-28}$$

第 5 章 具有单批处理机的柔性作业车间调度问题研究

$$C_i = \frac{\text{与抗体 } i \text{ 的相似度大于 } \lambda \text{ 的抗体数目}}{N} \tag{5-29}$$

交叉熵常用于机器学习过程中，人们希望算法得到的数据分布 $q(x)$ 尽可能接近数据的真实分布 $p(x)$，一般将交叉熵定义为损失函数，其计算公式为

$$H(p, q) = -\sum p(x)\ln q(x) \tag{5-30}$$

本章首先通过贪婪思想得到贪婪最优解 X_{best}，将 X_{best} 对应于交叉熵中的真实分布 $p(x)$，种群中的其他普通个体对应于 $q(x)$。我们期待个体尽可能相似于 X_{best}。通过计算每个个体 x_i 与 X_{best} 的交叉熵相似度，在选择过程中选择更优的个体，进而加速整个算法的寻优过程。

$$q_k(x) = \frac{\text{第 } k \text{ 位基因中 } X_{best\_k} \text{ 的个数}}{\text{第 } k \text{ 位基因的个数}} \tag{5-31}$$

$$p_k(x) = \frac{\text{第 } k \text{ 位基因中 } X_{bset\_k} \text{ 的个数}}{\text{第 } k \text{ 位基因的可选机器数}} \tag{5-32}$$

以图 5-5 为例说明交叉熵计算过程。

X_{best}	3	4	1	2	5	2	3	4	1	3
X_1	4	4	1	2	5	2	3	4	1	3
X_2	3	2	1	2	5	2	3	2	1	3
$H(X_{best}, X_1) = -\sum_{k=1}^{10} p_k(x)\ln q_k(x) = -\left(\frac{1}{5} \cdot \ln\frac{1}{2} + 0 + \cdots\_0\right)$											
$H(X_{best}, X_2) = -\sum_{k=1}^{10} p_k(x)\ln q_k(x) = -\left(0 + \frac{1}{3} \cdot \ln\frac{1}{2} + 0 + \cdots\_0\right)$											

图 5-5 交叉熵计算过程示意图

定义交叉熵相似度如式（5-33）所示。

$$A_{X_{best}, x_i} = \frac{1}{1 + H(X_{best}, X_i)} \tag{5-33}$$

交叉熵相似度的值越大，代表这个解与贪婪最优解的相似度越高。

5.4.3 改进的免疫遗传算法架构

改进的免疫遗传算法的流程如下。

步骤 1：初始种群 P_0 和 Q_0，二者规模都是 N。

步骤 2：种群合并，令 $R_t = P_t \cup Q_t$。

步骤 3：通过贪婪思想求得 X_{best}，分别计算 R_t 中 $2N$ 个个体的适应度值和与 X_{best} 的交叉熵值及相似度，并按照大小分别排列 F_{2N} 和 H_{2N}，并取其中最大的前 N

项分别为 F_N 和 H_N。

步骤 4：令 $T_E = F_N \cap H_N$，然后定义 $P_{t+1} = T_E + X_{best} + (F_N - T_E)_{\tau \cdot (N-1-E)} + (H_N - T_E)_{(1-\tau) \cdot (N-1-E)}$，完成种群数目达到 N 的 P_{t+1}。

步骤 5：在种群 P_{t+1} 上执行交叉操作。

步骤 6：在种群 P_{t+1} 上执行变异操作，产生新的种群 Q_{t+1}。

步骤 7：选择种群 P_{t+1} 中的部分个体进行局部搜索。

步骤 8：重复步骤 2-7，直到满足算法终止条件。

IIGA 算法的流程图如图 5-6 所示。

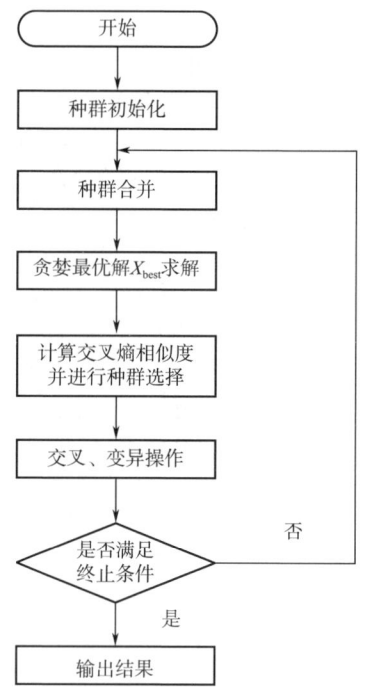

图 5-6　IIGA 算法流程图

5.5　基于改进的免疫遗传算法求解 FJSP-SBPM

5.5.1　编码与解码

本章采用分段的整数编码方式，两段编码分别表示 FJSP-BPM 问题中机器选择（machines selection，MS）和工序排序（operation sequencing，OS）两个子问题，批处理机部分采用基于规则的分批方式。以表 5-2 的调度问题为例，编码结

第5章 具有单批处理机的柔性作业车间调度问题研究

果与说明如图5-7和图5-8所示。

	机器选择部分编码								
编码结果	1	3	2	4	2	3	2	5	4	2
编码意义	O_{11}	O_{12}	O_{21}	O_{22}	O_{23}	O_{31}	O_{32}	O_{41}	O_{42}	O_{43}
	M_1	M_3	M_2	M_4	M_2	M_3	M_2	M_5	M_4	M_2

图5-7 机器选择部分编码说明

	工序排序部分编码								
编码结果	2	1	3	4	4	2	1	2	3	4
编码意义	O_{21}	O_{11}	O_{31}	O_{41}	O_{42}	O_{22}	O_{12}	O_{23}	O_{32}	O_{43}

图5-8 工序排序部分编码说明

解码部分也采用分段独立的方式解码。机器选择部分，将MS编码转化成机器选择矩阵 J_M 和加工时间矩阵 T。以图5-8的编码结果为例，根据表5-2的工件加工信息，对应解码结果的两个矩阵如式（5-34）所示。

$$J_M = \begin{bmatrix} 1 & 3 & \\ 2 & 4 & 2 \\ 3 & 2 & \\ 5 & 4 & 2 \end{bmatrix} \qquad T = \begin{bmatrix} 2 & 2 & \\ 7 & 10 & 7 \\ 8 & 8 & \\ 4 & 7 & 5 \end{bmatrix} \qquad (5-34)$$

工序排序部分，按照MS部分对应的机器选择矩阵和加工时间矩阵依次读取OS编码，得到工序排序的调度结果。本章采用了一种插入式解码方式，对于解码后的工序 O_{jh}，如果工序 O_{jh} 是机器 M_i 的首道工序，那么从它的前一道工序 $O_{j(h-1)}$ 的完工时间进行加工；如果工序 O_{jh} 是工件 J_i 的首道工序，那么直接在机器上加工；否则，将工序 O_{jh} 插入到其相应加工机器的可用时间间隔 $[TS_i, TE_i]$ 中。若满足式（5-35）和式（5-36），则插入结果如图5-9（a）所示[76]。否则按照式（5-37）计算相应时间，其插入结果如图5-9（b）所示。

$$t_a = \max\{c_{j(h-1)}, TS_i\} \qquad (5-35)$$

$$t_a + p_{ijh} \leq TE_i \qquad (5-36)$$

$$t_b = \max\{c_{j(h-1)}, LM_i\} \qquad (5-37)$$

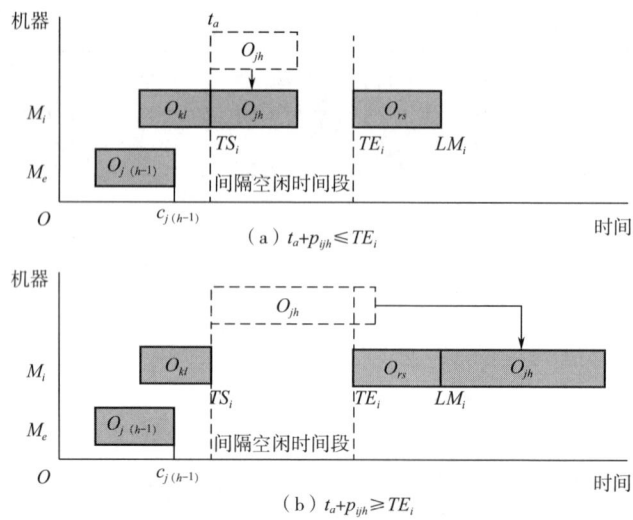

图 5-9 工序排序部分解码示意图

5.5.2 种群初始化

本章在种群初始化阶段，对 MS 部分和 OS 部分采用基于不同比例的分配规则进行初始化。机器选择部分，20%个体采用最短处理时间规则[199]，20%个体采用最长加工时间规则[200]，10%个体采用最小机器负荷规则[201]，剩余 50%个体采用随机规则产生。工序排序部分，20%个体采用最长剩余加工时间规则[202]，20%个体采用最多剩余工序规则[198]，10%个体采用最短加工时间规则[202]，剩余 50%个体采用随机规则产生。

5.5.3 进化算子

机器选择部分采用均匀交叉，随机选择 r 个保持不变的基因位，将父代染色体 P_1 和 P_2 中对应的 r 个基因位保持位置和顺序不变，复制到子代染色体 C_1 和 C_2 中，之后将剩余基因按位复制 C_2 和 C_1 中，交叉过程如图 5-10 所示。

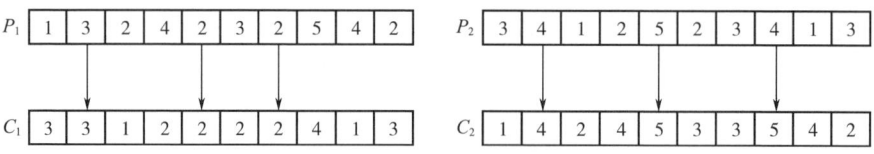

图 5-10 均匀交叉示意图

工序排序部分采用 POX 交叉方法，将工件分为两个工件集合 set1 和 set2，保持 set1 中工件的所有工序位置和顺序不变，然后将剩余位置替换为 set2 中工件的工序，仅保持其顺序不变。POX 交叉过程如图 5-11 所示。

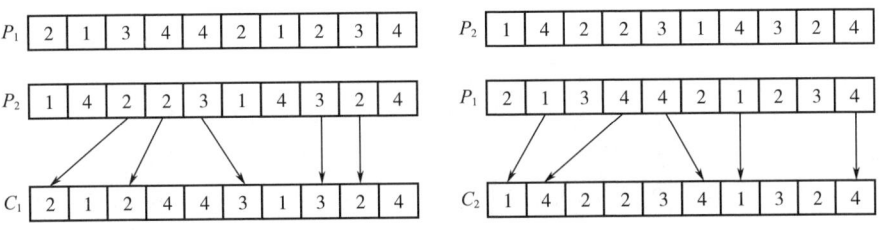

图 5-11 POX 交叉示意图

机器选择部分和工序排序部分都选择随机变异的方式，机器选择部分随机选择 r 个位置，然后将每个基因位随机变异为可选机器集合中的一台机器；工序排序部分选择 r 个位置，随机改变对应位置的排序方式。

5.5.4 邻域结构与局部搜索

IIGA 算法中的优化过程主要针对机器选择部分，在工序排序方面，采用基于邻域结构的局部搜索策略。个体在 MS 部分优化结束后，基于 FJSP 析取图模型和关键路径上的关键块，对 OS 部分进行局部搜索。本章的邻域结构采用 JSP 邻域中的 $N5$ 邻域结构[8]。在 $N5$ 邻域结构中，对于除去首块和尾块的中间关键工序块，仅交换块首两工序和块尾两工序；对于首个关键块，仅交换块尾两工序；对于最后一个工序块，仅交换块首两工序。$N5$ 邻域结构的具体移动过程如图 5-12 所示。

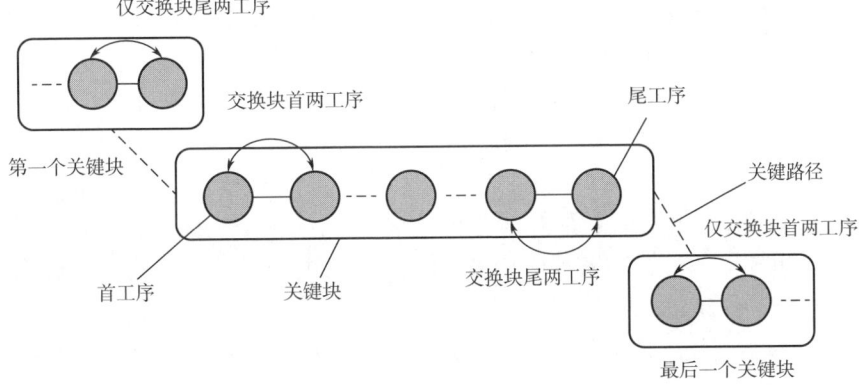

图 5-12 OS 邻域移动操作

在进化的每一代，只从种群中选择 20% 个体进行局部搜索，目的是为了减小计算复杂度。局部搜索算法采用禁忌搜索算法 TS[175]，算法的基本过程是在初始解 x 的邻域结构 $N(x)$ 中寻找一个相邻的可行解 x^*，用 x^* 替换 x，然后以 x^* 为新的起点继续搜索。TS 算法的特点包括：①设置禁忌表，通过记录历史最优来防止重复搜索，提高搜索效率。禁忌表的参数包括禁忌对象和禁忌长度。②设置特赦规则，当全部对象都被禁忌时，通过设定好的特赦方法对某些禁忌对象解禁，之后继续搜索直到达到最大迭代次数。本章选择 Mastrolilli[215] 提出的特赦策略。在本章涉及的 TS 算法中，禁忌表 T 的长度值 $L=15$，禁忌步长（最大迭代次数）$S=50$。基于 $N5$ 邻域结构的禁忌搜索局部算法的详细步骤如下。

步骤 1：种群初始化，设定 TS 算法的基本参数，并将禁忌表置空。评价所有个体的适应度值，得到全局最优解 f_{best}。

步骤 2：选择当前解 x，基于本章提出的 $N5$ 邻域结构，得到 x 的邻域解集 $V(x)$。

步骤 3：根据适应度函数 $V(x)$ 内的解，找到最好解 x^*，然后更新禁忌表 T。

步骤 4：判断 x^* 与最优解 f_{best} 的关系，如果 $f(x^*)<f_{best}$，则令 $f_{best}=f(x^*)$，$x^*=x$。

步骤 5：若所有的解都被禁忌，则根据设定好的特赦规则进行解禁操作。

步骤 6：判断当前情况是否满足算法终止条件，若不满足终止准则，返回步骤 2；否则算法结束，得到最优解 f_{best}。

5.5.5 批处理机组批规则

对于柔性作业车间部分的每一个解，所有工件会以不同的到达时间依次到达批处理机前面的缓冲区内。对于批处理机而言，相当于到达时间不同的批处理问题。本书采取 ERT-BF（earliest release time-best fit）规则进行组批，得到组批结果和相应的批处理时间。ERT-BF 规则步骤如下。

①给定一个工件序列，可以计算出所有工件到达批处理机前缓冲区的到达时间。将所有工件按照释放时间非递减排序，即按时间从小到大将工件排序。

②选择序列中第一个工件 J_1，作为批次 b_1 的第一个工件。然后看第二个工件是否可以加入批次 b_1，若可以，将工件 J_2 加入批次 b_1；若不可以，则以工件 J_2 为第一个工件新建批次 b_2。

③然后看工件 J_3 是否可以依次加入批次 b_1，b_2。若可以则加入该批次，若不可以则新建批次 b_3。

④当某个批次容量达到最大值后，以后的工件不可以加入。对于第 i 个工件 J_i，在所有未完成的批次中查找能容纳该工件且到达时间最早的批次 b_k，并将工

件加入这个批中；否则，新建一个批 b_l，并将该工件加入新批中。

⑤以此类推，直到所有工件完成分批。

举例说明 ERT-BF 分批过程。假设批处理机 M_B 上有 10 个待加工工件，工件具体属性信息如表 5-3 所示，机器容量为 10。按照 ERT-BF 规则解码，得到的解码结果如表 5-4 所示。

表 5-3　　　　　　　　　　工件属性详细信息

工件编号	工件尺寸	到达时间	加工时间
1	2	2	3
2	2	5	5
3	2	6	6
4	3	10	7
5	3	4	2
6	3	9	5
7	4	12	5
8	4	3	4
9	4	15	3
10	4	8	8

表 5-4　　　　　　　　　　ERT-BF 规则解码结果

批号	工件编号	批加工时间	批到达时间
1	1, 8, 5	4	4
2	2, 3, 10	8	8
3	6, 4, 7	7	12
4	9	3	15

5.6　实验设计与分析

本章的实验环境为：Intel（R）Core™ i5，3.20GHz，8.00GB 内存，window7 64 位专业版，编程语言平台选择 MATLAB 2014。鉴于目前并没有 FJSP-BPM 问题的标准算例，本实验分为两部分，第一部分采用标准 FJSP 算例，验证本章所提出的 IIGA 算法的性能优势；第二部分采用符合 FJSP-SBPM 问题特性的某变压器制造企业的实际数据，验证本章算法的可行性和有效性。

5.6.1 参数设置

交叉概率 P_c 和变异概率 P_m 分别设置为：0.75 和 0.01，对于本章算法的选择参数 τ，以 MK01 算例为例，研究不同 τ 值对算法性能的影响。实验中种群规模设置为 100，迭代次数设置为 200，将算法连续运行 20 次，分别绘制 τ 与最优解次数、平均最优解以及收敛到最优解的平均迭代次数，实验结果如图 5-13 所示。

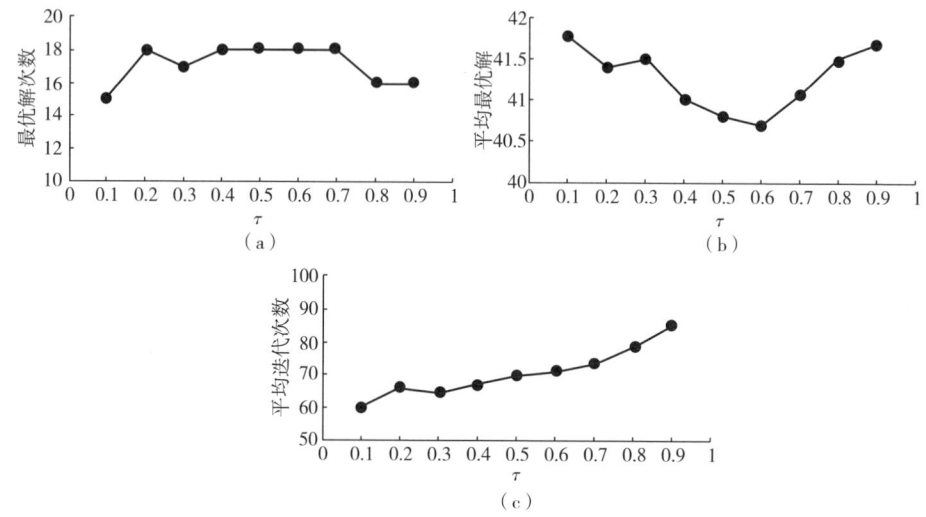

图 5-13 τ 值优化过程

通过图 5-13 可以得出，当 τ 比较小时，选择过程中基于交叉熵选择的部分较大，此时算法的收敛速度快、迭代次数少，但是最优解次数和平均最优解效果较差。当 τ 比较大时，选择过程中基于适应度选择的部分较大，算法收敛时的平均迭代次数大，算法收敛速度慢，最优解次数和平均最优解效果较差。当 τ 取值在（0.4，0.6）之间时，算法同时权衡了收敛速度与最优解质量，收敛速度均衡，最优解次数和平均最优解效果都很好。因此，在下面的试验中，将 τ 取值为 0.5。

5.6.2 标准 FJSP 算例实验结果分析

为了验证本章改进的算法优化性能的提升效果，本章采用 27 组 FJSP 的标准算例数据对改进的免疫遗传算法（IIGA）进行测试分析，同时使用遗传算法

（GA）、免疫遗传算法（immune genetic algorithm，IGA）以及新兴的群体智能算法 JAYA[216]算法作为对比算法，来验证改进的免疫遗传算法的寻优效果。采用的 27 组数据包括：5 组 Kacem 算例[217]、10 组 BRdata 算例[217]和 12 组 BCdata 算例[218]。

每种算法在各组数据下的运行次数为 30，四种算法的初始种群均为 100，最大进化代数均为 200 代。其中 $n \times m$ 表示问题规模，LB 代表问题下界，UB 代表问题上界，C_M 为最好的最大完工时间，AV_{C_M} 表示算法的最大完工时间平均最优值，测试结果如表 5-5 和表 5-6 所示。

表 5-5　　Kacem 和 BR 算例测试结果表

问题	$n \times m$	(LB, UB)	GA		IGA		JAYA		IIGA	
			C_M	AV_{C_M}	C_M	AV_{C_M}	C_M	AV_{C_M}	C_M	AV_{C_M}
Kacem1	4×5	(11, *)	11	11.5	11	11	11	11	11	11
Kacem2	8×8	(14, *)	23	24.6	15	16.2	14	14.6	14	14.3
Kacem3	10×7	(11, *)	19	21.6	14	14.8	11	12	11	11.6
Kacem4	10×10	(7, *)	13	16.4	8	8.3	7	7.8	7	7.5
Kacem5	15×15	(11, *)	27	31.5	17	18.4	14	14.7	11	12.1
Mk01	10×6	(36, 42)	40	41.5	40	40	40	40	40	40
Mk02	10×6	(24, 32)	29	29.1	26	27.6	26	26	26	26
Mk03	15×8	(204, 218)	204	206.6	204	205.2	204	204	204	204
Mk04	15×8	(48, 81)	67	47.34	60	60	60	60	60	60
Mk05	15×4	(168, 186)	176	178.1	173	176.8	173	174.4	172	175.2
Mk06	10×15	(33, 86)	67	68.82	58	60.5	58	60.5	57	58
Mk07	20×5	(133, 157)	147	152.9	144	146.3	144	148.5	139	140.2
Mk08	20×10	(523)	523	523.34	523	523	523	523	523	523
Mk09	20×10	(299, 369)	320	327.74	311	311	307	309	307	310.8
Mk10	20×15	(165, 296)	229	235.72	201	203.6	197	200.2	196	198.6

表 5-6　　BCdata 算例测试结果

问题	(LB, UB)	GA		IGA		JAYA		IIGA	
		C_M	AV_{C_M}	C_M	AV_{C_M}	C_M	AV_{C_M}	C_M	AV_{C_M}
mt10c1	(655, 927)	928	928.2	927	927.2	927	927.4	927	927
mt10cc	(655, 914)	910	912.4	910	911.7	908	908.8	908	908
mt10x	(655, 929)	918	919.6	918	918	918	918	918	918

续表

问题（LB, UB）	GA		IGA		JAYA		IIGA	
	C_M	AV_{C_M}	C_M	AV_{C_M}	C_M	AV_{C_M}	C_M	AV_{C_M}
mt10xx (655, 936)	918	918.6	918	918	918	918	918	918
setb4c9 (857, 924)	919	920.4	919	919.2	914	914.6	914	914.2
setb4cc (857, 909)	909	915.0	909	911.6	907	910.0	907	908.5
setb4x (846, 937)	925	934.3	925	926.8	925	925	925	925
setb4xx (847, 930)	925	933.7	925	925.4	925	925	925	925
seti5c12(1027, 1185)	1179	1184.7	1176	1178.4	1174	1174.2	1170	1171.6
seti5cc (955, 1142)	1142	1146.5	1138	1141.2	1136	1136.4	1135	1135.8
seti5x (955, 1218)	1209	1213.2	1200	1209.0	1201	1203.6	1198	1199.4
seti5xx (955, 1204)	1204	1205.9	1199	1200.6	1198	1202.4	1197	1198.3

从表 5-5 的测试结果可以看出，对于 Kacem 和 BR 算例而言，在 AV_{C_M} 方面，IIGA 在 MK05 和 MK09 算例上略差于 JAYA 算法，但是在 Kacem2—Kecem5、MK06、MK07 和 MK10 这七个算例中都好于 JAYA 算法，其他 6 个算例上两种算法的 AV_{C_M} 相同，整体上来看两者在 AV_{C_M} 方面的表现相差不多，IIGA 略优于 JAYA 算法，但是远远优于另外两种算法。C_M 方面，IIGA 在 Kacem5、MK05、MK06、MK07、MK10 五个算例上单独取得了最好值，在剩下的十个算例中和其他算法并列取得了 C_M 的最好值，由此可见，IIGA 在 C_M 方面要明显优于其他 3 种算法。

对于 BCdata 数据而言，在 C_M 方面，IIGA 算法相较于其他 3 种算法相比有了较大幅度的提升，12 组实验的最大完工时间均不差于其他 3 种算法；而在 AV_{C_M} 方面，IIGA 算法的优化效果也要明显好于对比的 GA 算法、IGA 算法和 JAYA 算法。

为了更好地比较和评价 4 种算法的优化效果，以 MK06 组数据为例，绘制了 4 种算法在 MK06 算例下，运行 30 次所得到 C_M 实验结果的箱形图，如图 5-14 所示。

从图 5-14 可以看出，IIGA 算法产生的箱形图的位置最低，表明 IIGA 算法产生的解的质量优于其他 3 种算法。此外 IIGA 算法得到的箱型图中，其四分位距 IQR 比其他 3 种算法更小，

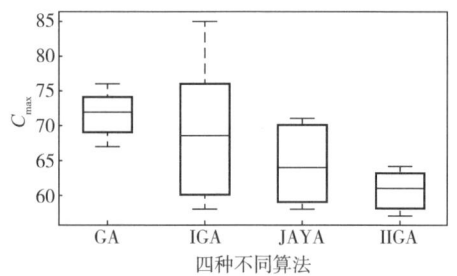

图 5-14　MK06 算例下的四种算法箱型图

表明 IIGA 算法的离散程度更小，算法的稳定性最好。然后绘制 4 种算法在 MK06 算例下的 C_M 和迭代次数的关系图，结果如图 5-15 所示。

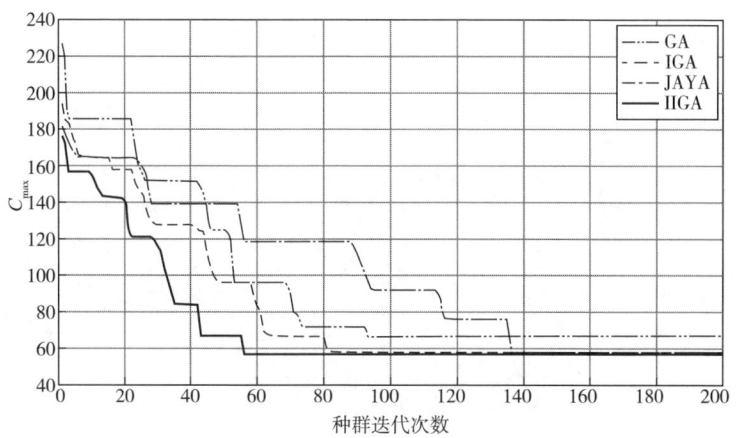

图 5-15 最大完工时间与迭代次数关系图

从图中可以看出，IIGA 的收敛速度最快，同时最优解的值最小，并且在最短的时间内收敛到最优解，大约在 60 次迭代后收敛到最优值 57。GA 算法的最终收敛值为 67，性能最差；IGA 与 JAYA 算法的最优值精度相同，均为 58，但是 IGA 的寻优速度更快。分析两种算法上的搜索机理可以发现，JAYA 算法在搜索过程中利用最优个体 X_{bset} 和最差个体 X_{worst} 根据迭代公式进行寻优，仅仅根据适应度函数值的优劣来选择个体，容易陷入局部最优；而免疫遗传算法在寻优过程中除了计算抗体与抗原之间的亲和度之外，还计算了抗体和抗体之间的相似度，可以跳出局部最优解，加快收敛速度。两种算法的选择机制不同，收敛速度的结果也不尽相同。图 5-16 为 IIGA 算法在 MK06 算例下的甘特图。

5.6.3 FJSP-SBPM 数据实验结果分析

以实际某变压器制造企业中的实际数据为例，该变压器制造企业生产车间包括线圈工序段、铁芯工序段、套装引线工序段等柔性作业车间部分以及器身干燥工序段的批处理工序部分。其中柔性作业车间部分包含多台机器和多道工序，干燥炉以体积为约束条件进行组批。柔性作业车间部分，共简化为 20 台机器；批处理部分，选取的工件分为两大类，同类工件体积相同，柔性作业车间部分的加工时间不同；不同类别之间工件体积不同，批处理加工时间不同。批处理部分将体积进行归一化处理。批处理机容量 12，两类工件的体积分别为 3 和 4。两类工件中 A 类工件为叠铁+美变变压器，B 类工件为非晶变压器。表 5-7 为工件参数信息表，表 5-8 为两类工件加工时间表。

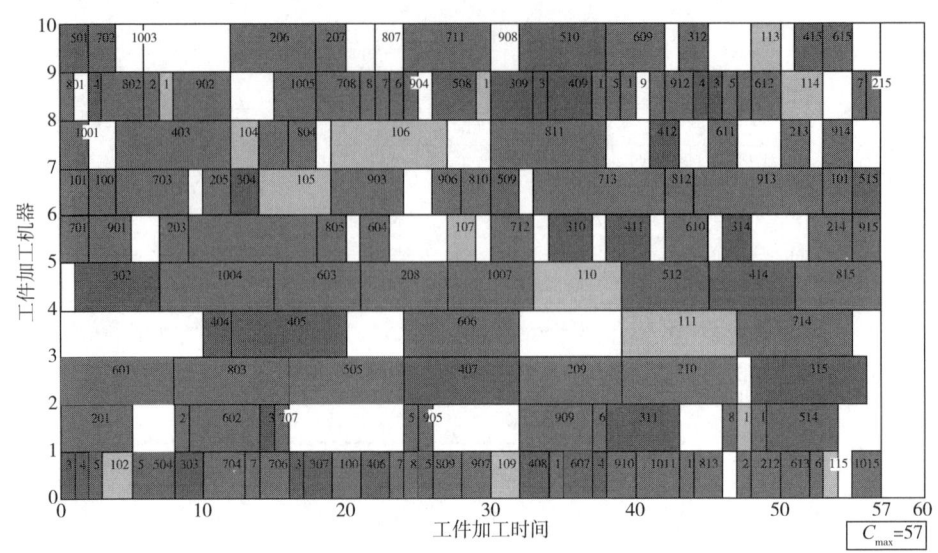

图 5-16 IIGA 在 MK06 算例下的甘特图

两类工件在柔性作业车间部分均包含 11 道工序。相比于 A 类工件，B 类工件需要进行两次压装干燥工序，同时 B 类工件无插片工序。实际生产过程中，A 类产品的铁芯工序与线圈工序属于并行生产，B 类产品的铁芯采取外购的方式。本章研究中统一选择线圈工序段—器身装备工序段—干燥工序段的工序流程进行研究，将铁芯部分设置为预制件，在工序 8 线圈套装工序进行统一安装。

根据该变压器制造企业的实际生产情况，以半个月的生产数据进行数据验证算法的有效性。工件总数为 $J=25$，其中 $A=15$，$B=10$。得到的调度结果的甘特图如图 5-17 所示。从甘特图上可以看出，工件被均匀地分配到各个机器上，完工时间为 225。而采用遗传算法求解的完工时间为 282，IIGA 算法相对遗传算法的优化结果有了很好的提升，体现了本章算法的有效性。

表 5-7　　　　　　　　　　工件参数信息表

工件类别	工序数	机器数	工件体积	批处理机体积	批处理时间
A 类	11+1	20+1	3	12	10
B 类	11+1		4		12

表 5-8　两类工件加工时间表

工序号	1	2	3	4	5	6	7	8	9	10	11	12
A类												
工序名称	低压绕线	高压绕线	压装干燥	拆模具	测匝刷胶	检测	线圈套装	插片	器身装配	引线装配	检测	干燥
机器集合	1-3	4-7	8-9	10-11	10-11	12-13	14-20	14-20	14-20	14-20	12-13	21
加工时间	5-7	6-9	4-5	2-3	7-8	3-4	8-10	6-8	4-6	3-5	3-4	10
B类												
工序名称	低压绕线	压装干燥	高压绕线	压装干燥	拆模具	测匝刷胶	检测	线圈套装	器身装配	引线装配	检测	干燥
机器集合	1-3	8-9	4-7	8-9	10-11	10-11	12-13	14-20	14-20	14-20	12-13	21
加工时间	6-8	3-5	7-10	3-4	2-3	8-10	3-4	7-9	4-6	2-5	3-4	12

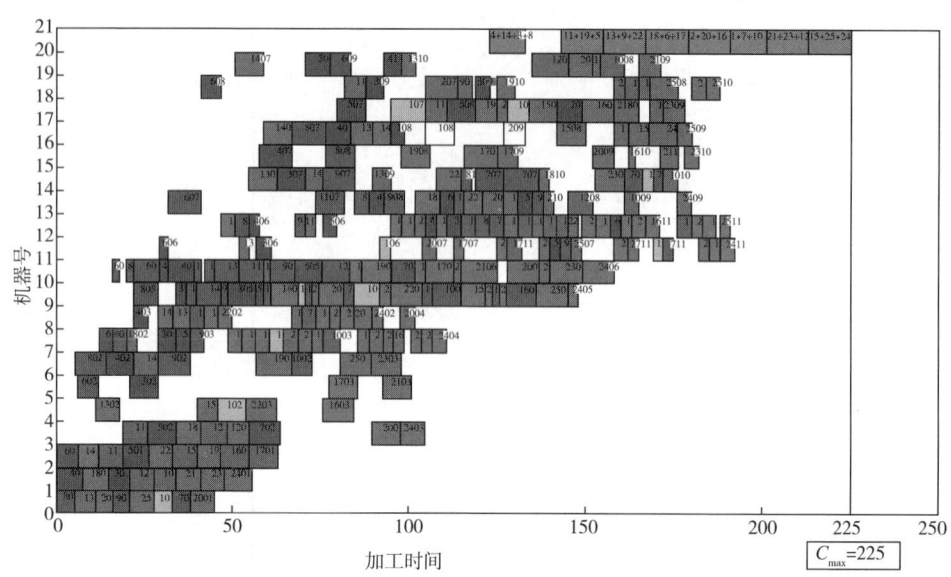

图 5-17　$J=25$ 时变压器生产过程甘特图

5.7　本章小结

本章针对具有单批处理机的柔性作业车间调度问题,建立了调度问题的数学模型,并提出了一种 IIGA 算法进行求解。算法引入了贪婪最优解和交叉熵的概念,通过计算个体与贪婪最优解的交叉熵相似度来优化机器选择部分,提高了算法的寻优速度和跳出局部最优解的能力。工序排序部分,采用基于 $N5$ 邻域结构的禁忌搜索算法作为局部搜索策略;批处理机部分,设计了 ERT-BF 分批规则,减少堵塞提高组批效率。实验阶段首先采用 27 组标准的 FJSP 算例验证了算法的性能优势,然后利用符合 FJSP-SBPM 问题特性的某变压器制造企业的实际数据进行仿真实验,验证了 IIGA 算法的有效性,为求解 FJSP-SBPM 问题提供了一种可行、有效的方法。

第6章 具有平行批处理机的柔性作业车间调度问题研究

6.1 引言

上一章研究了小规模数据下的 FJSP-SBPM 问题。在实际的生产过程中,随着工件数目增多,单一批处理机会产生加工能力不足的问题,导致工件在批处理机前面形成拥堵,降低了整个生产过程效率;同时随着工件类别增多,不同工件在批处理的选择上具有不同的要求,单批处理机无法满足所有工件的批处理需求,因此对大规模数据下的具有平行批处理机的柔性作业车间调度问题 (flexible job shop scheduling problem with parallel batch processing machines, FJSP-PBPM) 的研究很有必要。与 FJSP-SBPM 问题相比,FJSP-PBPM 增加了批处理机的选择问题,增加了调度问题的复杂度,更接近大规模数据下的实际制造环境。

本章针对 FJSP-PBPM 问题,建立调度问题的数学模型,并提出了一种强化离散粒子群算法 (discrete particle swarm optimization with Q-Learning, DPSO-QL) 进行求解。算法在离散粒子群算法框架中,引入了强化学习中 Q-Learning 思想,定义了符合 FJSP-PBPM 问题特性的状态空间、动作空间、奖励函数、转移矩阵等概念,提高了 DPSO 算法的搜索能力。同时针对 FJSP-PBPM 问题中工序排序部分和批处理机选择部分,分别设计了符合问题特性的局部搜索规则和批处理机选择规则,提高算法的搜索效率。最后分别采用 FJSP 基准实例和符合 FJSP-PBPM 特性的变压器制造企业的实际数据,验证了本章提出算法的优越性和可行性。

6.2 问题描述与数学模型

FJSP-PBPM 问题可以分为两个部分。第一部分为柔性作业车间部分，n 个工件上线后，在 m 台设备上完成柔性加工；第二部分为批处理部分，具有 q 台平行批处理机，工件以组批的方式通过批处理部分，相当于到达时间不同的平行批处理机调度问题。因此整个 FJSP-PBPM 可以描述为：

n 个工件 (J_1, J_2, $\cdots$, J_n) 要在 $m+q$ 台设备 (M_1, M_2, $\cdots$, M_m, M_{b1}, M_{b2}, $\cdots$, M_{bq}) 上加工；所有工件在 (M_1, M_2, $\cdots$, M_m) 上加工时，属于柔性作业车间问题，在此阶段每个工件包含多道工序，工序之间有先后顺序约束。每道工序的可选加工机器不同，对应的加工时间也不完全相同。工件通过 FJSP 部分后以组批方式通过批处理工序。不同的批处理机具有不同的体积约束和加工时间，每个工件可选的批处理机不尽相同，整个批次通过批处理机器的时间为批次中单个工件批处理时间的最大值。因此 FJSP-PBPM 调度问题包含三个子问题：机器选择、工序排序和批处理机选择[219-220]，其生产过程如图 6-1 所示。

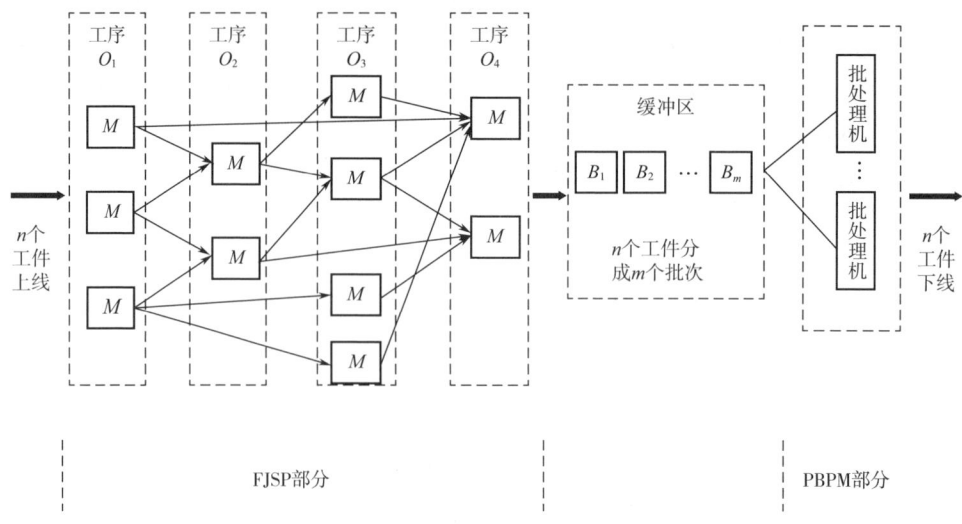

图 6-1　FJSP-PBPM 问题生产示意图

表 6-1 定义了用于描述 FJSP-PBPM 调度问题的数学符号。

表 6-1　　　　　　　　FJSP-PBPM 问题数学符号及意义

FJSP 部分	PBPM 部分
n 为工件总数；	q 为批处理机的机器总数；
m 为机器总数；	e 为机器序号，$e = 1, 2, 3, \cdots, q$；
i 为机器序号，$i = 1, 2, 3, \cdots, m$；	p_j 为第 j 个工件的批加工时间；
j, l 为工件序号，$j, l = 1, 2, 3, \cdots, n$；	s_j 为第 j 个工件的尺寸；
h_j 为第 j 个工件的总工序数；	r_j 为第 j 个工件到达批处理机前面缓冲区的到达时间；
k 为工序序号，$k = 1, 2, 3, \cdots, h_j$；	B_{be} 为表示机器 M_e 上的第 b 个批；
O_{jk} 为工件 j 的第 k 道工序；	S_e 为批处理机 e 的容量；
p_{ijk} 为工序 O_{jk} 在机器 i 上的加工时间；	J_{be} 为批 B_{be} 中的工件合集；
s_{jk} 为工序 O_{jk} 的开始加工时间；	RT_{be} 为批 B_{be} 的到达时间；
c_{jh} 为工序 O_{jk} 的完工时间；	ST_{be} 为批 B_{be} 的开始时间；
I 为一个足够大的正数；	PT_{be} 为批 B_{be} 的加工时间；
	CT_{be} 为批 B_{be} 的完工时间。

FJSP-PBPM 的数学模型表示为

s. t.

$$\min C_{\max} \tag{6-1}$$

$$s_{jk} + x_{ijk} \times p_{ijk} \leq c_{jk} \tag{6-2}$$

$$c_{jk} \leq s_{j(k+1)} \tag{6-3}$$

$$c_{jh_j} \leq C_{\max} \tag{6-4}$$

$$s_{jk} + p_{ijk} \leq s_{lh} + I(1 - y_{ijklh}) \tag{6-5}$$

$$c_{jk} \leq s_{j(k+1)} + I(1 - y_{ijkl(h+1)}) \tag{6-6}$$

$$\sum_{i=1}^{m_{jk}} x_{ijk} = 1 \tag{6-7}$$

$$\sum_{j=1}^{n} \sum_{k=1}^{h_j} y_{ijklh} = x_{ilh} \tag{6-8}$$

$$\sum_{l=1}^{n} \sum_{h=1}^{h_k} y_{ijklh} = x_{ijk} \tag{6-9}$$

$$s_{jk} \geq 0, \; c_{jk} \geq 0 \tag{6-10}$$

$$x_{ijk} = \begin{cases} 1, & \text{如果工序} O_{jk} \text{ 选择机器 } i \\ 0, & \text{否则} \end{cases} \quad y_{ijklh} = \begin{cases} 1, & \text{如果} O_{ijk} \text{ 先于} O_{ilh} \\ 0, & \text{否则} \end{cases}$$

$$\sum_{e=1}^{q} \sum_{b=1}^{n} X_{jbe} = 1 \quad j = 1, \ldots, n \tag{6-11}$$

$$\sum_{e=1}^{q} s_j X_{jbe} \leq S_e \quad j = 1, \ldots, n; \; b = 1, \ldots, k \tag{6-12}$$

$$PT_{be} \geq p_j X_{jbe} \quad j = 1, \ldots, n; \ b = 1, \ldots, k; \ e = 1, \ldots, q \tag{6-13}$$

$$ST_{be} \geq r_j X_{jbe} \quad j = 1, \ldots, n; \ b = 1, \ldots, k; \ e = 1, \ldots, q \tag{6-14}$$

$$ST_{be} \geq ST_{(b-1)e} Y_{(b-1)e} + PT_{(b-1)e} Y_{(b-1)e} \quad b = 1, \ldots, k; \ e = 1, \ldots, q \tag{6-15}$$

$$CT_{be} = ST_{be} Y_{be} + PT_{be} Y_{be} \quad b = 1, \ldots, k; \ e = 1, \ldots, q \tag{6-16}$$

$$Y_{be}, X_{jbe} \in \{0, 1\} \quad j = 1, \ldots, n; \ b = 1, \ldots, k; \ e = 1, \ldots, q \tag{6-17}$$

式（6-1）为优化目标；式（6-2）和式（6-3）表示工序之间存在先后顺序关系；式（6-4）表示优化目标的约束条件；式（6-5）和式（6-6）表示工序加工顺序约束；式（6-7）表示工序选择约束；式（6-8）和式（6-9）表示加工机器具有柔性；式（6-10）表示正数约定；式（6-11）表示批处理机加工约束；式（6-12）表示批处理机的容量约束；式（6-13）表示每个批次的批处理时间等于批次内工件批处理时间的最大值；式（6-14）表示每个批次的有效开始加工时间约束；式（6-15）表示批的加工过程不能被中断，且同一台批处理机在同一时间只能加工一个批次；式（6-16）表示批处理机上每个批完工时间的定义；式（6-17）为二进制决策变量，定义了工件、批次、批处理机的归属关系。

6.3 强化离散粒子群算法

6.3.1 离散粒子群算法

粒子群优化算法是群体智能算法的典型代表算法，它是受到自然界中鸟群搜索食物的启发而得。算法将问题的搜索空间抽象成鸟的飞行空间，每一只鸟对应为解空间的一点，优化问题的最优解对应为食物的位置。PSO 算法中包含以下元素：粒子位置 X_i（表示解空间的候选解）、粒子速度 V_i（表示粒子在迭代中的位置变化）、个体最优位置 P_{ibest}（表示粒子 i 迭代过程中的最好位置）、全局最优位置 P_{gbest}（表示全部粒子在迭代过程中的最好位置）。

迭代过程中，粒子的更新方式如式（6-18）和式（6-19）所示。其中 c_1 和 c_2 是两个加速度常数；r_1 和 r_2 是 [0, 1] 区间内的随机数。

$$V_i^{t+1} = \omega V_i^t + c_1 r_1 (P_{ibest}^t - X_i^t) + c_2 r_2 (P_{gbest}^t - X_i^t) \tag{6-18}$$

$$X_i^{t+1} = X_i^t + V_i^{t+1} \tag{6-19}$$

传统的粒子群算法适用于连续优化问题的求解，本章的 FJSP-PBPM 属于离散优化问题，因此将粒子群优化算法离散化，得到离散粒子群算法 DPSO，离散后的位置更新公式如下[221,222]为

$$X_i^{t+1} = c_2 \otimes f_3(c_1 \otimes f_2(\omega \otimes f_1(X_i^t), P_{ibest}^t), P_{gbest}^t) \tag{6-20}$$

DPSO 位置公式可以分解为以下三部分。

$$E = \omega \otimes f_1(X_i^t) = \begin{cases} f_1(X_i^t) & r < \omega \\ X_i^t & r \geq \omega \end{cases} \quad (6-21)$$

$$\omega = 0.95 - t/G \times 0.5$$

式（6-21）表示粒子对当前位置的信任状态，r 为 [0，1] 区间的随机数，f_1 为变异操作，ω 为权重系数。

$$F = c_1 \otimes f_2(E, P_{ibest}^t) = \begin{cases} f_2(E, P_{ibest}^t) & r < c_1 \\ E & r \geq c_1 \end{cases} \quad (6-22)$$

式（6-22）表示粒子对自身历史经验的学习部分，本章中将 f_2 设置为个体与自身最优的交叉操作。

$$X_i^{t+1} = c_2 \otimes f_3(F, P_{gbest}^t) = \begin{cases} f_3(F, P_{gbest}^t) & r < c_2 \\ F & r \geq c_2 \end{cases} \quad (6-23)$$

式（6-23）为粒子的社会学习部分，表示粒子向全局最优学习的过程，本章将 f_3 设置为个体与全局最优的交叉操作。

DPSO 算法具有收敛速度快、实现简单等优点，但离散后算法导致粒子在更新过程中存在随机性，搜索能力变差，智能性较低。因此对 DPSO 进行改进，融入强化学习思想，加强算法局部寻优能力，提高算法整体性能[223,224]。

6.3.2 改进的强化离散粒子群算法

Q-Learning 是强化学习算法中的经典算法，包含状态合集 S、动作合集 A、奖励函数 R、Q-table 等相关概念。算法主要思想是将 S 与 A 构建成一张 Q-table 来存储 Q 值，通过不同动作变化来更新 Q-table，并根据最终的 Q 值反向选择动作 a。Q 值更新公式如式（6-24）所示，其中 α 为学习速率，γ 为折扣因子。

$$Q(S, A) \leftarrow (1 - \alpha)Q(S, A) + \alpha[R(S, A) + \gamma \max_{\tilde{a}} Q(\tilde{S}, \tilde{a})] \quad (6-24)$$

本章将 Q-Learning 算法进行适当改进，使其可以应用于本章的 FJSP-PBPM 问题，结合 DPSO 算法框架，将改进的 QL 算法用于解的邻域搜索中，应用到机器选择部分。定义了符合 FJSP-PBPM 问题的 QL 概念。

Q-table：定义 Q-table 为 $T_0 \times m$ 矩阵，其中 T_0 为工件总工序数，m 为机器总数。

动作集合 A：每个工序（状态）在可选机器集合内的变异动作合集，即每个工序可以通过不同的动作 a 转换到不同的机器上。

状态集合 S：每个工序选定加工机器后 s 的所有状态合集，即将每个工序选定特定机器后设为一个状态 s。

奖励函数 R：为方便理解与计算，本章将奖励函数 R 和 $Q(s, a)$ 的值均定义为工件的完工时间，即本章的优化目标，Q 与 R 为同阶矩阵，如图 6-2 所示。

R 矩阵初始化中，-1 表示该工序不可以在对应机器上加工，0 表示工序可以

$$R = \begin{matrix} & & & \text{action} & & \\ & \text{state} & M_1 & M_2 & \cdots\cdots & M_{m-1} & M_m \\ O_{11} & \begin{bmatrix} -1 & 0 & \cdots\cdots & 0 & -1 \\ 0 & -1 & \cdots\cdots & -1 & -1 \\ \cdots\cdots & \cdots\cdots & \cdots\cdots & \cdots\cdots & \cdots\cdots \\ 0 & 0 & \cdots\cdots & 0 & 0 \\ -1 & 0 & \cdots\cdots & 0 & -1 \end{bmatrix} \\ O_{12} \\ O_{ij} \\ O_{nh-1} \\ O_{nh} \end{matrix}$$

$$Q = \begin{matrix} & & & \text{action} & & \\ & \text{state} & M_1 & M_2 & \cdots\cdots & M_{m-1} & M_m \\ O_{11} & \begin{bmatrix} 0 & 0 & \cdots\cdots & 0 & 0 \\ 0 & 0 & \cdots\cdots & 0 & 0 \\ \cdots\cdots & \cdots\cdots & \cdots\cdots & \cdots\cdots & \cdots\cdots \\ 0 & 0 & \cdots\cdots & 0 & 0 \\ 0 & 0 & \cdots\cdots & 0 & 0 \end{bmatrix} \\ O_{12} \\ O_{ij} \\ O_{nh-1} \\ O_{nh} \end{matrix}$$

图 6-2 奖励函数 R 与 Q-table

在对应机器上加工。Q 矩阵与 R 矩阵同阶，初始值设置均为 0。

Q-table 更新方式及算法寻优过程如下。

①给定一个初始解 X_i，选取其机器选择部分 $X_{ims} = (x_{i1}, x_{i2}, \cdots, x_{it_0})$，计算初始解其对应的完工时间 C_i。

②将 C_i 对应于相应的 Q 值，将 Q-table 对应位置的值更新为 C_i，即 $Q(O_{ij}, M_k) = C_i$，其中 $(O_{ij}, M_k) \in X_i$，表示此时所有状态 (O_{ij}, M_k) 属于当前解 X_i。

③随机选择一个状态 O_{ij}，在其他状态不变的情况下，计算 O_{ij} 所有可选机器集上的机器时对应的完工时间 C_{ijm}，然后将求得的完工时间更新到对应的 Q-table 位置。

④选择动作 a，动作 a 选择的规则是选择当前所有状态下所有非 0 的 $Q(s, a)$ 最小值，即令 $Q(O_{ij}, M_k) = \min\{Q(O_{ij}, \widetilde{M_k}), 1 \le k \le m, \&Q > 0\}$，然后用动作 a 后得到的 O'_{ij} 替换 O_{ij}，此时得到新状态 s'，此时初始解更新为 $X_i^1 = (x_{i1}, x_{i2}, \cdots, x'_{ij}, \cdots, x_{it_0})$。

⑤从剩余的 $T_0 - 1$ 个状态中随机选择一个状态 O_{pq}，重复步骤③-④。

⑥完成 T_0 次循环后，完成整个 Q 表更新。

⑦此时得到的 $X_i^{T_0}$，为经过 Q-Learning 学习后寻优得到的新解。

将改进后的 QL 算法与 DPSO 算法框架相结合，得到 DPSO-QL 算法。
DPSO-QL 算法流程为

①	//初始化
②	for $i = 1$ to 种群大小 do
③	在 $(X_{\min}, X_{\max})$ 范围内初始化 X_i；
④	在 $(V_{\min}, V_{\max})$ 范围内初始化 V_i；
⑤	识别个体最优位置 $P_{ibest} = P_i$；
⑥	end for

续表

⑦	评价每个粒子;
⑧	识别全局最优位置 P_{gbest};
⑨	将当前所有粒子的状态定义为种群的初始化位置;
⑩	//循环:
⑪	while (停止准则不满足) do
⑫	for $i = 1$ to 种群大小 do
⑬	$X_i^{t+1} = c_2 \otimes f_3(c_1 \otimes f_2(\omega \otimes f_1(X_i^t), P_{ibest}^t), P_{gbest}^t)$
⑭	$P_{ibest}^{t+1} = P_{ibest}^t$
⑮	$P_{gbest}^{t+1} = P_{gbest}^t$
⑯	采用 QL 方法对 P_{ibest}^{t+1} 和 P_{gbest}^{t+1} 进行更新
⑰	for $i = 1$ to 种群大小 do
⑱	for $j = 1$ to 工序总数 do
⑲	初始化 Q 和 R;
⑳	随机选择 P_{ibest}^{t+1} 个体 MS 部分 O_{kl};
㉑	计算当前状态 O_{kl} 下对应 Q 表的所有 q 值;
㉒	确定动作 a, 它满足 $Q(s, a) = \min\{Q(s, a')\}$, 且 $Q(s, a) > 0$;
㉓	当前 MS 部分 O_{kl} 状态更新为 O'_{jk} (选取动作 a 后最小 q 值状态);
㉔	end for
㉕	完成个体 i 的 P_{ibest}^{t+1} 更新;
㉖	end for
㉗	完成整个种群 P_{ibest}^{t+1} 的更新;
㉘	同样方法完成 P_{gbest}^{t+1} 的更新;
㉙	end for
㉚	end while

6.4 基于强化离散粒子群算法求解 FJSP-PBPM

6.4.1 编码与解码

FJSP-PBPM 问题中包含三个子问题: 机器选择 (machines selection, MS)、工序排序 (operation sequencing, OS) 和批处理机选择 (batch selection, BS),

因此粒子的编码方式采用三段整数编码的形式。其中，MS 和 OS 的长度等于总工序数 T_0，BS 部分的长度等于工件总数 n。以 3 工件 7 工序 2 批处理机为例，说明粒子编码方式如图 6-3 所示。

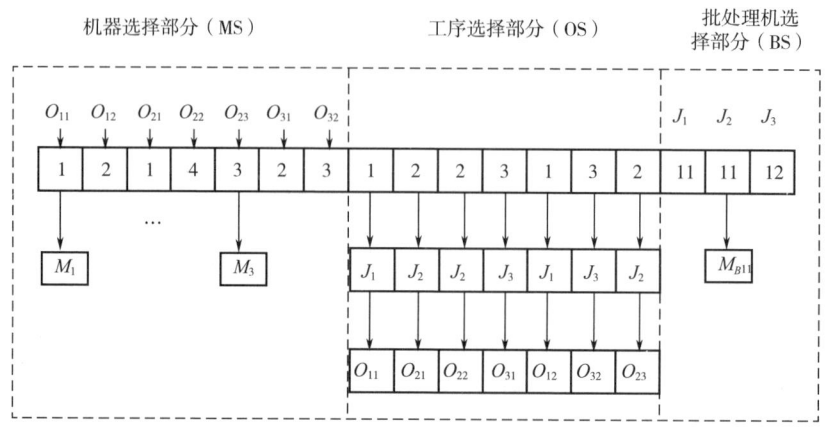

图 6-3 粒子编码方式示意图

粒子的解码方式。MS 与 OS 部分解码方式与 5.5.1 小节中的解码方式相同。BS 部分，由于在编码阶段已经选择了批处理机，在解码时首先按照批处理机解码，将各个工件分配到对应的批处理机上。然后对于每一个批处理机而言，按照 5.5.5 小节中的 ERT-BF 方式进行分批，以及对应的解码方式计算每个批次的加工时间。

6.4.2 种群初始化

种群初始化是优化过程中的一个关键问题，初始解优劣对算法的寻优结果有很大影响。为了保证初始种群具有较高的质量和多样性，本章针对 MS、OS 和 BS 部分分别设计了不同的初始化规则。

机器选择部分，采用 zhang[225] 提出的 GLR 初始化规则，其中全局选择、局部选择、随机选择的比例分别为 30%、30% 和 40%。

工序排序部分，采用基于不同比例的规则初始化方式，其中剩余工序最多规则[199,237]、最短加工时间规则[29,225] 和随机规则三者所占用的比例分别为 30%、30% 和 40%。

批处理机选择部分设计了一种 LRS-QB-BMUU（least remaining space-quick batch-batch machines uniform used）规则初始化两部分，在粒子产生 MS 和 OS 部分编码后，对这两部分的编码进行分析计算，按照特定的规则，生成粒子 BS 部分编码。LRS-QB-BMUU 初始化规则定义如下：在粒子随机产生 MS 和 OS 部分后，根据每个粒子的 MS 和 OS 编码进行分析计算，得到工件到达批处理机前面缓冲区时的工件排列序列。根据 FJSP-PBPM 问题特性，考虑工件可选批处理机（optional machine，OM）约束和批处理机容量（machine capacity，MC）约束，结合了剩余空间最少规则（least remaining space，LRS）、快速组批规则（quick batch，QB）、批处理机均匀利用规则（batch machines uniform used，BMUU），设计了 BS 部分批处理机选择规则 LRS-QB-BMUU，其具体步骤如下。

①选择工件序列的第一个工件 J_1，根据 OM 约束和 MC 约束，选择剩余空间最少的批处理机 M_i，形成批 B_{1i}。

②选择工件序列的第二个工件 J_2，根据 OM 约束和 MC 约束，判断工件是否可以加入 B_{1i}。若可以，加入 B_{1i}；否则根据 LRS 选择批处理机 M_j，形成批 B_{1j}。

③选择序列中的下一个工件 J_3，首先根据约束条件判断工件是否可以加入 B_{1i} 或 B_{1j}，若可以，将工件 J_3 加入 B_{1i} 或 B_{1j}；否则根据 LRS 选择批处理机 M_k，形成批 B_{1k}。

④当某台批处理机的第一个批 B_{1i} 完成组批时，批处理机开始工作，将此机器 M_i 标记为 $M1_i$，此时机器 M_i 不可选。根据 BMUU 规则，后续工件选择批处理机时，将此机器排除在可选机器集合外。直到所有机器上的第一个批都组成后，再恢复机器的可选过程。

⑤依次类推，完成所有工件的批处理机选择。

⑥完成 BS 部分编码初始化。

BS 部分初始化阶段采用随机初始化和 LRS-QB-BMUU 规则初始化两部分各占 50%。

6.4.3 粒子更新方式

种群粒子更新方式如式（6-20）到式（6-23）所示，其中涉及的均匀交叉和 POX 交叉分别定义如下。

均匀交叉：随机选择 r 个保持不变的基因位，将父代染色体 P_1 和 P_2 中对应的 r 个基因位保持位置和顺序不变，复制到子代染色体 C_1 和 C_2 中，之后将剩余基因位复制到 C_2 和 C_1 中。假设随机数 $r=3$，对应的基因位为 2、5、7，其均匀交叉结果示意图如图 6-4 所示。

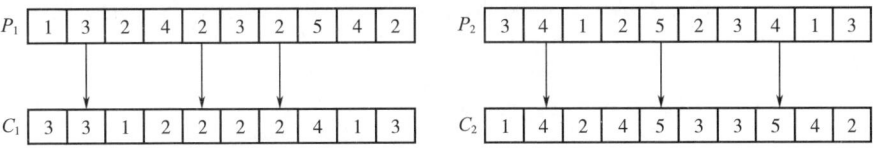

图 6-4　均匀交叉示意图

POX 交叉：将工件分为两个工件集合 set1 和 set2，保持 set1 中工件的所有工序位置和顺序不变，然后将剩余位置替换为 set2 中工件的工序，仅保持其顺序不变。例如 set1 = {1, 4}，POX 交叉结果如图 6-5 所示。

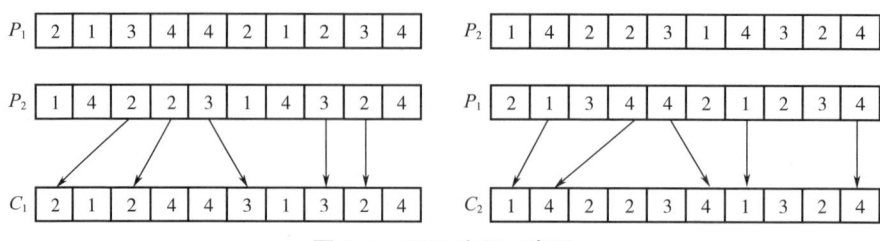

图 6-5 POX 交叉示意图

6.4.4 邻域结构与局部搜索

OS 部分利用基于邻域结构的禁忌搜索算法进行局部搜索。邻域结构方面，采用张超勇[76]提出的 N7 邻域结构进行邻域搜索。N7 邻域结构的移动操作使用了对称性思想，向后移动操作包括将首工序插入到工序块内部和将内部工序块移动到块尾，向前移动操作包括将块尾工序移动到工序块内部和将内部工序移动到块首之前，其移动过程如图 6-6 所示。

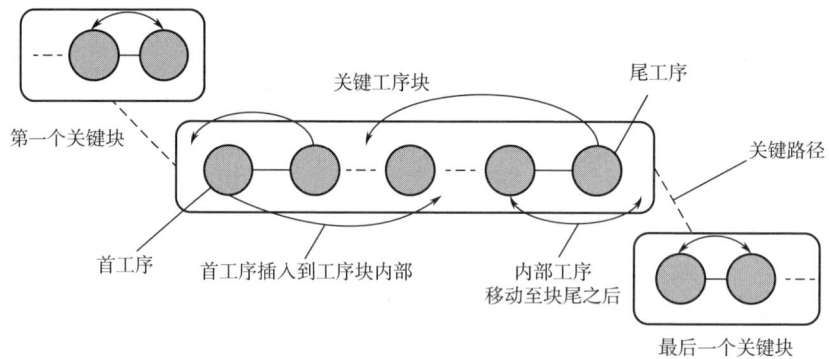

图 6-6 N7 邻域结构

局部搜索算法方面采用基于 N7 邻域结构的禁忌搜索算法，局部搜索的个体数目为每一代个体的 20%，局部搜索的最大迭代次数为 50。具体的算法步骤参照 5.5.4 小节。

6.4.5 强化离散粒子群算法架构

采用 DPSO-QL 算法和局部搜索相结合的方式求解 FJSP-PBPM 问题的整体流程如下：

步骤 1：根据规则初始化种群，并设定算法参数。

步骤 2：评价种群中粒子的适应值，确定个体最优 P_{ibest} 和全局最优 P_{gbest}，按照式（6-21）进行更新。

步骤 3：对当前种群中的 P_{ibest} 和 P_{gbest}，按照改进的 DPSO-QL 算法进行局部搜索，更新粒子位置。

步骤 4：根据工序排序部分的邻域结构进行禁忌搜索，优化粒子进行更新。

步骤 5：返回步骤 2。

整个算法流程图如图 6-7 所示。

图 6-7　DPSO-QL 算法流程图

6.5 实验设计与分析

本章提出的 DPSO-QL 算法采用 MATLAB 2014 语言编程，运行环境为 Intel (R) Core™ i5，3.20GHz，8.00GB 内存，window7 64 位专业版。由于目前没有 FJSP-PBPM 问题的标准算例，因此本章的实验分为两部分：第一部分为了验证本章所提出的 DPSO-QL 算法的有效性，选择 BRdata 和 DPdata 基准问题对算法进行测试。第二部分选择符合 FJSP-PBPM 生产特性的变压器制造企业的实际生产数据，选取不同规模的工件数目，对比了不同算法，验证了本章提出的 DPSO-QL 算法的有效性和可行性，对实际的 FJSP-PBPM 生产过程具有指导意义。

6.5.1 标准 FJSP 算例实验结果分析

本实验中，设置种群规模 200，算法最大搜索次数 500，局部搜索部分个体数目为 40，最大迭代次数为 50，交叉概率和变异概率分别为 0.75 和 0.1。由于标准 FJSP 算例中不存在 BS 部分，因此在标准算例实验阶段省略本章算法中的批处理机选择部分。柔性作业车间调度问题的标准算例方面，选择 10 组 BRdata 和 18 组 DPdata 基准问题进行仿真实验。对于每组数据，算法独立运行 10 次，实验运行结果分别如表 6-2 和表 6-3 所示。其中 $n \times m$ 表示问题规模，T_0 表示总工序数，LB 表示为问题最优解下界。GA 和 DPSO 分别代表标准的遗传算法及离散粒子群算法，两种算法属于本章提出的 DPSO-QL 算法的基础算法，HA-GT 代表 Li[226]的混合算法，HA-NS 代表赵诗奎[227]的混合算法，JA-TS 代表连裕翔[228]的改进 JAYA 算法。C_{max} 和 Avg 分别表示算例运行 10 次过程中最大完工时间的最好值和平均值；MRE 定义为相对百分比偏差 RE 的平均值，其中 $RE = (C_{max} - LB)/LB \times 100\%$。

表 6-2　　　　　　　　　BRdata 算例实验结果及比较

问题	$n \times m$	工序数	LB	GA	DPSO	HA-GT	HA-NS	JA-TS	DPSO-QL		
									C_{max}	Avg	MRE
MK01	10×6	55	40	40	40	40	40	40	40	40	0
MK02	10×6	58	26	28	29	26	26	26	26	26	0
MK03	15×8	150	204	207	209	204	204	204	204	204	0
MK04	10×8	90	60	66	67	60	60	60	60	60	0
MK05	10×4	106	172	176	173	172	172	172	172	172	0

续表

问题	$n \times m$	工序数	LB	GA	DPSO	HA-GT	HA-NS	JA-TS	DPSO-QL C_{max}	Avg	MRE
MK06	10×15	150	57	58	67	57	58	57	57	57.4	0.70%
MK07	20×5	100	139	147	144	139	139	139	139	139.5	0.36%
MK08	20×10	225	523	523	523	523	523	523	523	523	0
MK09	20×10	240	307	320	311	307	307	307	307	307	0
MK10	20×15	240	189	229	201	197	199	196	196	197.2	4.34%

表 6-3　　DPdata 算例实验结果及比较

问题	$n \times m$	工序数	LB	GA	DPSO	HA-GT	JA-TS	DPSO-QL C_{max}	Avg	MRE
01a	10×5	196	2505	2516	2518	2505	2505	2505	2509.8	0.19%
02a	10×5	196	2228	2230	2231	2230	2229	2229	2230.2	0.10%
03a	10×5	196	2228	2230	2229	2229	2228	2228	2228.6	0.03%
04a	10×5	196	2503	2515	2510	2503	2503	2503	2503	0
05a	10×5	196	2192	2217	2212	2212	2208	2210	2213.5	1.03%
06a	10×5	196	2163	2200	2203	2197	2188	2182	2193.7	1.42%
07a	15×8	293	2216	2283	2306	2279	2267	2270	2279.3	2.86%
08a	15×8	293	2061	2069	2073	2067	2065	2065	2068.8	0.38%
09a	15×8	293	2061	2066	2066	2065	2064	2064	2065.2	0.20%
10a	15×8	293	2212	2291	2300	2287	2260	2252	2275.8	2.88%
11a	15×8	293	2018	2071	2067	2060	2054	2054	2063.4	2.25%
12a	15×8	293	1969	2034	2047	2027	2025	2025	2029.4	3.07%
13a	20×10	387	2197	2259	2260	2248	2247	2050	2054.8	1.72%
14a	20×10	387	2161	2169	2167	2167	2165	2164	2165.4	0.20%
15a	20×10	387	2161	2165	2166	2163	2163	2163	2164.2	0.15%
16a	20×10	387	2193	2267	2255	2249	2248	2250	2256.1	2.88%
17a	20×10	387	2088	2141	2140	2140	2133	2133	2136.5	2.32%
18a	20×10	387	2057	2132	2137	2132	2125	2107	2123.4	3.23%

由表 6-2 和表 6-3 可以看出，对于 BRdata 和 DPdata 实例，本章提出的 DPSO-QL 算法性能远远好于改进前的基础算法 GA 和 DPSO。与近期论文算法比较可得，在 BRdata 算例中，与 HA-GT 和 HA-NS 算法相比，本章算法在 MK06 和 MK10 算例上求得的最优值优于 HA-NS，在 MK10 算例上优于 HA-GT，剩余算例中求得的最优解与两种算法相同，整体上算法性能好于这两种算法。与 JA-TS 算法相比，两种算法均求得了 10 个 BRdata 算例当前的最优解。在 DPdata 算例的 18 组数据中，与 HA-GT 相比，本章算法有 13 组数据 C_{max} 小于 HA-GT 算法，2 组数据的 C_{max} 大于 HA-GT 算法，总体上算法性能要好于 HA-GT 算法；与 JA-TS 相比，本章算法求得的 C_{max} 中，06a、10a、14a 和 18a 这 4 个算例结果优于 JA-TS，05a、07a、13a 和 16a 这 4 个算例结果劣于 JA-TS，其余 10 组数据与 JA-TS 相同，算法整体性能与 JA-TS 大致相当。

在算法求解时间方面，不同文献算法在仿真实验阶段的计算机硬件条件，运行环境，算法终止条件等各不相同，而且有些文献中并未涉及对运行时间的考量，因此对求解时间对比方面仅做简要分析。本章算法在求解 28 个标准算例的最大完工时间的平均耗时方面，在 MK01 算例上的平均用时最少，为 1.78s；在 13a 算例上的平均用时最大，为 272.47s。平均用时对比方面，与 HA-GT 算法相近，但是略差于 HA-NS 算法。图 6-8 给出了算例 MK10 最优解的甘特图，其中数字分别代表工件号和工序号，例如"1802"代表工件 18 的 02 道工序。

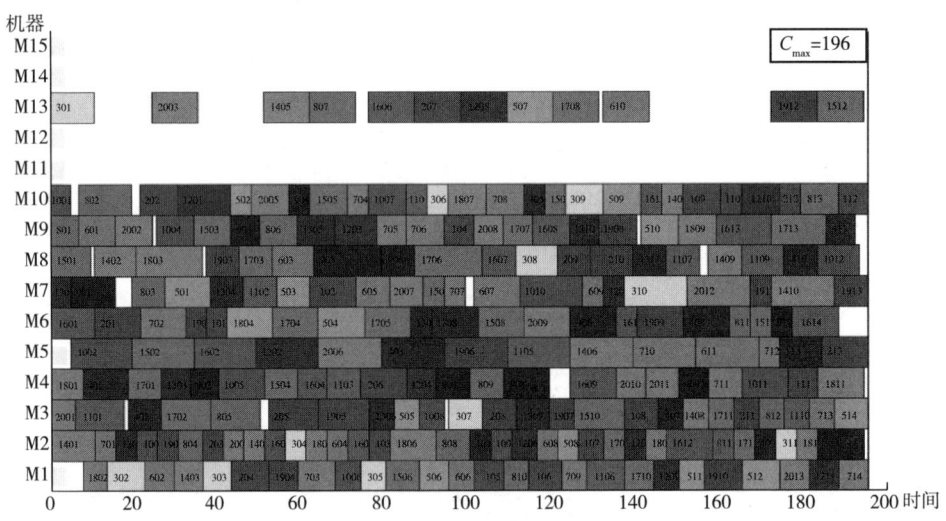

图 6-8　MK10 最优解甘特图

6.5.2 FJSP-PBPM 问题数据及实验结果分析

针对 FJSP-PBPM 问题,选择符合问题特性的某变压器制造企业的数据来验证算法的有效性。在变压器制造过程中,工件在线圈工序段、套装引线工序段等部分柔性生产,属于 FJSP 问题;同时所有工件需要以组批的方式通过多个类型不同干燥炉进行干燥,这部分属于 PBPM 部分,整个生产过程符合 FJSP-PBPM 问题(注:在实际生产过程中,部分变压器产品的铁芯工序与线圈工序属于并行生产,本章研究中选择线圈工序段—套装引线工序段—干燥工序段的工序流程进行研究,将铁芯部分设置为预制件)。该企业生产的变压器分为 5 类:叠铁、非晶、美变、卷铁、大型。一共有 4 台干燥炉(批处理机),其中配变干燥炉 2 台(批处理机器号 1、2,两台完全相同),大型干燥炉 2 台(批处理机编号 3、4,两台完全相同),两类干燥炉的容量分别为 12 和 30,产品信息如表 6-4 和表 6-5 所示。

表 6-4 变压器生产过程信息表

产品种类	FJSP 部分工序名称	工件尺寸	可选批处理机	批处理时间
叠铁	低压绕线、高压绕线、压装干燥、拆模具、测匝、刷胶、半成品检测、线圈套装、插片、器身装配、引线装配、半成品检测	2	1,2	10
美变	低压绕线、高压绕线、压装干燥、拆模具、测匝、刷胶、半成品检测、线圈套装、插片、器身装配、引线装配、半成品检测	3	1,2	12
非晶	低压绕线、压装干燥、高压绕线、压装干燥、拆模具、测匝、刷胶、半成品检测、线圈套装、器身装配、引线装配、半成品检测	4~6	1,2 3,4	20 18
卷铁	铁芯一、铁芯二、铁芯上机、低压绕线、高压绕线、拆模具、测匝、刷胶、半成品检测、引线装配、半成品检测	4~6	1,2 3,4	24 22
大型	低压绕线、高压绕线、调压绕制、压装干燥、组装、半成品检测、线圈套装、插片、器身装配、引线装配、半成品检测	10	3,4	36

表 6-5　变压器生产过程 FJSP 部分信息表

工件类别	总工序数		FJSP 工序信息										
叠铁+美变	11	工序名称	低压绕线	高压绕线	压装干燥	拆模具	测匝刷胶	半成品检测	线圈套装	插片	器身装配	引线装配	半成品检测
		可选机器	1-3	4-7	8-9	10-11	10-11	12-13	14-20	14-20	14-20	14-20	12-13
		加工时间	5-7	6-9	4-5	2-3	7-8	3-4	8-10	6-8	4-6	3-5	3-4
非晶	11	工序名称	低压绕线	压装干燥	高压绕线	压装干燥	拆模具	测匝刷胶	半成品检测	线圈套装	器身装配	引线装配	半成品检测
		可选机器	1-3	8-9	8-9	10-11	10-11	12-13	14-20	14-20	14-20	14-20	12-13
		加工时间	6-8	3-5	7-8	2-3	8-9	3-4	8-10	7-9	4-6	2-5	3-4
卷铁	10	工序名称	铁芯一	铁芯二	铁芯上机	低压绕线	高压绕线	拆模具	测匝刷胶	半成品检测	引线装配	半成品检测	
		可选机器	21-22	23	24	25-27	28-31	32-33	34-35	12-13	14-20	12-13	
		加工时间	6-8	8-9	8-10	6-9	7-11	2-3	8-10	3-4	7-9	3-4	
大型	11	工序名称	低压绕线	高压绕线	调压绕制	压装干燥	组装	半成品检测	线圈套装	插片	器身装配	引线装配	半成品检测
		可选机器	25-27	28-31	36	37-38	39	12-13	14-20	14-20	14-20	14-20	12-13
		加工时间	7-10	9-13	6-10	4-5	10-14	3-4	12-16	9-12	6-8	4-6	3-4

以该变压器制造企业数据为例,分别选取工件数目 $J=50$、$J=75$ 和 $J=100$,同时对同一数目的工件的选取不同比例的工件类型进行实验分析,其中工件类别分别表示叠铁—美变—非晶—卷铁—大型这五类工件的工件数目。将 DPSO-QL 算法与标准的 GA 和 DPSO 算法进行比较,算法参数设置与标准算例部分相同。LRS-QB-BMUU 规则部分为 50%。所有算法独立运行 10 次,优化目标为最大完工时间,结果如表 6-6 所示。其中 *Best*、*Avg* 和 *Worst* 分别表示算法独立运行 10 次的最大完工时间最好解、平均值、最差解。可以看出,DPSO-QL 算法的性能要远好于两种基础算法。

表 6-6　　　　　FJSP-PBPM 数据实验结果比较

工件数目	工件类别	GA			DPSO			DPSO-QL		
		Best	*Avg*	*Worst*	*Best*	*Avg*	*Worst*	*Best*	*Avg*	*Worst*
50	13-13-10-10-4	352	389.8	423	358	395.5	426	332	350.4	372
	10-10-13-13-4	370	406.8	443	376	409.5	448	348	362.6	399
	14-14-8-8-6	408	428.5	466	400	426.2	466	368	381.5	414
	8-8-14-14-6	419	446.3	482	425	448.0	490	376	398.3	437
75	20-20-14-15-6	506	528.6	568	502	523.5	561	481	499.0	529
	15-14-20-20-6	530	551.2	586	525	548.2	586	500	515.2	541
	23-23-11-10-8	572	586.8	618	569	585.3	622	536	548.3	569
	13-12-21-21-8	588	596.2	632	588	592.6	634	553	568.2	598
100	26-26-20-20-8	624	661.4	693	615	656.0	688	599	615.2	642
	20-20-26-26-8	652	675.4	716	649	672.5	716	622	642.9	686
	30-30-15-15-10	656	680.4	725	659	681.5	719	648	662.3	691
	15-15-30-30-10	695	710.8	734	695	706.4	727	666	685.0	718

图 6-9、图 6-10 和图 6-11 分别给出了工件数目 $J=50$、$J=75$ 和 $J=100$ 时第一种工件类别下的算法调度结果甘特图。

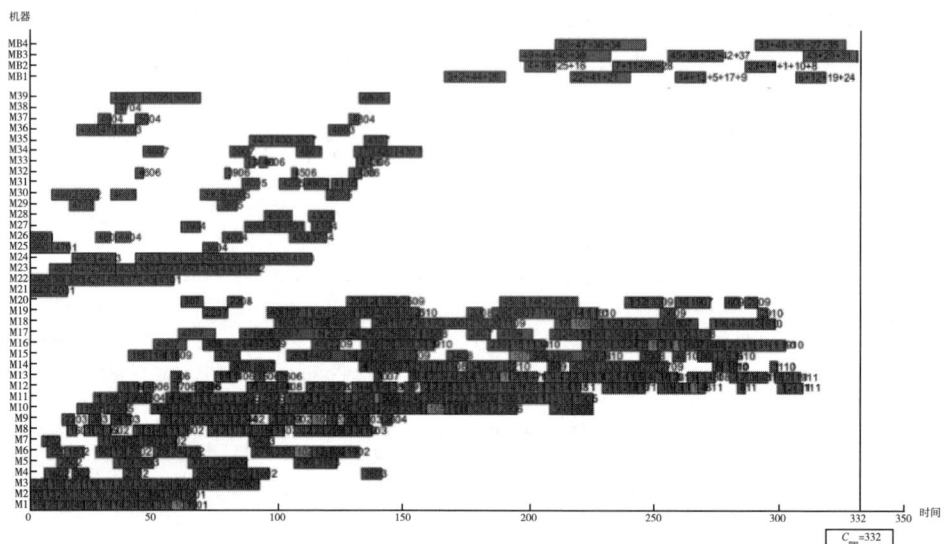

图 6-9 $J=50$ 算法的最优解甘特图

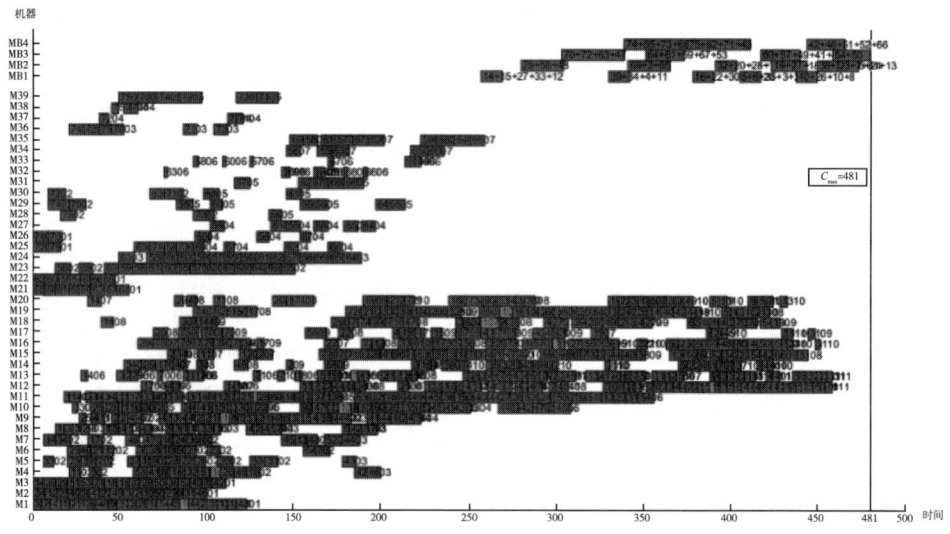

图 6-10 $J=75$ 算法的最优解甘特图

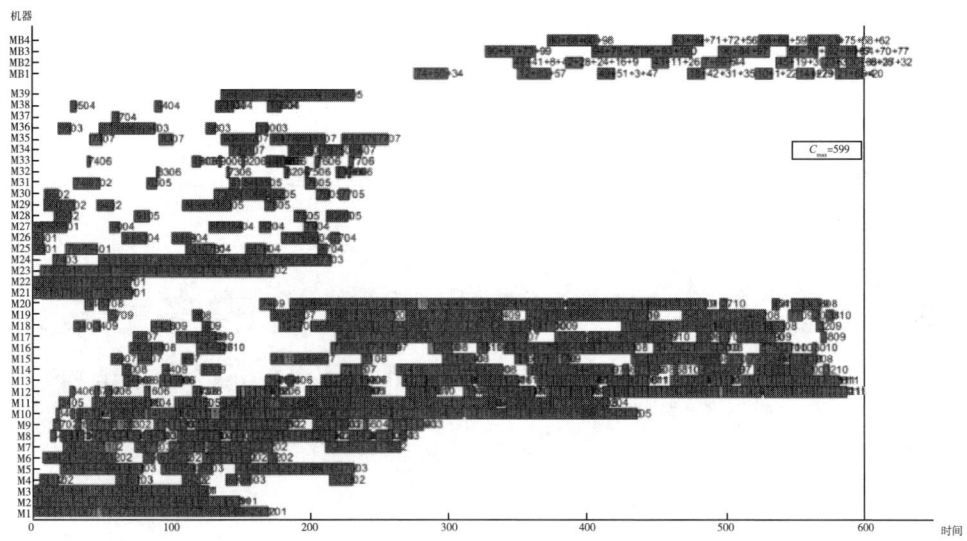

图 6-11　$J=100$ 算法的最优解甘特图

6.6　本章小结

本章针对 FJSP-PBPM 调度问题，建立了调度问题的数学模型，并提出了一种融合 Q-Learning 算法的强化离散粒子群算法 DPSO-QL。在 DPSO 算法框架基础上，设计了符合 FJSP-PBPM 调度问题特性的粒子更新方式，同时引入了强化学习中的 Q-Learning 算法进行改进，以弥补 DPSO 易陷入局部最优的缺点，提高了算法局部搜索能力。同时针对 DPSO-PBPM 问题的特点，设计了基于 $N7$ 邻域结构的禁忌搜索算法来优化工序排序部分，并设计了 LRS-QB-BMUU 批处理机选择规则，提高了算法在批处理机部分的生产效率。实验阶段采用 28 组标准 FJSP 算例测试了 DPSO-QL 算法优化效果，并通过与其他算法进行比较验证 DPSO-QL 算法的优越性和有效性。最后将 DPSO-QL 算法应用于符合 FJSP-PBPM 生产特性的某变压器制造企业的实际生产问题，选取了不同数量、不同工件类别的数据进行仿真实验，验证了算法在求解 FJSP-PBPM 问题的有效性和可行性，对生产实践具有一定指导作用。

第 7 章 具有平行批处理机的多目标柔性作业车间调度问题研究

7.1 引言

前两章研究了单目标的 FJSP-BPM 调度问题,实际的生产过程中有时需要同时考虑多个不同类别的优化目标,因此本章研究了具有平行批处理机的多目标柔性作业车间调度问题(multi-objective flexible job shop scheduling problem with parallel batch processing machines, MOFJSP-PBPM)。优化目标选择方面,在本章研究的 FJSP-BPM 问题中,批处理机部分大部分属于热处理工序,具有加工时间长、单位能耗大的特点,同时随着全球的环境问题日益严重,绿色制造业已成为制造模式的趋势[229,230],因此本章选择将能耗作为优化目标之一。另外两个优化目标选择了最大完工时间和最大机器负荷,二者分别可以体现生产效率和设备利用率的优劣。本章将三个优化目标协同优化,同时考虑了生产过程中的经济指标和绿色指标,其研究过程具有重要的学术研究意义和工程应用价值。

本章针对 MOFJSP-PBPM 问题,建立了调度问题的数学模型,并提出了一种多种群 MOEAD(multi-population MOEAD, MPMOEAD)算法进行优化求解。MPMOEAD 算法针对 MOEAD 不同聚合函数的特点,结合多种群策略的优势,设计了包含 WS 聚合函数、TE 聚合函数以及 BI 聚合函数的不同子种群的 MOEAD 算法,每个子种群单独搜索各自的区域。此外为了平衡算法的收敛性和分布性,设计了同时考虑机器选择和工序排序的局部搜索策略。通过标准的 FJSP 基准问题和符合 MOFJSP-PBPM 问题特性的某变压器制造企业的生产数据,验证了所提出的 MPMOEAD 算法能够对 MOFJSP-PBPM 问题进行有效求解。

7.2 问题描述与数学模型

MOFJSP-PBPM 问题可以分为两个部分。第一部分为柔性作业车间部分，n 个工件上线后，在 m 台设备上完成柔性加工；第二部分为批处理部分，具有 q 台平行批处理机，工件以组批的方式通过批处理部分，整个调度问题可以描述为：

n 个工件 $(J_1, J_2, \cdots, J_n)$ 要在 $m+q$ 台设备 $(M_1, M_2, \cdots, M_m, M_{b1}, M_{b2}, \cdots, M_{bq})$ 上加工；工件在 $(M_1, M_2, \cdots, M_m)$ 上加工时，属于柔性作业车间问题，在此阶段每个工件包含多道工序，每道工序的可选加工机器不同，对应的加工时间也不完全相同。工件通过 FJSP 部分后以组批方式通过批处理工序，不同的批处理机具有不同的体积约束和加工时间。调度问题的优化目标包括最大完工时间 $C_{\max}$，最大机器负荷 $W_{\max}$ 以及能耗 E，其生产过程如图 7-1 所示。

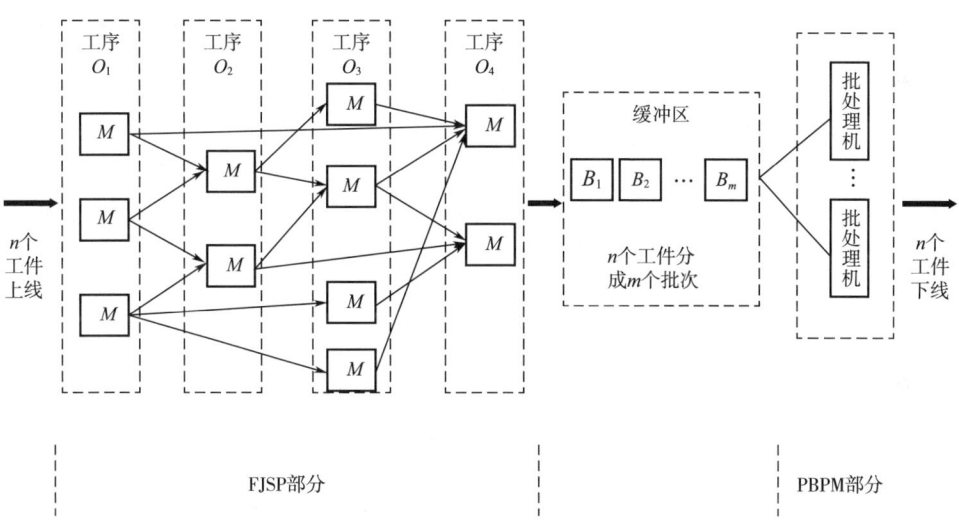

图 7-1 MOFJSP-PBPM 问题生产示意图

表 7-1 定义了用于描述 MOFJSP-PBPM 调度问题的数学符号。
MOFJSP-PBPM 的数学模型表示为

$$\min: F = (f_1, f_2, f_3) \tag{7-1}$$

$$f_1 = \max\{C_j | j = 1, 2, \ldots n\} \tag{7-2}$$

$$f_2 = W_{\max} = \max_{1 \leqslant i \leqslant m} \left\{ \sum_{j=1}^{n} \sum_{k=1}^{h_j} p_{ijk} x_{ijk} \right\} \tag{7-3}$$

表 7-1　　　　　　　　MOFJSP-PBPM 问题数学符号及意义

FJSP 部分	PBPM 部分
n 为工件总数;	q 为批处理机的机器总数;
m 为机器总数;	e 为机器序号,$e = 1, 2, 3, \cdots, q$;
i 为机器序号,$i = 1, 2, 3, \cdots, m$;	p_j 为第 j 个工件的批加工时间;
j, l 为工件序号,$j, l = 1, 2, 3, \cdots, n$;	s_j 为第 j 个工件的尺寸;
h_j 为第 j 个工件的总工序数;	r_j 为第 j 个工件到达批处理机前面缓冲区的到达时间;
k 为工序序号,$k = 1, 2, 3, \cdots, h_j$;	γ_e 为批处理机 e 的单位能耗;
O_{jk} 为工件 j 的第 k 道工序;	B_{be} 为表示机器 M_e 上的第 b 个批;
α_{ijk} 为工序 O_{jk} 在机器 k 上的负载单位能耗;	S_e 为批处理机 e 的容量;
β_k 为机器 k 的空载单位能耗;	J_{be} 为批 B_{be} 中的工件合集;
p_{ijk} 为工序 O_{jk} 在机器 i 上的加工时间;	RT_{be} 为批 B_{be} 的到达时间;
s_{jk} 为工序 O_{jk} 的开始时间;	ST_{be} 为批 B_{be} 的开始时间;
c_{jk} 为工序 O_{jk} 的完工时间;	PT_{be} 为批 B_{be} 的加工时间;
I 为一个足够大的正数;	CT_{be} 为批 B_{be} 的完工时间。

$$f_3 = E_F + E_B \tag{7-4}$$

$$E_F = \sum_{j=1}^{n}\sum_{i=1}^{m}\sum_{k=1}^{h_j}[\alpha_{ijk}x_{ijk}p_{ijk} + \beta_k(\max(x_{ijk}c_{ik}) - \min(x_{ijk}s_{ik}) - x_{ijk}p_{ijk})] \tag{7-5}$$

$$E_B = \sum_{e=1}^{q}\sum_{b=1}^{n}\gamma_e(PT_{be} \cdot Y_{be}) \tag{7-6}$$

s. t.

$$s_{jk} + x_{ijk} \times p_{ijk} \leq c_{jk} \tag{7-7}$$

$$c_{jk} \leq s_{j(k+1)} \tag{7-8}$$

$$c_{jh_j} \leq C_{\max} \tag{7-9}$$

$$s_{jk} + p_{ijk} \leq s_{lh} + I(1 - y_{ijklh}) \tag{7-10}$$

$$c_{jk} \leq s_{j(k+1)} + I(1 - y_{ijkl(h+1)}) \tag{7-11}$$

$$\sum_{i=1}^{m_{jk}} x_{ijk} = 1 \tag{7-12}$$

$$\sum_{j=1}^{n}\sum_{k=1}^{h_j} y_{ijklh} = x_{ilh} \tag{7-13}$$

$$\sum_{l=1}^{n}\sum_{h=1}^{h_k} y_{ijklh} = x_{ijk} \tag{7-14}$$

$$s_{jk} \geq 0, \ c_{jk} \geq 0 \tag{7-15}$$

$$x_{ijk} = \begin{cases} 1, & \text{如果工序} O_{jk} \text{选择机器} i \\ 0, & \text{否则} \end{cases} \qquad y_{ijklh} = \begin{cases} 1, & \text{如果} O_{ijk} \text{先于} O_{ilh} \\ 0, & \text{否则} \end{cases}$$

$$\sum_{e=1}^{q}\sum_{b=1}^{n}X_{jbe} = 1 \quad j = 1, \ldots, n \qquad (7\text{-}16)$$

$$\sum_{e=1}^{q}s_jX_{jbe} \leqslant S_e \quad j = 1, \ldots, n; \ b = 1, \ldots, k \qquad (7\text{-}17)$$

$$PT_{be} \geqslant p_jX_{jbe} \quad j = 1, \ldots, n; \ b = 1, \ldots, k; \ e = 1, \ldots, q \qquad (7\text{-}18)$$

$$ST_{be} \geqslant r_jX_{jbe} \quad j = 1, \ldots, n; \ b = 1, \ldots, k; \ e = 1, \ldots, q \qquad (7\text{-}19)$$

$$ST_{be} \geqslant ST_{(b-1)e}Y_{(b-1)e} + PT_{(b-1)e}Y_{(b-1)e} \quad b = 1, \ldots, k; \ e = 1, \ldots, q \qquad (7\text{-}20)$$

$$CT_{be} = ST_{be}Y_{be} + PT_{be}Y_{be} \quad b = 1, \ldots, k; \ e = 1, \ldots, q \qquad (7\text{-}21)$$

$$Y_{be}, X_{jbe} \in \{0, 1\} \quad j = 1, \ldots, n; \ b = 1, \ldots, k; \ e = 1, \ldots, q \qquad (7\text{-}22)$$

式（7-1）为数学模型的优化目标；式（7-2）到式（7-4）为三个优化目标的详细定义，分别表示为最大完工时间，最大机器负荷和能耗；式（7-5）和式（7-6）分别表示 FJSP 部分和 PBPM 部分的能耗计算式；式（7-7）和式（7-8）表示工序之间存在先后顺序关系；式（7-9）为优化目标约束；式（7-10）和式（7-11）表示工序加工顺序约束；式（7-12）表示工序加工约束；式（7-13）和式（7-14）表示机器具有柔性；式（7-15）表示正数约定；式（7-16）表示分批约束；式（7-17）表示批处理机的容量约束；式（7-18）表示每个批次的批处理时间等于批次内工件批处理时间的最大值；式（7-19）表示每个批次的有效开始加工时间约束；式（7-20）表示批处理机加工约束；式（7-21）表示批处理机上每个批完工时间的定义；式（7-22）为二进制决策变量，定义了工件、批次、批处理机的归属关系。

7.3 多种群 MOEAD 算法

7.3.1 多种群策略

传统优化算法在搜索过程中，一般每一代仅保留一个种群。但是对于同时具有多个最优解的多目标优化问题，单一种群的搜索过程会使种群陷入一个或几个局部最优区域，从而使最优解的分布性变差。多种群策略最早由 J. Kennedy[231]提出，他研究了不同邻域结构对 PSO 算法性能的影响，用不同的邻域结构来动态调整粒子的邻域，为多种群策略的研究打下了坚实的基础。此后多种群策略被广泛地应用到各类优化算法的改进过程中。

Pulido 等[190]提出一种多种群的多目标 PSO 算法，算法利用聚类方式将初始种群划分为多个子种群，其计算结果证明多种群策略对解的分散性获得有很大的改善。Xu 等[232]提出了一种多种群文化差分进化算法，算法为每个子种群设置单独的文化差分进化算法，并利用 11 个约束性优化问题对该算法的性能进行了评估。Zaharie 等[194]提出了并行自适应差分进化算法 APDE（adaptive pareto DE），算法将初始种群划分为若干个子种群，对不同的种群分别采用岛屿迁徙模型和随机拓扑结构进行并行迭代搜索。Guo 等[233]提出了一种多种群培养算法，通过设置子种群间基于知识转移的粒子信息交互方式，提高交互效率。Wang 等[196]提出了一种动态多种群 DE 算法用于求解连续多目标优化问题，并探究了子种群数目的合理性。Turky 等[234]针对动态优化问题，提出了一种多种群搜索算法，不同子种群采用不同的搜索策略，并利用基准函数验证了多种群策略的性能优势。Chen 等[235]提出了一种动态多种群差分学习粒子群算法。算法将差分进化的操作引入到每个子群中，使用了 41 个基准函数测试了算法的性能。上述研究表明，多种群策略能够有效地增加种群多样性，提高算法的搜索效率。

7.3.2 多种群 MOEAD 算法架构

MOEAD 算法是由张青富等人[167]于 2007 年首次提出。算法将分解的思想引入到多目标进化算法当中，通过 N 个权重向量将原问题转化为单目标优化问题，每个子问题单独进行搜索寻优。每个子问题在优化过程中与其邻域内 T 个子问题进行交互搜索，通过聚合函数向量之间的距离来决定两个子问题的关联程度。MOEAD 算法有以下优点。

①将多目标问题分解成一定数量 N 的子问题，再同时优化每个子问题，简单且有效。

②由于算法将多目标优化问题（multi-objective optimization problem，MOP）分解成子问题（单维度）进行计算，其求解复杂度和保持最优解多样性这两方面的难度都有所降低。

本章在 MOEAD 算法的基础上，融合多种群策略，提出了一种多种群 MOEAD 算法。MPMOEAD 算法针对 MOEAD 不同聚合函数的特点，同时结合多种群策略的优势，设计了包含 WS 聚合函数、TE 聚合函数以及 BI 聚合函数的不同子种群的 MOEAD 算法。三个子种群使用各自的聚合方式搜索各自的区域，通过种群间的交互来实现搜索信息的交流，在保证了种群多样性的同时提高了算法探索的广度。

三种聚合函数分别表示如下。

（1）权重求和聚合法 WS

$$\min g^{ws}(x|\vec{\lambda}) = \sum_{i=1}^{m}\lambda_i f_i(x)$$
$$s.t. x \in \Omega \tag{7-23}$$

（2）切比雪夫聚合方法 TE

$$\min g^{te}(x|\lambda, z^*) = \max\{\lambda_i(f_i(x) - z_i^*)\}$$
$$s.t. x \in \Omega \tag{7-24}$$

（3）边界交叉聚合方法 BI

第 7 章 具有平行批处理机的多目标柔性作业车间调度问题研究

$$\min g^{bi}(x \mid \lambda, z^*) = d$$
$$s.t. x \in \Omega$$
$$z^* - F(x) = d\lambda \qquad (7-25)$$

MPMOEAD 算法具体流程如下。

首先初始化大小为 $3N$ 的种群 $P(0)$,然后随机分成 3 个大小为 N 的子种群 $P_1(0)$、$P_2(0)$ 和 $P_3(0)$,分别对应为三个子种群的初始种群。采用 Das 等[236]提出的方法产生一组均匀分布的权向量 $\Lambda = \{\lambda_1, \lambda_2, \cdots, \lambda_N\}$,其中权向量 λ_i 对应问题 i,该子问题的当前解记作 x_i。计算每个向量 λ_i 距离最近的 T 个向量构成的邻域 $B(i)$,每个个体在搜索过程中只与 $B(i)$ 内的个体进行信息交互。然后三个子种群各自以自身的聚合函数进行进化搜索,搜索过程中三个子种群并行进化并且互不干涉。每个子种群设置外部存储集 EP_j 用来存储搜索过程中得到的非支配解,并随着迭代次数增加更新 EP_j。然后进行三个种群间的协同操作,将三个种群搜索的解进行信息交互,同时更新整体种群的 EP。最后选择部分个体进行局部搜索,提高算法的搜索效率。

MPMOEAD 算法流程如下。

① 步骤 1.1:初始化种群 $P(0)$,种群大小为 $3N$,然后将 $P(0)$ 随机分成 3 个大小为 N 的子种群 $P_1(0)$,$P_2(0)$ 和 $P_3(0)$,同时设置每个子种群的非支配解所构造的外部存储集 EP_1,EP_2,EP_3 为空。

② 步骤 1.2:初始化产生权向量 $\Lambda = \{\lambda_1, \lambda_2, \ldots, \lambda_N\}$。

③ 步骤 1.3:对于权重向量 λ_i,根据距离确定 λ_i 周围最近的 T 个向量构成的邻域 $B(i)$。

④ //MOEAD-WS 子种群进化过程。

⑤ For $i=1, \cdots, N$ do

⑥ 步骤 2.1-1:从 $B(i)$ 的邻域中随机选取两个个体 x^k 和 x^l,利用遗传操作生成一个新解 y。

⑦ 步骤 2.1-2:更新邻域解:

⑧ For each $j \in B(i)$, if $g^{ws}(y \mid \lambda^j) \leq g^{ws}(x^j \mid \lambda^j)$,

⑨ 令 $x^j = y$,$FV^j = F(y)$ end for

⑩ 步骤 2.1-3:更新 EP_1:根据支配关系确定新解 y 是否加入到 EP_1 中。如果 EP_1 中的解都不支配 $F(y)$,将 $F(y)$ 加入 EP_1。

⑪ End for

⑫ //MOEAD-TE 子种群进化过程

⑬ 步骤 2.2-1:初始化 $z^* = (z_1, z_2, \cdots, z_m)^T$,令 $z_i = \min\{f_i(x^1), (x^2), \cdots, f_i(x^N)\}$。

⑭ For $i=1, \cdots, N$ do

⑮ 步骤 2.2-2:从 $B(i)$ 的邻域中随机选取两个个体 x^k 和 x^l,利用遗传操作生成新解 y。

续表

⑯	步骤 2.2-3：对新解 y，利用测试问题进行合理性验证得到 y'，确保其解的有效性。
⑰	步骤 2.2-4：更新 z^*：
⑱	For each $j = 1, \cdots, m$，if $z_i < f_j(y')$，令 $z_i = f_j(y')$ end for
⑲	步骤 2.2-5：更新邻域解：
⑳	For each $j \in B(i)$，if $g^{te}(y' \mid \lambda^j, z^*) \leq g^{te}(x^j \mid \lambda^j, z^*)$
㉑	令 $x^j = y'$，$FV^j = F(y')$ end for
㉒	步骤 2.2-2.5：更新 EP_2。
㉓	//MOEAD-BI 子种群进化过程
㉔	步骤 2.3-1：初始化 $z^* = (z_1, z_2 \cdots, z_m)^T$，令 $z_i = \min\{f_i(x^1), f_i(x^2), \cdots, f_i(x^N)\}$。
㉕	For $i=1, \cdots, N$ do
㉖	步骤 2.3-2：从 $B(i)$ 的邻域中随机选取两个个体 x^k 和 x^l，利用遗传操作生成一个新解 y。
㉗	步骤 2.2-3：更新 z^*：
㉘	For each $j = 1, \cdots, m$，if $z_i < f_j(y)$，令 $z_i = f_j(y)$ end for
㉙	步骤 2.2-2.4：更新邻域解：
㉚	For each $j \in B(i)$，if $g^{bi}(y \mid \lambda^j, z^*) \leq g^{bi}(x^j \mid \lambda^j, z^*)$，
㉛	令 $x^j = y$，$FV^j = F(y)$ end for
㉜	步骤 2.2-2.5：更新 EP_3。
㉝	End for
㉞	步骤 3.1：定义全局 $EP = EP_1 \cup EP_2 \cup EP_3$，对 EP 进行筛选，剔除可被其他解支配的解。
㉟	步骤 3.2：对种群 $P(t)$ 进行局部搜索。
㊱	步骤 3.3：$t=t+1$
㊲	终止条件：停止并输出 EP，否则转步骤 2。

7.4 基于多种群 MOEAD 算法求解 MOFJSP-PBPM

7.4.1 基于多种群 MOEAD 算法的全局搜索策略

（1）编码与解码

编码采用整数编码和三段编码方式，MS 和 OS 编码长度等于总工序数 T_0；BS 编码长度等于工件总数 n，基因含义为工件所选的批处理机器。具体编码和解码方式同 6.4.1 小节。

(2) 种群初始化

种群初始化是优化过程中的一个关键问题，初始解优劣对算法搜索的速度和质量有很大的影响。本章针对 MS、OS 和 BS 部分分别设计了不同的初始化规则。

机器选择部分：基于 GLR[225] 规则进行初始化，三部分的比例分别为 30%、30% 和 40%。

工序排序部分：采用基于规则的初始化方式，其中剩余工序最多规则[199,237]、最短加工时间规则[29,225]和随机规则的比例分别为 30%、30% 和 40%。

批处理机选择部分：随机初始化和 LRS-QB-BMUU 规则初始化两部分各占 50%。关于各种规则的详细介绍参照 6.4.2 小节。

(3) 进化算子

交叉操作方面，MS 和 BS 部分采用均匀交叉，OS 部分采用 POX 交叉。均匀交叉和 POX 交叉的具体实现方式参照 5.5.3 小节。

变异操作方面，MS 部分和 BS 采用两点变异，OS 部分则采用互换变异。

7.4.2 基于关键工序的局部搜索策略

有效的局部搜索策略可以大幅度提高算法的搜索效率，本章针对不同优化目标设计了不同的局部搜索策略。针对最大完工时间和最大机器负荷这两个优化目标，在 MS 和 OS 部分进行邻域搜索优化；能耗优化目标方面，在 BS 部分进行邻域搜索优化。

第 5 章和第 6 章在针对 FJSP 问题进行邻域搜索时，采用将 MS 和 OS 部分分开进行，即首先对 MS 部分进行全局优化搜索，待 MS 确定之后，对 OS 部分的邻域搜索问题就变成了 JSP 问题，分别采用了 JSP 问题中的 N5 和 N7 邻域结构，然后采用禁忌搜索算法进行局部搜索。本章在邻域结构部分对 MS 和 OS 部分同时考虑，即邻域结构的移动过程包括改变工序从在可选加工机器合集中确定加工机器，以及选定加工机器后如何插入到可行节点位置这两个关键问题。由于只有移动关键工序才有可能减小调度解的最大完工时间，故邻域结构的操作只在关键路径上进行改变。

首先做出如下假设：u 为关键路径上的等待操作工序，$s^e(u)$ 和 $s^l(u)$ 分别表示工序 u 的最早开工时间和最晚开工时间；$c^e(u)$ 和 $c^l(u)$ 分别表示工序 u 的最早完工时间和最晚完工时间，p_{iu} 表示工序 u 在机器 i 加工时间。$JP(u)$ 和 $JS(u)$ 分别表示工序 u 属于同一工件的前道工序和后道工序；x 和 y 分别表示机器 i 上的两个相邻工序。研究表明，只有当式（7-26）满足时[227]，且工序 u 插入到机器 i 上的工序 x 和工序 y 之间时，才有可能减少最大完工时间。

$$[c^e(x), s^l(y)] \cap [c^e(JP[u]), s^l(JS[u])] > p_{iu} \tag{7-26}$$

邻域结构的插入过程如图 7-2 所示。

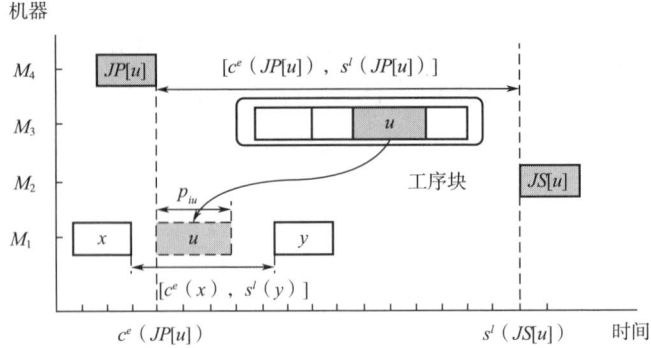

图 7-2　邻域结构示意图

BS 部分采用贪心规则进行局部搜索，对于完成 MS/OS 部分邻域搜索的个体，随机选择一个 BS 部分的基因位，将对应位置的工件的 BS 选择替换为其可选批处理机机器合集中批处理时间最小的批处理机。若当前已是最小，则随机选择下一个基因位，直到完成更换为止。

局部搜索算法方面，采用 5.5.4 小节提出的禁忌搜索算法进行。禁忌表 T 的长度值 $L=15$，禁忌步长（最大迭代次数）$S=50$，进行局部搜索的个体数为 N_{ls}。

算法的局部搜索框架如下。

① 从种群中随机选择 N_{ls} 个体。
② for $i = 1, \cdots, N$ do
③ 对个体 x_i 的 FJSP 和 BS 部分分别进行局部搜索。
④ FJSP 部分，根据本节提出的邻域结构，采用 5.5.4 小节提出的禁忌搜索算法进行搜索。
⑤ BS 部分，按照贪心规则进行局部搜索，然后等到改进解 x'_i。
⑥ 利用改进解 x'_i 更新邻域 $B(i)$ 中的解。
⑦ 利用改进解 x'_i 更新对应的外部存储集 EP。
⑧ end for

7.5　实验设计与分析

7.5.1　实验设置

本章提出的 MPMOEAD 算法采用 MATLAB 2014 语言编程，运行环境为 Intel(R) Core™ i5，3.20GHz，8.00GB 内存，window7 64 位专业版。由于目前没有 MOFJSP-PBPM 问题的标准算例，因此本章的实验分为两部分，第一部分为了验证本章所提出算法的有效性，选择现有的标准 FJSP 算例实验来测试 MPMOEAD 算法的性能。第二部分选择符合 MOFJSP-PBPM 生产特性的变压器制造企业的实际生产数据，选取不同规模的工件数目，对比了不同算法，验证了本章提出的 MPMOEAD 算法的有效性和可行性，对实际的 MOFJSP-PBPM 生产过程具有一定指导意义。

7.5.2 标准 FJSP 算例实验结果分析

FJSP 标准算例方面，选择 Kacem 算例和 BRdata 算例来测试 MPMOEAD 算法的性能。由于标准 FJSP 算例中不存在 BS 部分，因此在优化目标方面，取 $f_3 = E_F$，FJSP 部分能耗系数 $\alpha = 1$，$\beta = 0$，同时在算法方面都去掉 BS 部分。采用 IGD、HV 和 C 值作为评价指标，三者定义如 2.5.5 小节所示。首先将所有解按照文献[118]的方法归一化，计算公式为

$$\tilde{f}_i(x) = \frac{(f_i(x) - f_i^{\min})}{(f_i^{\max} - f_i^{\min})} \tag{7-27}$$

IGD 评价指标中，将所有算法求得的 Pareto 最优解集进行混合，从中选择最优解作为 PF_{ture}。HV 指标中，设置参考点为 $r_{ref} = (1.1, 1.1, 1.1)^T$。

MPMOEAD 算法的参数设置如表 7-2 所示。

表 7-2   MPMOEAD 算法参数设置

参数名称	参数值	参数名称	参数值
种群大小 N	100	交叉概率 P_c	1.0
变异概率 P_m	0.1	权向量邻域大小 T	$0.1 \times N$
种群进化代数 G	1000	局部搜索个体数目 N_{ls}	$0.2 \times N$
局部搜索迭代次数 $iter$	50	禁忌表长度 L	15

由于本章算法中采用了多种群策略，因此实验阶段首先将 MPMOEAD 算法与三种不同聚合函数的单种群 MOEAD 算法相对比，探究多种群策略对算法性能的影响。将三种单种群 MOEAD 算法分别称作 MOEAD-WS，MOEAD-TE 和 MOEAD-BI，在每个测试问题上，对于不同算法独立运行 20 次，所得的 IGD、HV 和 C 值的平均值结果如表 7-3 和表 7-4 所示。

表 7-3   MPMOEAD 与单种群 MOEAD 的 IGD 和 HV 测度平均值比较

问题	IGD				HV			
	MOEAD-WS	MOEAD-TE	MOEAD-BI	MPMOEAD	MOEAD-WS	MOEAD-TE	MOEAD-BI	MPMOEAD
Kacem1	0.2006	0.1084	0.1975	0.0826	0.5867	0.5993	0.5849	0.6104

续表

问题	IGD				HV			
	MOEAD-WS	MOEAD-TE	MOEAD-BI	MPMOEAD	MOEAD-WS	MOEAD-TE	MOEAD-BI	MPMOEAD
Kacem2	0.1284	0.1131	0.1691	0.1023	0.6219	0.6536	0.5993	0.6781
Kacem3	0.0455	0.0387	0.0741	0.0326	1.0529	1.0616	0.9788	1.0932
Kacem4	0.0947	0.1616	0.1434	0.1075	0.9083	0.6918	0.6836	0.8985
Kacem5	0.4278	0.4162	0.4695	0.4054	0.3436	0.3783	0.2861	0.3994
MK01	0.0293	0.0386	0.0695	0.0276	1.0342	1.0424	0.9925	1.1024
MK02	0.0547	0.0409	0.0938	0.0428	0.9738	1.0012	0.9436	0.9916
MK03	0.1469	0.0477	0.2273	0.0461	0.7183	0.8204	0.4881	0.8975
MK04	0.0388	0.0362	0.1183	0.0342	1.1464	1.1428	1.0852	1.1537
MK05	0.0063	0.0078	0.1129	0.0042	1.0647	1.0534	0.9181	1.1072
MK06	0.0581	0.0537	0.0917	0.0461	0.9698	0.9712	0.8994	0.9908
MK07	0.0397	0.0292	0.1222	0.0234	0.9776	0.9983	0.8426	1.0061
MK08	0.0075	0.0000	0.1957	0.0000	0.5714	0.5755	0.3878	0.5755
MK09	0.0414	0.0346	0.1421	0.0289	1.1775	1.1877	1.0668	1.1825
MK010	0.0749	0.0419	0.0513	0.0431	1.0768	1.1429	1.0767	1.1592

表 7-4　MPMOEAD 与单种群 MOEAD 所得 C 值的平均值比较

问题	MPMOEAD (A) vs MOEAD-WS (B)		MPMOEAD (A) vs MOEAD-TE (C)		MPMOEAD (A) vs MOEAD-BI (D)	
	$C(A, B)$	$C(B, A)$	$C(A, C)$	$C(C, A)$	$C(A, D)$	$C(D, A)$
Kacem1	0.1200	0.0000	0.0800	0.0000	0.3333	0.0000
Kacem2	0.0250	0.0000	0.0185	0.0000	0.0927	0.0432
Kacem3	0.2000	0.0000	0.2334	0.0000	0.1133	0.1326
Kacem4	0.0517	0.0983	0.5620	0.0725	0.0224	0.0367
Kacem5	0.3133	0.2243	0.3475	0.2560	0.5000	0.5000
MK01	0.3126	0.3471	0.2193	0.2578	0.5852	0.1337
MK02	0.3114	0.2032	0.2398	0.1184	0.6028	0.1167

续表

问题	MPMOEAD (A) vs MOEAD-WS (B)		MPMOEAD (A) vs MOEAD-TE (C)		MPMOEAD (A) vs MOEAD-BI (D)	
	$C(A, B)$	$C(B, A)$	$C(A, C)$	$C(C, A)$	$C(A, D)$	$C(D, A)$
MK03	0.3076	0.0467	0.2342	0.0851	0.5031	0.0189
MK04	0.1691	0.1842	0.2695	0.1435	0.4245	0.1925
MK05	0.2278	0.2026	0.3267	0.1065	0.4542	0.2136
MK06	0.6242	0.4146	0.5068	0.4127	0.4162	0.3032
MK07	0.4306	0.2115	0.5418	0.1596	0.5392	0.1364
MK08	0.0167	0.0000	0.3300	0.0000	0.3220	0.1324
MK09	0.6183	0.3272	0.6378	0.3196	0.5217	0.2383
MK10	0.5692	0.1473	0.5886	0.1506	0.2708	0.3650

表 7-3 和表 7-4 列举了 MPMOEAD 和 MOEAD-WS、MOEAD-TE、MOEAD-BI 关于三个测度的比较结果。通过实验对比结果可以看到，MPMOEAD 在 Kacem1、Kacem2、Kacem3 和 Kacem5 四个算例以及 MK03、MK05～MK08 五个 MK 算例上的 IGD、HV 和 C 值均显著优于其他三种单种群算法。分别单独分析三个单种群的 MOEAD 算法时发现，MOEAD-WS 算法在 Kacem4 算例上取得了更优的 IGD 和 HV 值，在 Kacem4、MK01 和 MK04 这三个算例上取得了更好的 C 值。与 MOEAD-TE 相比，MPMOEAD 在 5 个 ka 实例上的 IGD、HV 和 C 值均显著优于 MOEAD-TE，在 10 个 MK 算例中，MOEAD-TE 在 MK02 测试问题上取得更好的 IGD 值，在 MK09 测试问题上取得更好的 HV 值。MOEAD-BI 算法是三种单种群算法中性能最差的一个，MPMOEAD 在 15 个算例中都取得了更好的 IGD 值和 HV 值，MOEAD-BI 算法仅在 Kacem4 和 MK10 两个算例中取得了更好的 C 值。因此根据实验结果，当求解 MOFJSP 问题时，MPMOEAD 比其他单种群的 MOEAD 算法具有更好的搜索效果，表明了多种群策略的优越性。

为了验证提出的局部搜索的有效性，进一步将 MPMOEAD 与不包含局部搜索的多种群 MOEAD 算法 MPMOEDA-NLS 进行对比。评价指标依旧选择 IGD、HV 和 C 值，实验结果如表 7-5 所示。通过对比结果可以看到，MPMOEAD 算法在 12 个算例上的 IGD、HV 和 C 值均好于 MPMOEAD-NLS 算法。MPMOEAD-NLS 仅仅在 Kacem5 问题上取得了更好的 IGD 和 HV 测度值，在 MK03 问题上取得了更好的 IGD 和 C 值，在 MK06 算例上取得了更好的 C 值。实验结果进一步表明了本章设计的局部搜索策略的有效性。

表 7-5　MPMOEAD 和 MPMOEAD-NLS 所得 IGD、HV 和 C 值的平均值比较

问题	IGD		HV		MPMOEAD (A) vsMPMOEAD-NLS (B)	
	MPMOEAD	MPMOEAD-NLS	MPMOEAD	MPMOEAD-NLS	$C(A,B)$	$C(B,A)$
Kacem1	0.0826	0.2664	0.6104	0.5892	0.0000	0.0000
Kacem2	0.2023	0.2212	0.7281	0.7121	0.2667	0.1333
Kacem3	0.1326	0.1523	1.0932	0.9786	0.1667	0.0333
Kacem4	0.1075	0.3683	0.8985	0.4230	0.1333	0.0000
Kacem5	0.4354	0.3544	0.3994	0.5024	0.4267	0.1326
MK01	0.1276	0.1523	1.1024	1.0249	0.5192	0.1425
MK02	0.0528	0.1652	0.8716	0.8247	0.5232	0.1224
MK03	0.1461	0.0036	0.8975	0.8334	0.0242	0.0360
MK04	0.0342	0.0461	1.1537	1.1216	0.2515	0.0825
MK05	0.0042	0.0068	1.1072	1.0789	0.3148	0.1249
MK06	0.1561	0.1663	0.8818	0.8162	0.4489	0.5208
MK07	0.1334	0.1592	1.0061	0.8985	0.3298	0.2686
MK08	0.0440	0.0687	0.4233	0.4233	0.1667	0.1667
MK09	0.1289	0.1314	0.9925	0.9987	0.8145	0.3500
MK10	0.0431	0.0823	1.1592	1.0575	0.5664	0.2383

然后将本章提出的 MPMOEAD 算法与最近求解 MOFJSP 的优秀算法进行比较，对比算法包括 MOGA[237]，DEDPM[238]，MOMAD[239]，SEA[240]，SAN[209]，P-EDA[28]，GDE[241] 共计七种算法，性能指标选择方面，选择了 IGD 和 HV 这两个评价指标，可以综合体现出多目标算法在收敛性和分布性这两方面的优劣。实验结果如表 7-6 和表 7-7 所示。

表 7-6　　　　　　　　IGD 平均值实验结果对比

问题	MOGA	DEDPM	MOMAD	SEA	SAN	P-EDA	GDE	MPMOEAD
Kacem1	0.1954	0.0000	0.0000	0.0000	0.0000	0.0000	0.0000	0.0000
Kacem2	0.2532	0.1414	0.1414	0.1414	0.1414	0.1414	0.1414	0.1414
Kacem3	—	0.0000	0.0000	0.0000	0.0000	0.0000	0.0000	0.0000
Kacem4	0.1250	0.0820	0.0000	0.0000	0.0025	0.0000	0.1343	0.0000
Kacem5	0.3571	0.0000	0.0000	0.0000	0.0000	0.0000	0.1429	0.0000

续表

问题	MOGA	DEDPM	MOMAD	SEA	SAN	P-EDA	GDE	MPMOEAD
MK01	0.1525	0.0020	0.0037	0.3333	0.0043	0.0307	0.0356	0.0020
MK02	0.0680	0.0000	0.0000	0.0357	0.0000	0.0119	0.0287	0.0000
MK03	0.3933	0.0643	0.0643	0.0643	0.1911	0.1911	0.0643	0.0643
MK04	0.1470	0.0242	0.0242	0.0271	0.0617	0.0617	0.0340	0.0242
MK05	0.2486	0.0025	0.0245	0.0245	0.0000	0.0245	0.0223	0.0245
MK06	0.1457	0.0404	0.0243	0.0296	0.0404	0.0774	0.0245	0.0243
MK07	0.0243	0.0940	0.0924	0.1174	0.0142	0.0840	0.0669	0.0142
MK08	0.1709	0.0820	0.0440	0.0687	0.0820	0.0530	0.1326	0.0440
MK09	0.2491	0.0115	0.0115	0.0056	0.0056	0.1250	0.1083	0.0115
MK10	0.1111	0.0250	0.0186	0.0419	0.0902	0.0762	0.0517	0.0250

表 7-7　　　　　　　　　　HV 平均值实验结果对比

问题	MOGA	DEDPM	MOMAD	SEA	SAN	P-EDA	GDE	MPMOEAD
Kacem1	0.5777	0.5977	0.5977	0.5977	0.5977	0.5977	0.5977	0.5977
Kacem2	0.3385	0.5365	0.5185	0.3267	0.5365	0.5185	0.3267	0.5185
Kacem3	—	0.4065	0.4560	0.4218	0.3984	0.4560	0.4065	0.4560
Kacem4	0.6560	0.9276	0.9060	0.8647	0.9210	0.9060	0.8560	0.9060
Kacem5	0.2739	1.1075	1.0167	1.0167	1.0250	1.0167	1.0685	1.0167
MK01	1.0833	1.2435	1.2130	1.0769	1.1243	1.0301	1.1375	1.0043
MK02	0.9207	0.8410	0.9691	0.8628	0.9654	0.8974	0.8679	0.9691
MK03	0.6296	0.7669	0.6659	0.6659	0.7112	0.6405	0.6659	0.7732
MK04	1.0882	1.0893	1.1118	1.1084	1.0010	1.0976	1.0858	1.1084
MK05	0.7805	0.8574	0.8274	0.8079	0.9454	0.7926	0.8354	0.9454
MK06	0.8163	0.9318	0.9018	0.8766	0.9310	0.8121	0.9454	0.9454
MK07	0.7863	0.1894	0.1926	0.1804	0.6578	0.1926	0.2658	0.4250
MK08	0.4469	0.5525	0.5521	0.4273	0.2698	0.5521	0.4680	0.5451
MK09	1.2575	1.3254	1.3115	1.1046	1.3254	1.1262	1.0731	1.3254
MK10	0.8106	1.0435	1.0365	0.8831	0.7750	0.9369	0.8828	1.0435

从表 7-6 和表 7-7 的实验结果可以看到，通过 5 个 ka 算例的实验结果发现，MPMOEAD 算法和包含 MOMAD 在内的 4 种算法能够得到除去 kacem2 以外的 4 个 ka 算例的所有非支配解，在 ka 算例上的实验结果较好；DEDPM 和 SAN 可以求得 Kacem1、Kacem3 和 Kacem5 三个算例的所有非支配解，其他两个算例表现较差；MOGA 算法在 Kacem 算例上的表现结果是所有算法中最差的。然后关注 10 个 BRdata 算例实验结果，在 *IGD* 测度方面，本章提出的 MPMOEAD 在除去 MK05、MK09 和 MK10 算例以外的 7 个算例中均取得了单独最好或并列最好的 *IGD* 值，DEDPM 算法在 MK05 算例上的 *IGD* 表现更好，MOMAD 算法在 MK10 算例上单独取得最优的 *IGD* 值，SEA 算法在 MK09 算例上取得更优的 *IGD* 值。*HV* 测度方面，DEDPM 算法在 MK01 和 MK08 两个算例上取得了最好的 *HV* 值，MOMAD 算法在 MK04 算例上取得最好的 *HV* 值，MOGA 算法则在 MK07 算例的 *HV* 测度上表现更好，剩下的 6 个算例中，本章提出的 MPMOEAD 算法均取得了单独最好或并列最好的 *HV* 值。总体而言，在 15 个标准的 FJSP 算例中，本章提出的 MPMOEAD 算法能够得到比大多数算法更好的 *IGD* 和 *HV* 值，表明算法在收敛性和分布性上有很好的表现。

通过以上实验对比可以得出，本章提出的 MPMOEAD 算法中融入的多种群策略和局部搜索策略均对基础算法的性能有了很好的提升，展现了本章改进策略的有效性。同时在本章 MPMOEAD 算法与其他先进算法的对比结果可以发现，本章算法具有很强的竞争力，虽然并没有在所有标准 FJSP 测试问题上取得最好解，但是能够比大多数对比算法的求解效果更好，表明 MPMOEAD 在求解 MOFJSP 问题上具有很好的性能优势，为后续采用 MPMOEAD 算法求解 MOFJSP-PBPM 问题奠定理论基础。

另外，在标准算例中随机选择了 MK03 和 MK06 算例，描绘了这两个算例在 MPMOEAD 算法下所取得的最终 PFs 在目标空间的分布。如图 7-3 和图 7-4 所示。并且还绘制了 MK10 算例的最终 PFs 中的一个非支配解的甘特图，如图 7-5 所示。对应的非支配解为 C_{max} = 196、W_{max} = 195、E_F = 2040。

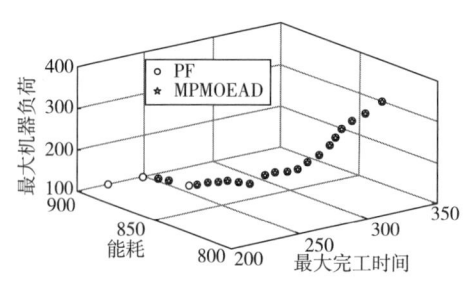

图 7-3　MK03 的 PFs 分布

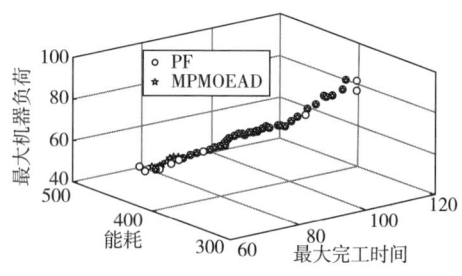

图 7-4　MK06 的 PFs 分布

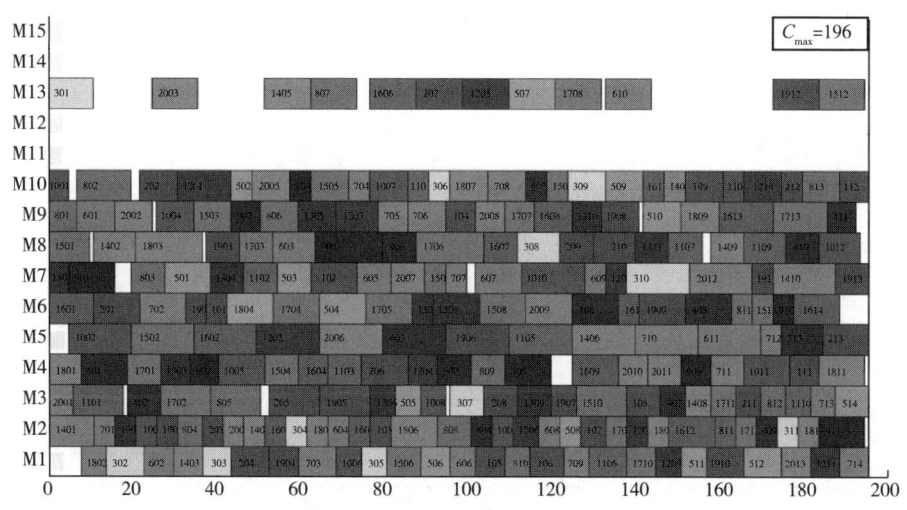

图 7-5　MK10 非支配解甘特图

7.5.3　MOFJSP-PBPM 问题数据及实验结果分析

针对 MOFJSP-PBPM 问题，选择符合 MOFJSP-PBPM 生产特性的变压器制造企业的实际数据来验证本章提出算法的有效性。在变压器制造过程中，工件在线圈工序段、套装引线工序段等部分柔性生产，属于 FJSP 问题；同时所有工件需要以组批的方式通过干燥炉进行干燥，这部分属于 PBPM 部分，因此整个生产过程符合本章提出的 MOFJSP-PBPM 问题（注：在实际生产过程中，部分变压器产品的铁芯工序与线圈工序属于并行生产，本章研究中统一选择线圈工序段—套装引线工序段—干燥工序段的工序流程进行研究，将铁芯部分设置为预制件）。本章以某变压器厂数据为例，该企业目前生产的变压器分为 5 类：叠铁、非晶、美变、卷铁、大型；一共 4 台干燥炉（批处理机）。其中配变干燥炉 2 台（批处理机编号 1、2，两台完全相同），大型干燥炉 2 台（批处理机编号 3、4，两台完全相同）。两类干燥炉的容量分别为 12 和 30。产品详细信息参照第 6 章表 6-4 和表 6-5。

参照变压器生产过程实际情况，同时考虑到 MOFJSP-PBPM 问题的共性以及问题的扩展性，能耗系数设定方面，FJSP 部分的加工能耗系数在 [0.5, 1.5] 范围内随机产生，以及各机器空载能耗系数在 [0.1, 0.3] 范围内随机产生，BS 部分能耗系数取固定值。整个 MPMOEAD 算法求解 MOFJSP-PBPM 问题的能耗系数设定如表 7-8 所示。

表7-8　　MOFJSP-PBPM 能耗系数表

能耗系数	数值	能耗系数	数值	能耗系数	数值	能耗系数	数值	能耗系数	数值
$\alpha_1-\alpha_3$	1.2	α_{24}	0.8	$\beta_1-\beta_3$	0.3	β_{24}	0.2	γ_1	2
$\alpha_4-\alpha_7$	1.4	$\alpha_{25}-\alpha_{27}$	1.3	$\beta_4-\beta_7$	0.3	$\beta_{25}-\beta_{27}$	0.3	γ_2	2
$\alpha_8-\alpha_9$	1.5	$\alpha_{28}-\alpha_{31}$	1.5	$\beta_8-\beta_9$	0.3	$\beta_{28}-\beta_{31}$	0.3	γ_3	3
$\alpha_{10}-\alpha_{11}$	0.6	$\alpha_{32}-\alpha_{33}$	0.7	$\beta_{10}-\beta_{11}$	0.1	$\beta_{32}-\beta_{33}$	0.1	γ_4	3
$\alpha_{12}-\alpha_{13}$	0.5	$\alpha_{34}-\alpha_{35}$	0.6	$\beta_{12}-\beta_{13}$	0.1	$\beta_{34}-\beta_{35}$	0.1		
$\alpha_{14}-\alpha_{20}$	1.0	α_{36}	1.0	$\beta_{14}-\beta_{20}$	0.2	β_{36}	0.2		
$\alpha_{21}-\alpha_{22}$	1.4	$\alpha_{37}-\alpha_{38}$	1.5	$\beta_{21}-\beta_{22}$	0.3	$\beta_{37}-\beta_{38}$	0.3		
α_{23}	1.3	α_{39}	0.6	β_{28}	0.3	β_{39}	0.1		

工件数目规格方面，分别选取工件数目 $J=50$、$J=75$ 和 $J=100$，同时对同一数目的工件的选取不同比例的工件类型进行实验分析，其中工件类别分别表示叠铁—美变—非晶—卷铁—大型这五类工件的工件数目，共计12个算例，每个算例的工件信息如表7-9所示。

表7-9　　MOFJSP-PBPM 工件信息表

问题	工件总数	工件类别	实例	工件总数	工件类别
Case1	50	13-13-10-10-4	Case7	75	23-23-11-10-8
Case2	50	10-10-13-13-4	Case8	75	13-12-21-21-8
Case3	50	14-14-8-8-6	Case9	100	26-26-20-20-8
Case4	50	8-8-14-14-6	Case10	100	20-20-26-26-8
Case5	75	20-20-14-15-6	Case11	100	30-30-15-15-10
Case6	75	15-14-20-20-6	Case12	100	15-15-30-30-10

本小节将 MPMOEAD 与 NSGA-Ⅱ、MOPSO 以及在单种群 MOEAD 中表现较好的 MOEAD-TE 进行比较。其中 MOEAD-TE 与表7-2中设置相同，NSGA-Ⅱ、MOPSO 均采用标准的算法，同时编码、初始化、进化算子等操作与 MPMOEAD 相同。三种对比算法的初始种群大小为 $3N$。在每个测试问题上，对于不同算法独立运行10次，将所得的 IGD、HV 和 C 值的平均值结果如表7-10和表7-11所示。

表 7-10　　MOFJSP-PBPM 算例中不同算法 IGD 和 HV 平均值比较

问题	IGD				HV			
	MOEAD	NSGA-II	MOPSO	MPMOEAD	MOEAD	NSGA-II	MOPSO	MPMOEAD
Case1	0.1226	0.1343	0.1874	0.1197	0.5897	0.5992	0.5845	0.6152
Case2	0.1277	0.1381	0.1576	0.1232	0.6891	0.6774	0.6817	0.6965
Case3	0.1484	0.1593	0.1657	0.1351	0.6481	0.6594	0.6762	0.7326
Case4	0.1467	0.1484	0.1527	0.1324	0.6927	0.7128	0.6877	0.7089
Case5	0.1408	0.1402	0.1405	0.1395	0.8434	0.8767	0.7849	0.8326
Case6	0.1456	0.1504	0.1629	0.1486	0.7868	0.7816	0.7975	0.8094
Case7	0.1895	0.1715	0.1972	0.1736	0.8772	0.8908	0.8374	0.8619
Case8	0.1554	0.1638	0.1846	0.1520	0.8502	0.8214	0.8492	0.8561
Case9	0.2120	0.2067	0.2825	0.1694	0.9455	0.9437	0.9231	0.9962
Case10	0.2274	0.2086	0.2547	0.2032	1.0636	1.0576	0.9120	1.0296
Case11	0.2400	0.2298	0.2651	0.2349	1.0610	1.0700	0.9906	1.1203
Case12	0.1867	0.1984	0.2276	0.1824	0.9767	0.9928	0.8484	1.0654

表 7-11　　MOFJSP-PBPM 算例中不同算法 C 值的平均值比较

问题	MPMOEAD (A) vs MOEAD (B)		MPMOEAD (A) vs NSGA-II (C)		MPMOEAD (A) vs MOPSO (D)	
	$C(A, B)$	$C(B, A)$	$C(A, C)$	$C(C, A)$	$C(A, D)$	$C(D, A)$
Case1	0.0000	0.0000	0.0000	0.0000	0.0000	0.0000
Case2	0.0000	0.0000	0.0000	0.0000	0.0983	0.0000
Case3	0.1250	0.1132	0.1432	0.1205	0.2500	0.2500
Case4	0.1858	0.1466	0.1583	0.1667	0.2250	0.0333
Case5	0.2767	0.2213	0.2967	0.2200	0.4572	0.0852
Case6	0.1562	0.2328	0.2376	0.2082	0.4924	0.0377
Case7	0.2114	0.1471	0.2614	0.1547	0.4180	0.0519
Case8	0.2876	0.0653	0.2034	0.0853	0.4031	0.0182
Case9	0.3572	0.3386	0.3689	0.3868	0.4857	0.9740
Case10	0.3623	0.3930	0.3727	0.3300	0.5258	0.0149
Case11	0.3828	0.3245	0.3158	0.3765	0.5654	0.1073
Case12	0.3261	0.1690	0.3896	0.1492	0.5692	0.1564

通过表 7-10 和表 7-11 可以看出,在 12 个算例中,MPMOEAD 算法在

case1、case2、case 3、case 5、case 8 和 case 12 六个算例上的 IGD、HV 和 C 值均显著优于其他三种算法。IGD 值方面，MPMOEAD 在 case6 算例上略差于 MOEAD 算法，NSGA-II 仅在 case7、case11 测试问题上取得了更优的 IGD 值。HV 值方面，MPMOEAD 在八个 case 中取得显著优的 HV 值，MOEAD 在 case7、case10 上 HV 值效果更好，NSGA-II 在 case4、case5 上取得了更优的 HV 值，MOPSO 算法的效果最差。C 值方面，MPMOEAD 在七个 case 测试问题上都取得了更优的 C 值，NSGA-II 和 MOEAD 获得更优 C 值的实例个数分别为 3 个和 2 个。根据实验结果可知，当求解 MOFJSP-PBPM 问题时，MPMOEAD 算法要比其他三种算法具有更好的搜索效果。

图 7-6 给出了 case5 算例的一个非支配解的甘特图。此非支配解的三个优化目标值分别为 C_{max} = 481，W_m = 268，E = 5744.7。

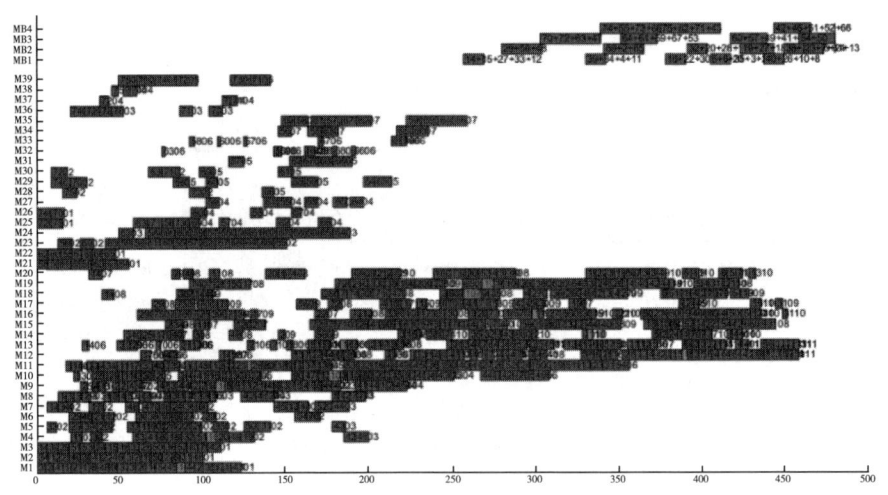

图 7-6　case5 算例的一个非支配解甘特图

7.6　本章小结

本章针对 MOFJSP-PBPM 调度问题，建立了以最大完工时间、最大机器负荷和能耗为优化目标的多目标调度问题数学模型，并提出一种求解该类问题的 MPMOEAD 算法。算法在 MOEAD 方法的基础上，融合了多种群策略，兼顾算法开发与探索的优势，设计了包含三个子种群的 MPMOEAD 算法框架。三个子种群采用了不同的聚合函数单独进行搜索，通过种群之间进行信息交互加快搜索过程。局部搜索部分，分别对机器选择、工序排序、批处理机选择三个部分设计了不同的搜索规则，能够兼顾算法性能和效率的平衡。实验部分首先通过标准

FJSP 问题算例验证算法的性能优势，分别将 MPMOEAD 对比了单种群 MOEAD，不带局部搜索的 MPMOEAD-NLS 以及其他先进的多目标优化算法，实验结果验证 MPMOEAD 算法在众多对比算法中具有很强的竞争力，能够比大多数算法得到更好的解，证明了算法的有效性和稳定性。然后将 MPMOEAD 算法应用于符合 MOFJSP-PBPM 生产特性的某变压器制造企业的实际生产问题，设定合理的能耗系数，选取了不同数量的工件求解分析，验证了算法的有效性和可行性，实验结果对生产实践具有一定指导作用。

第8章 具有平行批处理机和时间约束的柔性作业车间调度问题研究

8.1 引言

在 FJSP-BPM 问题中,大部分的符合问题特性的企业在工件通过批处理机后就结束了整个生产过程,或者在离开批处理工序后,即使有后续工序,但由于批处理工序基本上都属于瓶颈工序,后面工序的生产过程都可以很顺利地完成,因此大部分排产调度问题的研究过程都到批处理工序为止。然而在深入研究典型的 FJSP-BPM 问题之一的变压器生产过程发现,其工件在完成批处理工序后,在后续生产工序中,有一个特殊的时间约束,即工件在通过批处理机后,需要在规定的时间内完成后续的总装工序。若超时,则需要重新进入批处理机进行干燥工序。因此在整个排产调度过程中,既需要使工件快速有效地通过批处理机,又要避免过多的工件同时通过批处理机导致后续工序在约束时间内无法完成,因此提出了本章的具有平行批处理机和时间约束柔性作业车间调度问题(time constrained flexible job shop scheduling problem with parallel batch processing machines,TCFJSP-PBPM)。

本章针对 TCFJSP-PBPM 问题,建立优化目标为最大完工时间、提前/拖期惩罚和超出时间约束惩罚的调度问题数学模型,并提出了一种多种群协同进化 NSGA-II 算法(multi-population co-evolution NSGA-II,MPCNSGA)进行优化求解。MPCNSGA 算法首先对初始种群进行聚类形成 m 个子种群,设计了兼顾算法开发性和探索性的动态子种群聚类方法。然后根据非支配解和拥挤度距离对不同子种群进行分级,定义了等级差矩阵、距离矩阵和影响概率矩阵来进行种群间的信息交互。设计了符合 TCFJSP-PBPM 问题特性的编码方式和进化算子,同时对 NSGA-II 中的拥挤度距离和精英保留策略进行改进,并对时间约束部分的解析规则做了详尽的分析。此外算法还引入了外部记忆库,对不同阶段的非支配解进行外部存储。实验验证阶段,首先利用标准的 FJSP 基准问题验证 MPCNSGA 算法的性能,然后利用符合 TCFJSP-PBPM 问题特性的某变压器制造企业的生产数据,验证了所提出的 MPCNSGA 算法能够对 TCFJSP-PBPM 问题进行有效求解。

8.2　问题描述与数学模型

TCFJSP-PBPM 问题可以分为三个部分。第一部分为柔性作业车间部分,n 个工件上线后,在 m 台设备上完成柔性加工;第二部分为批处理部分,具有 q 台平行批处理机,工件以组批的方式通过批处理部分,相当于到达时间不同的批调度问题;第三部分为时间约束部分,批处理后的每个工件需要在约束时间内通过机器 M_{tc}。若在机器 M_{tc} 上的完工时间超过约束时间,则工件需要在加工结束后重新进入批处理机,然后完成整个生产过程。

因此整个 TCFJSP-PBPM 可以描述为:n 个工件 (J_1, J_2, $\cdots$, J_n) 首先要在 $m+q$ 台设备 (M_1, M_2, $\cdots$, M_m, M_{b1}, M_{b2}, $\cdots$, M_{bq}) 上加工。所有工件在 (M_1, M_2, $\cdots$, M_m) 上加工时,属于柔性作业车间问题,在此阶段同一工件包含多道工序,每道工序的可选加工机器不同,对应的加工时间也不完全相同。工件通过 FJSP 部分后以组批方式通过批处理工序,在此阶段需要满足批调度问题中的批处理机体积约束和工件加工约束。离开批处理机的工件需要通过机器 M_{tc},若工件在机器 M_{tc} 的完工时间超过约束时间,则工件在 M_{tc} 阶段完成后重新进入批处理机加工,才能完成整个生产过程。以变压器生产过程为例,TCFJSP-PBPM 生产过程如图 8-1 所示。

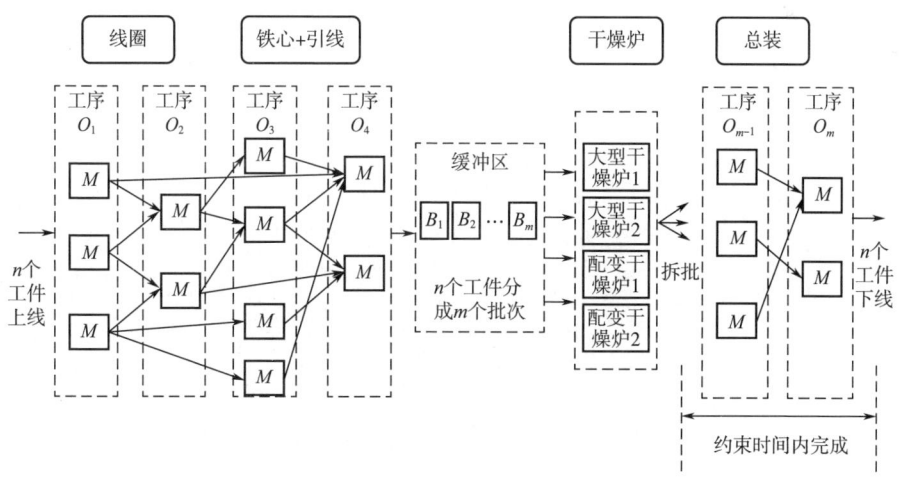

图 8-1　TCFJSP-PBPM 问题生产示意图

表 8-1 定义了用于描述 TCFJSP-PBPM 调度问题的数学符号。

表 8-1　　　　　　　　TCFJSP-PBPM 问题数学符号及意义

FJSP 部分	PBPM 和时间约束部分
n 为工件总数;	q 为批处理机的机器总数;
m 为机器总数;	e 为机器序号, $e = 1, 2, 3, \cdots, q$;
i 为机器序号, $i = 1, 2, 3, \cdots, m$;	p_j 为第 j 个工件的批加工时间;
j, l 为工件序号, $j, l = 1, 2, 3, \cdots, n$;	s_j 为第 j 个工件的尺寸;
h_j 为第 j 个工件的总工序数;	r_j 为第 j 个工件到达批处理机前面缓冲区的到达时间;
k 为工序序号, $k = 1, 2, 3, \cdots, h_j$;	
O_{jk} 为工件 j 的第 k 道工序;	B_{be} 为表示机器 M_e 上的第 b 个批;
p_{ijk} 为工序 O_{jk} 在机器 i 上的加工时间;	S_e 为批处理机 e 的容量;
s_{jk} 为工序 O_{jk} 的开始时间;	J_{be} 为批 B_{be} 中的工件合集;
c_{jk} 为工序 O_{jk} 的完工时间;	RT_{be} 为批 B_{be} 的到达时间;
I 为一个足够大的正数;	ST_{be} 为批 B_{be} 的开始时间;
PT_{be} 为批 B_{be} 的加工时间;	M_{tc} 为时间约束工序的加工机器;
CT_{be} 为批 B_{be} 的完工时间;	RT_{tcj} 为工件 j 在 M_{tc} 阶段的到达时间;
PT_{tcj} 为工件 j 在 M_{tc} 阶段的加工时间;	ST_{tcj} 为工件 j 在 M_{tc} 阶段的开始时间;
CT_{tcj} 为工件 j 在 M_{tc} 阶段的完工时间;	T^{tc} 为所有工件在 M_{tc} 阶段的约束时间;
	d_j 为工件 j 的交货期。

TCFJSP-PBPM 问题的数学模型表示为

$$\min: F = (f_1, f_2, f_3) \tag{8-1}$$

$$f_1 = \max\{C_j | j = 1, 2, \ldots n\} \tag{8-2}$$

$$f_2 = \sum_{j=1}^{n}(\alpha_j E_j + \beta_j T_j) \tag{8-3}$$

$$f_3 = \sum_{j=1}^{n} S_j \tag{8-4}$$

$$E_j = \max(0, d_j - C_j) \quad T_j = \max(0, C_j - d_j) \tag{8-5}$$

$$S_j = \begin{cases} 1 & \text{工件 } j \text{ 超出时间约束} \\ 0 & \end{cases} \tag{8-6}$$

$$s_{jk} + x_{ijk} \times p_{ijk} \leq c_{jk} \tag{8-7}$$

$$c_{jk} \leq s_{j(k+1)} \tag{8-8}$$

$$c_{jh_j} \leq C_{\max} \tag{8-9}$$

$$s_{jk} + p_{ijk} \leq s_{lh} + I(1 - y_{ijklh}) \tag{8-10}$$

$$c_{jk} \leq s_{j(k+1)} + I(1 - y_{ijkl(h+1)}) \tag{8-11}$$

$$\sum_{i=1}^{m_{jk}} x_{ijk} = 1 \tag{8-12}$$

$$\sum_{j=1}^{n} \sum_{k=1}^{h_j} y_{ijklh} = x_{ilh} \tag{8-13}$$

$$\sum_{l=1}^{n} \sum_{h=1}^{h_k} y_{ijklh} = x_{ijk} \tag{8-14}$$

$$s_{jk} \geq 0, \ c_{jk} \geq 0 \tag{8-15}$$

$$x_{ijk} = \begin{cases} 1, & \text{如果工序} O_{jk} \text{选择机器} i \\ 0, & \text{否则} \end{cases} \qquad y_{ijklh} = \begin{cases} 1, & \text{如果} O_{ijk} \text{先于} O_{ilh} \\ 0, & \text{否则} \end{cases}$$

$$\sum_{e=1}^{q} \sum_{b=1}^{n} X_{jbe} = 1 \quad j = 1, \ldots, n \tag{8-16}$$

$$\sum_{e=1}^{q} s_j X_{jbe} \leq S_e \quad j = 1, \ldots, n; \ b = 1, \ldots, k \tag{8-17}$$

$$PT_{be} \geq p_j X_{jbe} \quad j = 1, \ldots, n; \ b = 1, \ldots, k; \ e = 1, \ldots, q \tag{8-18}$$

$$ST_{be} \geq r_j X_{jbe} \quad j = 1, \ldots, n; \ b = 1, \ldots, k; \ e = 1, \ldots, q \tag{8-19}$$

$$ST_{be} \geq ST_{(b-1)e} Y_{(b-1)e} + PT_{(b-1)e} Y_{(b-1)e} \quad b = 1, \ldots, k; \ e = 1, \ldots, q \tag{8-20}$$

$$CT_{be} = ST_{be} Y_{be} + PT_{be} Y_{be} \quad b = 1, \ldots, k; \ e = 1, \ldots, q \tag{8-21}$$

$$Y_{be}, \ X_{jbe} \in \{0, 1\} \quad j = 1, \ldots, n; \ b = 1, \ldots, k; \ e = 1, \ldots, q \tag{8-22}$$

式（8-1）为数学模型的优化目标；式（8-2）到式（8-4）为三个优化目标的定义，分别表示为最大完工时间，提前/拖期惩罚和超出约束时间惩罚；式（8-5）和式（8-6）分别表示提前/拖期惩罚和超出约束时间惩罚的计算公式；式（8-7）和式（8-8）表示工序之间存在先后顺序关系；式（8-9）表示优化目标约束；式（8-10）和式（8-11）表示工序加工约束，即下一道工序需要在上一道工序完工且机器空闲才能开始加工；式（8-12）表示机器约束；式（8-13）和式（8-14）表示同一台机器可以加工同一工件的不同工序；式（8-15）表示正数约定；式（8-16）表示批处理机加工约束；式（8-17）表示批处理机的容量约束；式（8-18）表示每个批次的批处理时间等于批次内工件批处理时间的最大值；式（8-19）表示每个批次的有效开始加工时间约束；式（8-20）表示批的加工过程不能被中断，且同一台批处理机在同一时间只能加工一个批次；式（8-21）表示批处理机上每个批完工时间的定义；式（8-22）为二进制决策变量，定义了工件、批次、批处理机的归属关系。

8.3 多种群协同进化 NSGA-II 算法

本章结合多种群策略，提出了一种多种群协同 NSGA-II 算法 MPCNSGA。算法首先对初始种群进行聚类，形成 m 个子种群，同时兼顾多目标优化算法的开发性和探索性，设计了动态的种群聚类更新方式；设计了一种分级规则对所有子种群进行分级，确定不同子种群间的优劣程度以及交互过程中的优先级；每个子种群根据 NSGA-II 算法中的非支配排序以及拥挤度距离进行搜索，同时改进了基础算法中的精英保留策略；种群间交互方面，定义了等级差矩阵、距离矩阵以及影响概率矩阵，来确定不同等级的子种群间个体交互方式及交互数目。

8.3.1 动态聚类

本章设计了一种动态聚类方式来形成初始时的多种群，具体步骤如下。

①种群初始化规模 N，对所有个体进行非支配排序，将第一层非支配解记为 P_i，加入外部存储集 EP 中。

②采用 k 均值方法聚类，得到 m 个种群，m 的取值范围 $m \in [2, \sqrt{N}]$。

③每个子种群进行遗传操作。子种群完成最大进化次数后，将所有种群融合，并对个体进行非支配排序。

④找出第一层非支配解，记为 P_j，加入外部存储集。将存档中解进行非支配排序，并删除可被其他解支配的解。根据非支配解集来比较 P_i 和 P_j 的优劣。若 P_j 中非支配解所占比例大，表明新种群优于旧种群，则 $m = m + 1$，目的是增加搜索过程的探索特性；若 P_i 中非支配解所占比例大，新种群变差，$m = m - 1$，因为算法更需要开发性而不是探索性；若相等，则 m 不变[242]。

8.3.2 种群分级和信息交互

对于根据动态聚类形成的 m 个子种群，按照子种群中第 1 层非支配排序解占子种群个体总数比例进行划分，比例最高的定义为等级 1；若某个子种群中无非支配排序层级为 1 的解，则划分完其他子种群后，按照非支配排序层级为 2 的比例继续划分，完成子种群 1-m 分级[243]。

分别定义等级差矩阵 R，$R_{ij} = rank(i) - rank(j)$ 其中 $rank(i)$ 表示种群 i 的等级；距离矩阵 D

$$D_{ij} = \sqrt{\sum_{k=1}^{M}(f_{ik} - f_{jk})^2} \tag{8-23}$$

其中，M 表示目标函数个数，f_{ik} 表示第 i 个种群中第 k 个目标函数的均值，影响概率矩阵 P，$P = R \cdot D$。

种群间信息交互整体流程如下。

①初始化种群，计算所有个体非支配等级和拥挤度距离。

②聚类后，得到 m 个子种群。

③每个子种群按照非支配排序结果划分等级，得到等级差矩阵 R。

④子种群间距离计算，根据公式 d 计算得到距离矩阵 D。

⑤种群间交互规则：基于只有高等级可以对低等级的种群产生影响的规则进行种群间交互，将等级差矩阵中的负值变 0，表示低等级无法对高等级种群产生

影响；对两个矩阵 R 和 D 均进行归一化，根据公式 P，形成影响概率矩阵 P，并对 P 进行归一化。

⑥种群交互方式：定义每个子种群被替换的个体为子种群非支配排序的后 20%，根据影响概率矩阵计算得到其他每个子种群的替换个体数目，选择子种群非支配排序后对应数目的最优个体。若种群个数少于所需个数，则将所需个数减少为种群个数。

8.3.3 改进的精英选择策略

NSGA-II 算法中采用了精英保留策略，其思想是将子代个体依据非支配等级和拥挤度距离进行排序，选择阶段选择子代中排列前端的 N 个个体作为下一代进化过程的种群。

本章提出了一种动态的精英保留策略。对于每一级的非支配解，设置了一个分布函数 n_i，并且动态选择下一代种群的解的数量，分布函数的计算公式如下。

$$n_i = F_i * P_{bc}(t) \tag{8-24}$$

$$P_{bc}(t) = \min P_{bc} + (\max P_{bc} - \min P_{bc}) * \frac{|t - G/2|}{G/2} \tag{8-25}$$

其中，F_i 为第 i 级非支配前端的个体总数，$P_{bc}(t)$ 表示第 t 代进化过程中的选择概率，G 为进化代数，P_{bc} 为初始设定的选择概率范围。

本章设计的动态选择策略过程中，在进化过程初期，$P_{bc}(t)$ 较大，可以加快算法收敛速度；到了进化中期，$P_{bc}(t)$ 减小，目的是提升种群多样性，有效地使种群跳出局部最优；到了进化后期，$P_{bc}(t)$ 增大，为了提高最终 Pareto 解的质量和数量。

8.3.4 多种群协同进化 NSGA-II 算法架构

MPCNSGA 算法流程如下。

① 初始化种群 $P(0)$。
② 对所有解进行基于拥挤度距离的非支配排序。
③ 将初始种群聚类成 m 个子种群。
④ 按照分级规则将子种群分级。同时将非支配排序第一层解集 P_i 记录到外部存储集 EP 中。
⑤ 分别计算等级差距矩阵 R、距离矩阵 D 以及影响概率矩阵 P。
⑥ 按照影响概率矩阵 P 进行种群间交互。
⑦ 子种群进化过程。包括进化算子，非支配排序和拥挤度距离计算，改进的精英选择策略，父子代融合等形成新的子种群。
⑧ 更新等级差矩阵 R、距离矩阵 D 以及影响概率矩阵 P。
⑨ 若未满足子种群最大迭代次数，则跳转到步骤⑤。

续表

⑩	若满足子种群最大迭代次数,则进行子种群融合。将所有解非支配排序,将非支配解第一层解集 P_j 加入外部存储集 EP 中。更新 EP,对 EP 进行非支配排序,删除掉存档中排序后被支配的解。
⑪	比较外部存储集 EP 中 P_j 和 P_i 个数,根据 8.3.1 小节最优解质量来更新聚类个数 m。
⑫	若未达到聚类最大次数并且存档保持次数不超过 5 次,则跳转到步骤③。
⑬	否则迭代结束,输出外部存储集 EP 中的解。

MPCNSGA 的算法的流程图如图 8-2 所示。

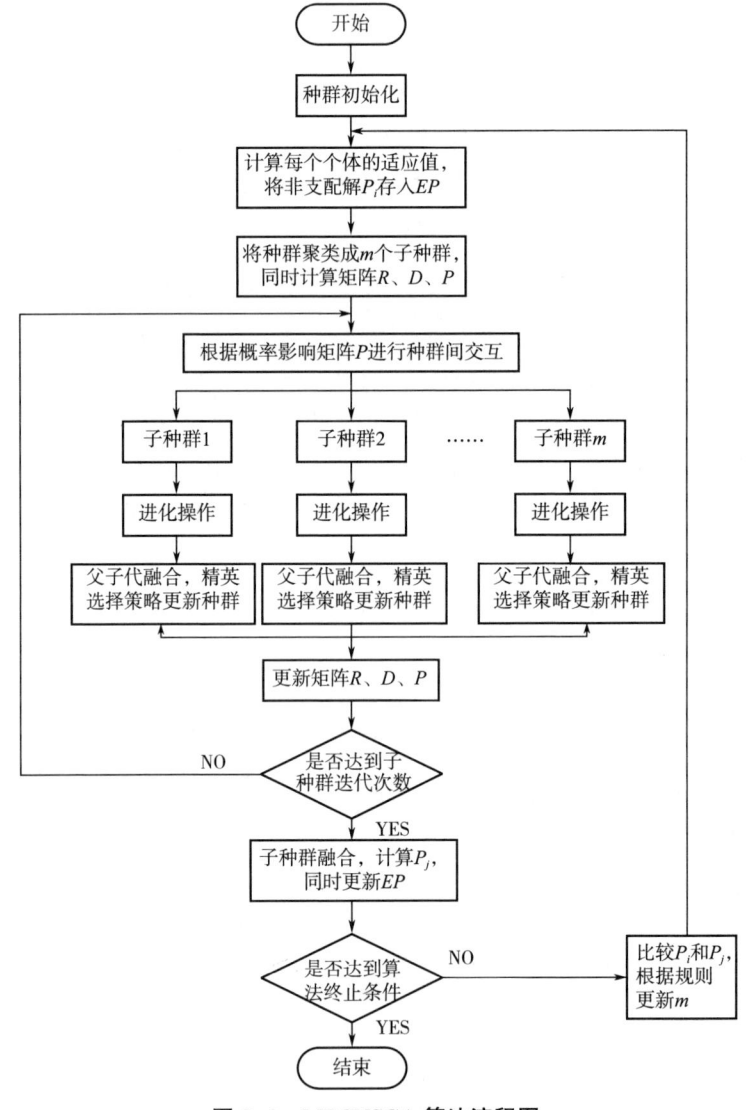

图 8-2 MPCNSGA 算法流程图

8.4 基于多种群协同进化 NSGA 算法求解 TCFJSP-PBPM

8.4.1 多种群协同进化 NSGA 算法的全局搜索策略

（1）编码与解码

编码部分采用三段编码，MS 和 OS 编码长度等于总工序数 T_0；BS 编码长度等于工件总数 n，基因含义为工件所选的批处理机器。具体编码方式参照 6.4.1 小节。

染色体的解码分为 4 个部分，分别对应 MS 解码、OS 部分解码、BS 部分解码以及时间约束（time constrained，TC）部分解码。MS 与 OS 部分采用 5.5.1 小节中介绍的解码方式；BS 部分解码与 6.4.1 小节相同，首先按照批处理机解码，将各个工件分配到对应的批处理机上。然后对于每一个批处理机而言，按照 5.5.5 小节中的 ERT-BF 方式进行分批以及对应的解码方式计算每个批次的加工时间。

时间约束 TC 部分解码：对于三段编码的染色体，TC 部分的解码需要将工件按照特定的解码规则排序在机器 M_{tc} 面前。对于完成批处理工序的各个批次，按照批完工时间的大小非递减排序。同一批次内的工件，按照特定的拆批规则进行排序，拆批规则包括交货期递减规则、批加工时间非递增等规则。若选择批加工时间非递增拆批规则，以 BS 部分表 5-3 数据为例，得到 TC 部分解码后得到的工件在 M_{tc} 部分的加工顺序为：5-1-8-2-3-10-6-7-4-9。

（2）种群初始化

初始化部分，采用基于规则的初始化和随机初始化两部分组成，二者各占 50%。MS 部分选择最短加工时间规则，OS 部分选择最短加工时间规则，BS 部分选择 LRS-QB-BMUU 规则；剩余 50% 个体采用随机的方式产生初始化解。

（3）进化算子

交叉操作方面，MS 和 BS 采用均匀交叉，OS 采用 POX 交叉。均匀交叉和 POX 交叉的具体实现方式参照 5.5.3 小节。

变异操作方面，MS 和 BS 采用两点变异，OS 部分则采用互换变异。

8.4.2 时间约束解析规则

对于时间约束部分，设定加工机器 M_{tc}，工件 j 的到达时间为 RT_{tcj}，在机器 M_{tc} 上的开始加工 ST_{tcj}，加工时间为 PT_{tcj}，结束加工时间 CT_{tcj}。考虑到本章的三个优化目标，本章采用决策与优化同时进行的方式来进行多目标优化，将时间约束部分的处理规则定义为如下两种方式。

(1) $f_3 = 0$

在批处理加工开始前加入等待时间间隔 T^i，目的使各个批次有时间间隔的到达时间约束部分，确保每个批的所有工件在 TC 阶段都可以在约束时间内完成，即 $f_3 = \sum_{j=1}^{n} S_j = 0$。对于满足 $f_3 = 0$ 的时间间隔计算方式，本章设计了以下两种方法。

① 固定时间间隔 T_{max}^i

为使所有工件通过 M_{tc} 都能满足时间约束 T^{tc}，定义不同批次开始加工的最大时间间隔为 T_{max}^i，T_{max}^i 为固定的值，其存在情况和计算方式如下。

T_{max}^i 存在情况：对于两个相邻批次 B_1 和 B_2，当 B_1 和 B_2 同时完成批处理工序到达机器 M_{tc} 前，且 B_1 和 B_2 内的工件具有最大的 $\sum PT_{tcj}$ 时，B_1 和 B_2 内所有工件中最后一个通过 M_{tc} 的工件 k 的结束加工时间 CT_{tck} 为最大值。

计算方式：为满足 $CT_{tck} \leq T^{tc}$，则令最大固定时间间隔 $T_{max}^i = CT_{tck} - T^{tc}$。求得 T_{max}^i 后，对于所有批次在 M_{tc} 前的排序，令每个批次的完工时间，与前一个批次中第一个工件在 M_{tc} 机器上的开始加工时间的时间间隔为 T_{max}^i，可保证所有工件都可以满足时间约束。根据 T_{max}^i 和每个批次的批处理时间，可以求得各个批次在批处理机前的额外等待时间。

② 动态时间间隔 T_b^i

对于工件组成的批次合集 B，计算所有批次的完工时间，即所有工件在 M_{tc} 的到达时间。所有批次按照批完工时间非递增排序，将批次内的工件按照某种规则进行拆批排序，形成 n 个工件在 M_{tc} 前的加工顺序编码。从第 2 个批次开始，计算批内最后一个工件 k 的结束加工时间 CT_{tck}，定义时间间隔 $T_2^i = \max\{CT_{tck} - T^{tc}, 0\}$，同时将该工件的结束加工时间加上 T_2^i，此时 T_2 即为 B_2 与 B_1 的间隔时间；工件加工顺序一直保持不变。然后计算批 B_3 的批加工等待时间间隔 $T_3 = \max\{CT_{tcl} - T^{tc}, 0\}$，$CT_{tcl}$ 定义为批 B_3 的完工时间。依次类推计算出所有的批加工等待时间 T_b^i。然后根据每个批的批处理时间，可以求得各个批次在批处理机前的额外等待时间。

(2) $f_3 \neq 0$

所有工件正常组批加工，不设定组批等待时间间隔。离开批处理机后依旧按照批完工时间非递增排序。批次按照不同的规则拆批，即确定批内工件的加工顺序。计算所有工件在 M_{tc} 阶段的加工时间，然后与时间约束 T^{tc} 进行比较，超出约束的工件按照完工时间先后排序，然后返回到批处理机前进行组批加工，完成生产过程。鉴于本章的优化目标，本章设计了以下三种拆批规则。

① 工件按照交货期非递减排序，目的减小提前/拖期惩罚 f_2。

② 工件按照批处理时间非递增排序，目的是缩短重新组批时间，进而减小最

大完工时间 f_1。

③工件按照在 M_{tc} 的加工时间非递减排序,目的是减少超出时间约束惩罚 f_3。

8.5 实验设计与分析

本章提出的 MPCNSGA 算法采用 MATLAB 2014 语言编程,运行环境为 Intel(R) Core™ i5,3.20GHz,8.00GB 内存,window7 64 位专业版。由于目前没有 TCFJSP-PBPM 问题的标准算例,因此实验分为两部分,第一部分为了验证所提出算法的有效性,选择基准 FJSP 算例实验来测试算法的性能。第二部分选择符合 TCFJSP-PBPM 生产特性的变压器企业的实际数据,验证了 MPCNSGA 算法的有效性和可行性,对实际的 TCFJSP-PBPM 生产过程具有指导意义。

8.5.1 实验设置

MPCNSGA 算法的参数设置如表 8-2 所示。

表 8-2　　MPCNSGA 算法参数设置

参数名称	参数值	参数名称	参数值
种群大小 N	500	交叉概率 P_c	0.8
变异概率 P_m	0.1	自适应精英选择概率	[0.8, 1.0]
子种群进化代数 G	100	初始聚类个数 m	$[\sqrt{N}/2]$
聚类最大次数	10	保持存档最大次数	5

标准算例方面,实验采用 5 个 Kacem 测试问题、10 个 BRdata 测试问题和 18 个 DPdata 测试问题来测试 MPCNSGA 算法的性能。优化目标方面,选择最大完工时间 C_{max}、最大机器负荷 W_m 和机器总负荷 W_t。算法性能评价指标方面,Kacem 算例中直接求解非支配解数目,BRdata 测试问题和 DPdata 测试问题采用了 IGD 和 HV 作为评价指标,二者定义见 2.5.5 小节。所有解参照第 7 章中的式 (7-27) 进行归一化处理,IGD 评价指标中,将所有算法求得的 Pareto 最优解集进行混合,从中选择最优解作为 PF_{ture}。HV 指标中,设置参考点为 $r_{ref} = (1.1, 1.1, 1.1)^T$。

8.5.2 标准 FJSP 算例实验结果分析

Kacem 算例方面,由于算例规模较小,并且问题的非支配解的数目较少,因此这部分采用求解所有非支配解的方式进行对比。将 MPCNSGA 与已有的求解 MOFJSP 的先进算法进行比较。这些算法包括:PSO + SA[244]、HTSA[245]、MOGA[237] 和 IEDA[246]。实验结果如表 8-3 所示。

表 8-3　Kacem 算例的非支配解

问题	f	PSO+RA	HTSA	MOGA	IEDA	MPCNSGA
Ka4×5	$C_{\max}$	11	12	11	11, 12, 11	11, 12, 13
	W_m	10	8	9	10, 8, 9	9, 8, 7
	W_t	32	32	34	32, 32, 34	34, 32, 33
Ka8×8	$C_{\max}$	15, 16	14	15	14, 15, 16	14, 16, 15
	W_m	12, 13	12	15	12, 12, 13	13, 11, 12
	W_t	75, 73	77	75	77, 75, 73	77, 73, 75
Ka10×7	$C_{\max}$	11	11	11	11	11
	W_m	62	61	62	61	60, 62, 61
	W_t	10	11	10	11	12, 10, 11
Ka10×10	$C_{\max}$	7	7	8, 8	7, 8, 7	8, 7, 8
	W_m	6	6	5, 5	5, 7, 5	7, 6, 5
	W_t	44	42	43, 42	45, 41, 42	42, 43, 42
Ka15×10	$C_{\max}$	12	11	11	12, 11	11, 11
	W_m	11	10	10	11, 10	11, 10
	W_t	91	93	98, 95	93, 91	93, 91

由表 8-3 可知，只有 MOGA 算法在求解 Ka15×10 问题时所获得的 Pareto 解的个数多于本章的 MPCNSGA 算法，其余情况下 MPCNSGA 在求解五个测试问题时所获得的 Pareto 解的数量均不差于其他对比算法。当分析 Ka15×10 问题的结果时发现，虽然 MOGA 求得的 Pareto 解个数更多，但是解（11，10，98）和解（12，10，95）均被 MPCNSGA 求得的解（11，10，93）支配，表明 MOGA 算法 Pareto 解的质量并不好。此外对其他测试问题结果分析发现，在 Ka10×10 测试问题，PSO+SA 所求得的解（7，6，44）和 MOGA 所求得的解（7，5，45）都要被 MPCNSGA 所求得的解（7，6，42）和解（7，5，43）支配。通过实验分析可以看出，本章提出的 MPCNSGA 在 Kacem 上，能够得到比其他四种算法更好的解，体现了算法的性能优势。

此外绘制了 Ka15×10 算例的最终 PFs 中的一个非支配解的甘特图，结果如图 8-3 所示。对应的非支配解的三个优化目标分别为 $C_{max}=11$、$W_m=11$、$W_t=91$。

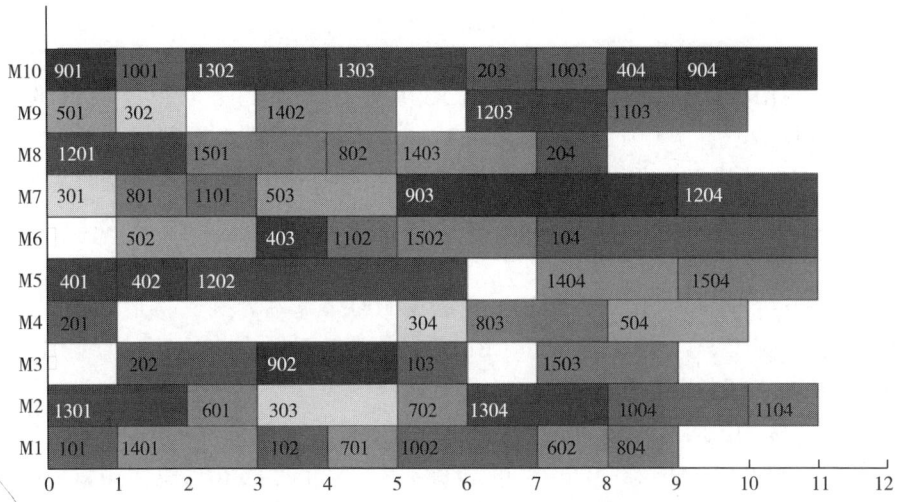

图 8-3　Ka15×10 非支配解甘特图

接着，表 8-4 给出了 MPCNSGA 和其他求解 MOFJSP 算法在 10 个 BRdata 测试问题上的对比结果，这些算法包括 DEDPM[238]，MOGA[237] 和 SEA[240]。每个算法独立运行 10 次，对比的测度为 *IGD* 和 *HV*，每个测度所针对的是一个算法多次运行后得到的非支配解。

表 8-4　　MPCNSGA 和其他算法所得 *IGD* 和 *HV* 平均值的比较

问题	*IGD*				*HV*			
	DEDPM	SEA	MOGA	MPCNSGA	DEDPM	SEA	MOGA	MPCNSGA
MK01	0.0020	0.0078	0.1525	0.0092	1.2435	1.2110	1.0833	1.2362

续表

问题	IGD				HV			
	DEDPM	SEA	MOGA	MPCNSGA	DEDPM	SEA	MOGA	MPCNSGA
MK02	0.0000	0.0357	0.0680	0.0000	0.9656	0.9402	0.9152	0.9656
MK03	0.0643	0.0643	0.3933	0.0621	0.7669	0.6659	0.6296	0.7932
MK04	0.0242	0.0271	0.1470	0.0203	1.0893	1.1084	1.0882	1.1252
MK05	0.0025	0.0245	0.2486	0.0206	0.8574	0.8274	0.7805	0.8394
MK06	0.0404	0.0296	0.1457	0.0232	0.9318	0.8766	0.8163	0.9428
MK07	0.0940	0.1029	0.0243	0.0623	0.1894	0.1804	0.7863	0.3665
MK08	0.0440	0.0567	0.1709	0.0440	0.5525	0.5451	0.4469	0.5525
MK09	0.0115	0.0056	0.2491	0.0123	1.3254	1.2858	1.2575	1.3323
MK010	0.0186	0.0419	0.1111	0.0186	1.0435	0.9496	0.8106	1.0435

从表 8-4 中可以看出,对于 IGD 测度,MPCNSGA 在 10 个 BRdata 测例中的 MK02~MK04、MK06、MK08 和 MK10 共计 6 个算例上取得了更好的 IGD 值,DEDPM 算法在 MK01、MK05 和 MK09 共计 3 个算例上取得最好的 IGD 值,MOGA 在 MK07 算例上取得最好的 IGD 值。此外在 4 个取得最好值的算例中,MPCNSGA 算法都取得了第二好的 IGD 值。HV 方面,MPCNSGA 算法在除去 MK01、MK05、MK07 三个算例以外的七个算例中取得最好的 HV 值,DEDPM 算法在 MK01 和 MK05 算例,MOGA 算法在 MK07 算例分别取得最好的 HV 值。整体来看,MPCNSGA 算法在 10 个 BRdata 测试集问题上表现出的性能略好于 DEDPM 算法,远好于 SEA 和 MOGA 算法。

表 8-5 为 MPCNSGA 和 MOGA 在 DPdata 算例上的 IGD 和 HV 实验对比结果,IGD 方面,MOGA 算法仅在 $02a$、$08a$ 和 $09a$ 上获得更好的 IGD 值,MPCNSGA 法在其余的 15 个算例中取得了更好的 IGD 值;HV 方面,MOGA 仅仅在 $02a$ 和 $07a$ 上取得更好的 HV 值,MPCNSGA 算法在其余 16 个算例中取得更好的 HV 值。整体上来看,MPCNSGA 算法在 18 个 DPdata 测试集问题上表现出的性能好于 MOGA 算法。

表 8-5　MPCNSGA 和 MOGA 所得 IGD 和 HV 平均值的比较

问题	IGD		HV	
	MPCNSGA	MOGA	MPCNSGA	MOGA
$01a$	0.0000	0.1645	1.2320	0.9763
$02a$	0.3023	0.2051	0.6781	0.8234
$03a$	0.0000	0.4695	0.8952	0.3485

续表

问题	IGD		HV	
	MPCNSGA	MOGA	MPCNSGA	MOGA
04a	0.1846	0.4887	1.0859	0.6042
05a	0.0000	0.4964	1.1632	0.6046
06a	0.0000	0.6276	1.2358	0.5678
07a	0.2949	0.3843	0.6425	0.8890
08a	0.3146	0.2865	1.0526	0.2320
09a	0.4625	0.3026	1.1132	0.4682
10a	0.0298	0.3867	1.0964	0.5210
11a	0.1414	0.6957	1.2362	0.3998
12a	0.0000	0.7129	1.0653	0.2667
13a	0.0000	0.8980	1.2351	0.2148
14a	0.0000	0.7828	1.0692	0.2442
15a	0.0000	0.5756	1.2381	0.2172
16a	0.2426	0.7524	0.9645	0.6528
17a	0.0000	0.7912	1.1647	0.3153
18a	0.0000	0.9056	1.2704	0.1125

通过 33 组标准的 FJSP 算例问题（5 个 Kacem 测试问题，10 个 BRdata 测试问题和 18 个 DPdata 测试问题）的实验结果可知，文本提出的 MPCNSGA 算法在求解 MOFJSP 问题上，展现出了非常好的性能。对于不同规模不同类型的 FJSP 算例，MPCNSGA 虽然无法在所有问题上都取得最好值，但就算法整体性能而言，MPCNSGA 相对于其他对比算法属于最好的算法之一，表明了 MPCNSGA 在求解多目标 FJSP 问题上的有效性和优越性。

8.5.3 TCFJSP-PBPM 问题数据及实验结果分析

针对 TCFJSP-PBPM 问题，选择符合 TCFJSP-PBPM 生产特性的变压器制造企业的实际数据来验证本章提出算法的有效性。在变压器制造过程中，工件在线圈工序段、套装引线工序段等部分柔性生产，属于 FJSP 问题；同时所有工件需要以组批的方式通过干燥炉进行干燥，这部分属于 PBPM 部分；之后工件需要依次通过总装工序，在总装工序需要在约束时间内完成。若超出约束时间，变压器需要在总装工序结束后重新干燥。因此整个生产过程符合本章提出的 TCFJSP-

PBPM 问题（注：在实际生产过程中，部分变压器产品的铁芯工序与线圈工序属于并行生产，本章研究中统一选择线圈工序段—套装引线工序段—干燥工序段的工序流程进行研究，将铁芯部分设置为预制件）。本章以某变压器厂数据为例，该企业目前生产的变压器分为 5 类：叠铁、非晶、美变、卷铁、大型；一共 4 台干燥炉（批处理机），其中配变干燥炉 2 台（批处理机编号 1、2，两台完全相同），大型干燥炉 2 台（批处理机编号 3、4，两台完全相同）。两类干燥炉的容量分别为 12 和 30。产品详细信息如表 6-4 和表 6-5 所示。

为方便研究，总装工序简化为只有一道工序 O_{tc}，以及一台机器 M_{tc}，时间约束为 T^{tc}。各类工件通过总装工序的加工信息如表 8-6 所示。

表 8-6　　　　　　　　变压器生产过程总装部分工件信息表

工件类别	加工机器	加工时间	约束时间
叠铁		3	
美变		3	
非晶	M_{tc}	5	32
卷铁		5	
大型		7	

本章实验阶段选择 $J=75$，叠铁-美变-非晶-卷铁-大型这五类工件的工件数目比例为 20-20-14-15-6。同类工件的交货期相同，不同类别工件的交货期不同。叠铁和美变这两类工件的交货期为 450，非晶和卷铁的交货期为 500，大型的交货期为 550。提前/拖期惩罚系数方面[247]，在实际生产过程中一般情况下提前惩罚系数 α 和拖期惩罚系数 β 要满足约束条件 $3\alpha \leq \beta$，故本章中取 $\alpha=0.2$，$\beta=0.8$。

优化目标决策方面，本章采取策略和优化相结合的方式来求解 TCFJSP-PBPM 问题。对于本章的三个优化目标，最大完工时间、提前/拖期惩罚和超出约束时间惩罚，将超出约束时间惩罚这个优化目标设置为决策变量，分别求解在超出约束时间工件个数为 0、1、2、3 和 4 的情况下，最大完工时间和提前/拖期惩罚的 Pareto 优化过程。方法对比方面，选择标准的 NSGA-II 作为对比算法验证本章提出的 MPCNSGA 的有效性。

（1）$S=0$ 情况

根据 8.4.2 小节介绍的时间约束部分解析规则，将 $S=0$ 情况下的调度结果分为固定时间间隔和动态时间间隔两部分。

①固定时间间隔 T_{max}。根据工件信息及生产设备情况，可以计算得到固定时间间隔 T_{max}。根据 8.4.2 小节计算方法，结合本章的 TCFJSP-PBPM 问题的数据

第 8 章 具有平行批处理机和时间约束的柔性作业车间调度问题研究

信息，计算 T_{max} 的结果为

$$T_{max} = \max_{B_1-B_b} \sum CT_{tcj} + \max_{B_1-B_{b-1}} \sum CT_{tcj} - T^{tc} = 25 + 25 - 32 = 18 \quad (8-26)$$

拆批规则方面，由于此阶段 $S=0$，故 8.4.2 小节介绍的三种拆批规则中规则 2 和规则 3 的优化效果无用，因此这部分选择拆批规则 1 进行拆批，即工件按照交货期非递减排序。得到的 f_1 和 f_2 的 Pareto 解的散点图如图 8-4 所示。

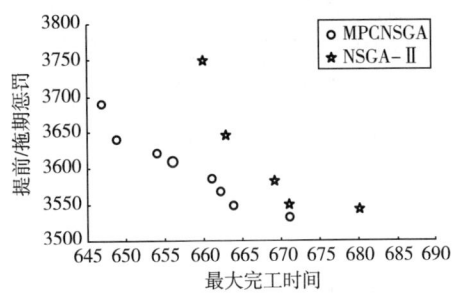

图 8-4　$S=0$ 且时间间隔为 T_{max} 的最优解分布图

②动态时间间隔。按照 8.4.2 小节提出的动态时间计算方法的解析规则，拆批规则按照工件交货期非递减排序，计算两种方法求得的 Pareto 解分布情况如图 8-5 所示。

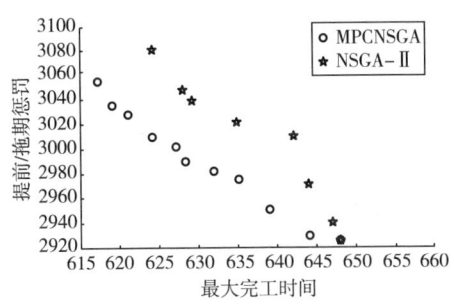

图 8-5　$S=0$ 且动态时间间隔的最优解分布图

对两种情况下求得的解进行分析。首先在两种时间间隔计算规则下，MPCNSGA 算法相比于 NSGA-II 算法，均取得了更好的解的数量与质量，结果表明在求解 TCFJSP-PBPM 问题时，相对于 NSGA-II 算法，MPCNSGA 算法具有更好的性能。其次分析同一种算法下，两种不同时间间隔计算方式对解性能的影响，对比发现，动态时间间隔下的解的质量要远好于固定时间间隔下的 Pareto 解，其原因在于固定时间间隔的情况下，每两个相邻批次的时间间隔均为满足 TC 约束前提下的最大值，有一定的时间冗余和浪费；而动态时间间隔的解析规

则下,任意相邻两个批次的时间间隔为满足时间约束的最小值,故相比于固定时间间隔,f_1 和 f_2 均有更好的表现。但是代价是增加了算法的时间复杂度,每次求解过程中都需要动态计算任意相邻两个批次的时间间隔,增大了计算机性能的消耗。

(2) $S \neq 0$ 情况

当 $S \neq 0$ 时,对于超出约束的每个工件,M_{tc} 加工完成后,若可选批处理机上有剩余未开始加工的批次,且批次有容量剩余,加入对应批次。若没有,则选择所有可选批加工机器中批处理时间最短的机器。拆批规则方面,8.4.2 小节中三种拆批规则的比例各占 1/3。计算过程中,分别定义外部存储集 $EP1$、$EP2$、$EP3$、$EP4$,用来存储 $S=1$、$S=2$、$S=3$ 和 $S=4$ 四种情况下 f_1 和 f_2 的最优解 Pareto 图。

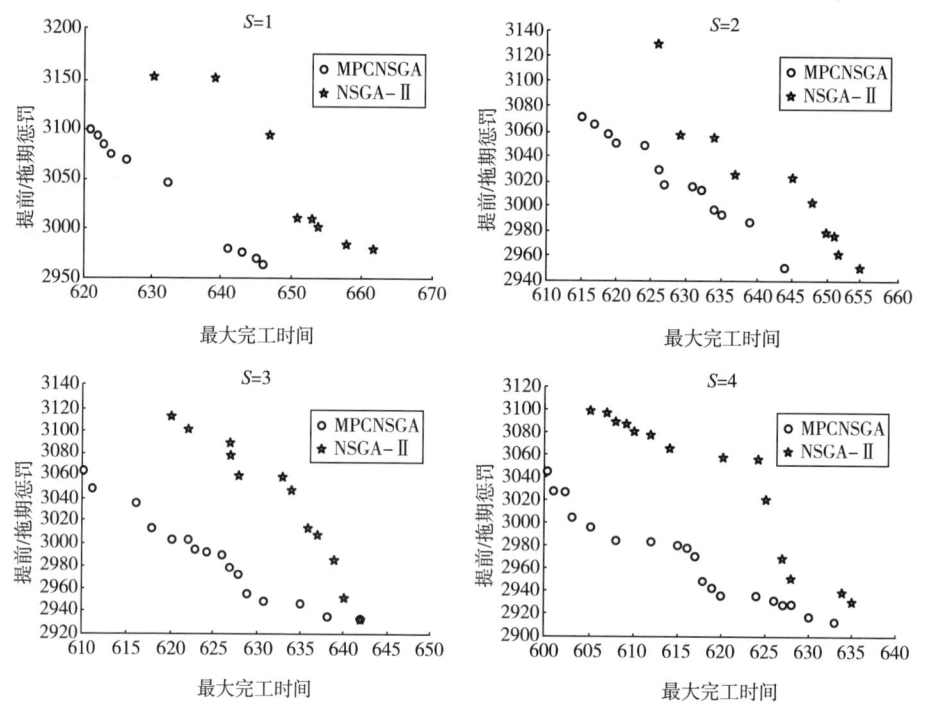

图 8-6 $S \neq 0$ 最优解分布图

对 4 组数据结果进行分析。首先在 4 种情况下本章提出的 MPCNSGA 算法均取得了更好的 Pareto 解,验证本章提出的算法可以很好地解决 TCFJSP-PBPM 问题。对于 S 不同的情况,分别统计在 MPCNSGA 算法下 Pareto 解的 f_1 和 f_2 的均值,如表 8-7 所示。

表 8-7　　　　　　　MPCNSGA 算法在不同 S 下的 f_1 和 f_2 均值

	$S=1$	$S=2$	$S=3$	$S=4$
f_1	632.3	627.9	625.0	616.9
f_2	3034.4	3022.3	2988.1	2967.3

统计结果发现，随着 S 的增加，f_1 和 f_2 的值变得更好，为此深入分析其原因。首先本章数据方面，工件数 $n=75$，各类工件数目为 20-20-15-14-6，根据批处理机数量和批处理机容量，计算分析可知 75 个工件可以形成的批的最少数目为 17，且文本为了简化计算过程，TC 部分只有一台 M_{tc}，75 个工件组批后会在 M_{tc} 前的缓冲区内形成较多的拥堵，即 M_{tc} 属于限制整个生产过程的瓶颈工序。因此随着 S 增大，虽然超出时间的工件需要重新进入批处理机，但是使整个在 M_{tc} 前的工件排队整体前移，故缩短了整体工件的提前/拖期惩罚和最大完工时间。对于固定 S 情况下，根据 MPCNSGA 算法求得的 Pareto 解，大部分都是在整个批排序过程中靠前的批次产生的超出时间约束工件，这样使得超出时间约束工件即使重新进入批处理机，对整体 75 个工件的最后一个工件的完工时间 f_1，其影响不是很大。因此在本章 75 个工件的情况下，随着 $S=1$ 到 $S=4$，整个系统的 f_1 和 f_2 的性能逐渐变好。

但是随着 S 的产生，会产生额外的工序以及其他额外的非必要消耗，比如能耗、人力成本等。因此如何权衡 S 的数量是决策者需要认真考虑的问题。

8.6　本章小结

本章针对具有平行批处理机和时间约束的柔性作业车间调度问题，建立了以最大完工时间、提前/拖期惩罚和超出时间约束惩罚为优化目标的调度问题数学模型，并提出了一种求解该类问题的多种群协同进化 NSGA-II 算法。算法首先对初始种群进行聚类形成多个种群，设计了动态的种群聚类更新方式，兼顾多目标优化算法的开发性和探索性。定义了等级差矩阵、距离矩阵以及影响概率矩阵，来确定不同等级的子种群间个体交互方式及交互数目。在种群进化阶段，改进的精英保留策略来对整体算法的开发性和探索性进行均衡。针对时间约束部分进行详尽分析并设计了不同的处理方式，同时提出了三种不同的拆批规则。实验部分首先通过标准 FJSP 问题算例和常用的优化目标，验证 MPCNSGA 算法的有效性和稳定性。然后将算法应用于符合 TCFJSP-PBPM 生产特性的某变压器制造企业的实际生产问题，设定了不同的时间约束部分的处理方式，同时针对不同处理方式下产生的 Pareto 解集进行深入分析，实验结果对生产实践具有一定指导作用。

第 9 章 工艺规划与作业车间调度集成问题研究

9.1 引言

工艺规划和作业车间调度是制造系统中两个十分重要的子系统。在传统研究中，研究人员将两者作为各自独立的系统，分别进行研究。工艺规划是指给定一个待加工工件，选取必要的工序来实现该零件的所有加工特性，并且在满足工序间先后约束的情况下确定所有工序的加工顺序和加工资源。作业车间调度是在满足工艺规划产生的产品工艺路线约束及其他约束（如材料、时间、人员、设备等）情况下，分配各工序到具体机器上进行加工、安排加工顺序。可见，传统的工艺规划与作业车间调度是一种顺序关系。这种离散的系统无法充分利用产品工艺路线的非唯一性所产生的制造系统柔性。

工艺规划与作业车间调度集成（integrated process planning and scheduling，IPPS）问题，也可以称为具有多加工路线的柔性作业车间调度问题，主要考虑了工艺系统与调度系统之间的关联性，打破传统独立研究的方式。其关联性包括三种柔性：加工柔性（processing flexibility，PF）、序列柔性（sequencing flexibility，SF）和工序柔性（operation flexibility，OF）。加工柔性是指同一加工特性可以由不同的工序或者工序组合来完成，该柔性又被称为加工路径柔性；序列柔性是指多个工件加工时存在不同顺序的工序序列；工序柔性是指相同的工序可以在不同的机器上实现，同一工序在不同机器上实现通常需要不同的加工时间和加工费用。在 IPPS 中同时考虑以上三种柔性有助于获取结果的整体最优值。

本章首先对 IPPS 问题进行了简单描述，并在此基础上进行数学建模。最后提出了自适应多策略人工蜂群算法（adaptive multi-strategy artificial bee colony algorithm，AMSABC）求解多目标 IPPS 问题。该算法针对问题特性，提出了一种新颖的编码/解码策略,以及相应的邻域结构;为了动态平衡算法的探索能力和开发能力,通过搜索进程中的反馈信息,动态调控搜索策略;同时,为了提高算法针对不同目标特性的开发能力,提出了一种多目标局部搜索方法。

9.2 问题描述与数学模型

IPPS 问题定义为:给定 n 个待加工工件,m 台加工设备的制造车间,每个工件存在多条可选的工艺路线,各工艺路线中包含多道加工工序,每一道工序可以由不同的设备完成加工,每一个设备具备完成加工不同工序的能力,调度的目标是确定每个工件的工艺路径,工件的每一道工序的加工机器,以及每台机器上各工件的加工顺序。

为了更好地描述与理解问题,我们对其进行如下假设:
- 若某工序在设备上已开始加工,则不能中断,直到工序完成;
- 在同一时刻,一台设备只能加工一道工序;
- 若加工产品的工序间为串行情况,则在同一时刻,一个工件只能在一台设备上加工;
- 若加工产品的工序间为并行情况,则在同一时刻,一个产品的多道并行工序可以被不同设备同时加工;
- 各个工件之间相互独立,没有优先级差异;
- 在开始阶段,所有的设备处于空闲状态;
- 忽略工件在设备之间的运输时间和设备准备时间,设备的缓冲区无限大。

整个 IPPS 问题的生产流程如图 9-1 所示。

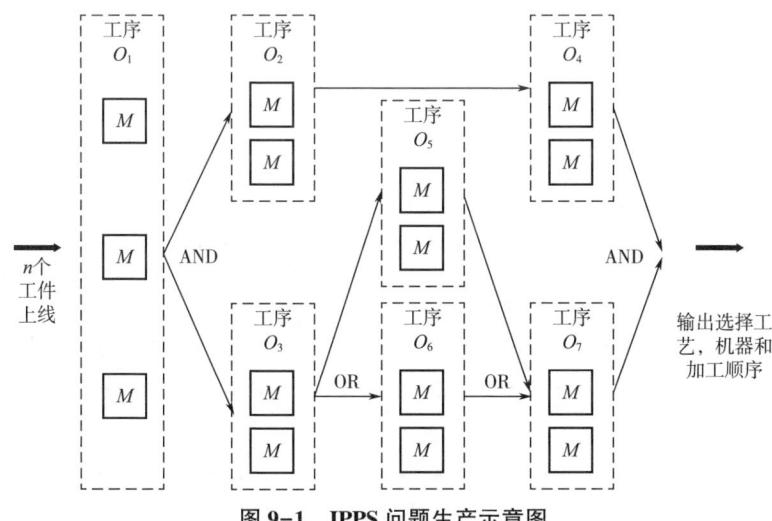

图 9-1 IPPS 问题生产示意图

表 9-1 定义了用于描述 IPPS 调度问题的数学符号。

表 9-1　　　　　　　　　　IPPS 问题数学符号及意义

IPPS 部分

i, i' 为工件序号，i, $i' = 1, 2, \cdots, n$；
k 为机器序号，$k = 1, 2, \cdots, m$；
j, j' 为工序序号；
n 为工件总数；
m 为机器总数；
g_i 为工件 i 所有可选工艺路线的数目；
s_{ijlk} 为工序 O_{ijl} 在机器 k 上的开始加工时间；
W_t 为机器总负荷最小；
l, l' 为工艺路线序号；

A 为一个足够大的整数；
p_{ijk} 为工序 O_{ij} 在机器 k 上的加工时间；
C_i 为第 i 个工件的完工时间；
C_m 为最大完工时间最小；
W_m 为最大负荷机器最小；
n_{il} 为工件 i 第 l 条工艺路线包含的工序总数；
O_{ijl} 为工件 i 在第 l 条工艺路线上的第 j 道工序；
c_{ijlk} 为工序 O_{ijl} 在机器 k 上的结束加工时间。

$$X_{il} = \begin{cases} 1, & \text{如果工件 } i \text{ 的第 } l \text{ 条工艺路线被选中} \\ 0, & \text{否则} \end{cases}$$

$$Y_{ijli'j'l'k} = \begin{cases} 1, & \text{如果在机器 } k \text{ 上 } O_{ijl} \text{ 先于 } O_{i'j'l'} \text{ 完成加工} \\ 0, & \text{否则} \end{cases}$$

$$Z_{ijlk} = \begin{cases} 1, & \text{如果工序 } O_{ijl} \text{ 选择机器 } k \\ 0, & \text{否则} \end{cases}$$

基于上述变量和下标，工艺规划与作业车间调度集成问题的模型建立如下。

$$C_m = \min(\max_{1 \leqslant i \leqslant n}(C_i)) \tag{9-1}$$

$$W_m = \min(\max_{1 \leqslant k \leqslant m} \sum_{i=1}^{n} \sum_{j=1}^{n_{il}} \sum_{l=1}^{g_i}(p_{ijlk} \times X_{il} \times Z_{ijlk})) \tag{9-2}$$

$$W_t = \min(\sum_{k=1}^{m} \sum_{i=1}^{n} \sum_{j=1}^{n_{il}} \sum_{l=1}^{g_i}(p_{ijlk} \times X_{il} \times Z_{ijlk})) \tag{9-3}$$

约束条件：

$$c_{i1lk} \times Z_{i1lk} \times X_{il} + A(1 - X_{il}) \geqslant p_{i1lk} \times Z_{i1lk} \times X_{il} \tag{9-4}$$

式中：$i = 1, 2, \cdots, n$；$l = 1, 2, \cdots, g_i$；$k = 1, 2, \cdots, m$。

$$c_{in_{il}lk} \times Z_{in_{il}lk} \times X_{il} - A(1 - X_{il}) \leqslant makespan \tag{9-5}$$

式中：$i = 1, 2, \cdots, n$；$l = 1, 2, \cdots, g_i$；$k = 1, 2, \cdots, m$。

$$c_{ijlk_0} \times Z_{ijlk_0} \times X_{il} - c_{i(j-1)lk_1} \times Z_{i(j-1)lk_1} \times X_{il} + A(1 - X_{il}) \geqslant p_{ijlk_0} \times Z_{ijlk_0} \times X_{il} \tag{9-6}$$

式中：$i = 1, 2, \cdots, n$；$j = 1, 2, \cdots, n_{il}$；$l = 1, 2, \cdots, g_i$；$k_0, k_1 = 1, 2, \cdots, m$。

$$c_{i'j'l'k} \times Z_{i'j'l'k} \times X_{i'l'} - c_{ijlk} \times Z_{ijlk} \times X_{il} + A(1 - X_{il}) + A(1 - X_{i'l'}) \\ + A(1 - Y_{ijli'j'l'k} \times Z_{i'j'l'k} \times X_{i'l'} \times Z_{ijlk} \times X_{il}) \geqslant p_{i'j'l'k} \times Z_{i'j'l'k} \times X_{i'l'} \tag{9-7}$$

$$c_{ijlk} \times Z_{ijlk} \times X_{il} - c_{i'j'l'k} \times Z_{i'j'l'k} \times X_{i'l'} + A(1 - X_{il}) + A(1 - X_{i'l'})$$
$$+ A(X_{ijli'j'l'k} \times Z_{i'j'l'k} \times X_{i'l'} \times Z_{ijlk} \times X_{il}) \geq p_{ijlk} \times Z_{ijlk} \times X_{il} \quad (9\text{-}8)$$

式中：i, $i' = 1, 2, \cdots, n$；$j = 1, 2, \cdots, n_{il}$；$j' = 1, 2, \cdots, n_{i'l'}$；$l = 1$, $2, \cdots, g_i$；$l' = 1, 2, \cdots, g_{i'l'}$；$k = 1, 2, \cdots, m$。

$$\sum_{l=1}^{g_{il}} X_{il} = 1 \quad (9\text{-}9)$$

式中：$l = 1, 2, \cdots, g_{il}$。

$$\sum_{k=1}^{m} Z_{ijlk} = 1 \quad (9\text{-}10)$$

式中：$i = 1, 2, \cdots, n$；$j = 1, 2, \cdots, n_{il}$；$l = 1, 2, \cdots, g_i$。

$$c_{ijlk} \times Z_{ijlk} \times X_{il} \geq 0 \quad (9\text{-}11)$$

式中：$i = 1, 2, \cdots, n$；$j = 1, 2, \cdots, n_{il}$；$l = 1, 2, \cdots, g_i$。

式（9-1）~式（9-3）是算法最小化的三个目标，即最大完工时间最小、最大负荷机器最小和机器总负荷最小；式（9-4）表示工件 i 第 l 条工艺路线的第一道工序的最早完工时间约束；式（9-5）表示工件 i 第 l 条工艺路线的最后一道工序的最早完工时间约束；式（9-6）表示工序约束，即同一时刻每个工件只能有一道工序被加工；式（9-7）和式（9-8）表示机器约束，即每台机器在同一时刻只能加工一道工序；式（9-9）表示工艺路线约束，即每个工件每次只能选择一条工艺路线；式（9-10）表示每道工序只能选择一台可选机器进行加工；式（9-11）为所有工序的完工时间都应该满足的约束。

9.3 工艺规划与作业车间调度集成问题的网络图模型

IPPS 问题的三种柔性可以通过网络图表示[248]，如图 9-2 所示。图中有三类节点，开始节点、中间节点和结束节点。开始节点（S）和结束节点（E）都是虚拟节点，分别表示制造过程的开始和结束；中间节点（用数字标记），它包含了该工序的可选机器资源和对应机器的加工时间。例如，图中工件 1 的第 2 个工序，包括两台可选机器 2 和 3，其加工时间分别为 9 和 12。网络图中的箭头表示工序之间的加工次序约束。图中的"OR"表示加工柔性，通过不同的作业流程可以实现相同的制造特性，一个"OR"之下只需要经过一条加工路径。例如，图中工件 2 的路径（7，9）和（8）表示同一个"OR"之下的两条不同加工路径，在实际加工过程中只需要经过一条路径。另外，一条加工路径可以被包含在另外一条加工路径之中。例如，图中工件 2 的路径（7，9）和（8）被包含在路径（6，7，8，9，10）中。那些没有"OR"符号表示的链接，必须根据加工次序约束全部调用。每个工序的可选机器表示工序柔性，即相同工序可以在不同的机器上加工。序列柔性由图中不同的工序遍历顺序决定。一条可用的路径由开始节点开始,在结束节点结束。表 9-2 给出了每个工序的可选机器和加工时间。

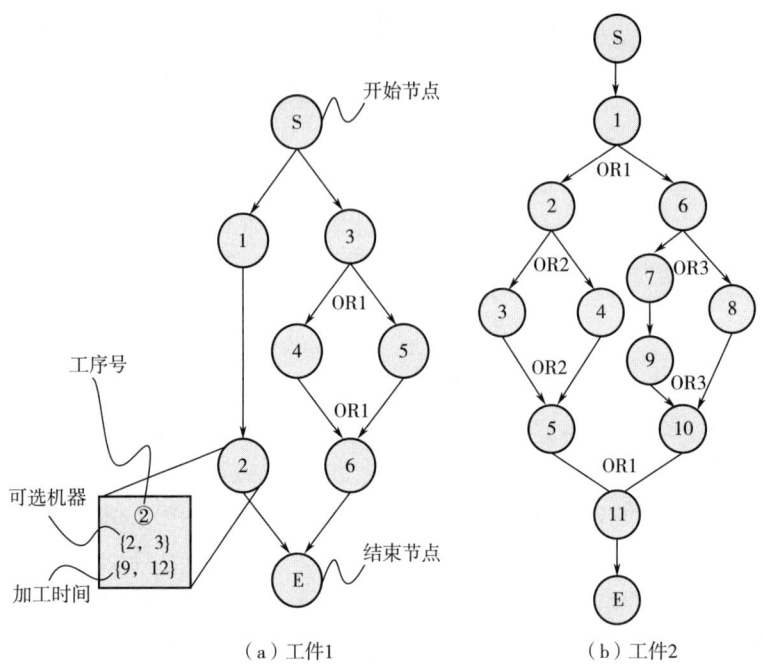

图 9-2 工艺规划网络图

表 9-2 工件加工工艺信息表

工件 1	工序号	O_{11}	O_{12}	O_{13}	O_{14}	O_{15}	O_{16}				
	可选机器	1,2	2,3	1,4	2,3	1,2,3	1,4				
	加工时间	11,10	9,12	15,17	9,13	9,12,14	10,15				
工件 2	工序号	O_{21}	O_{22}	O_{23}	O_{24}	O_{25}	O_{26}	O_{27}	O_{28}	O_{29}	O_{210}	O_{211}
	可选机器	1,2,3	1,2	1,3	2,4	3	1,2	2,4	2,4	3,4	1,4	3,4
	加工时间	2,8,10	14,12	13,15	13,16	14	13,15	12,17	16,12	14,12	11,14	6,13

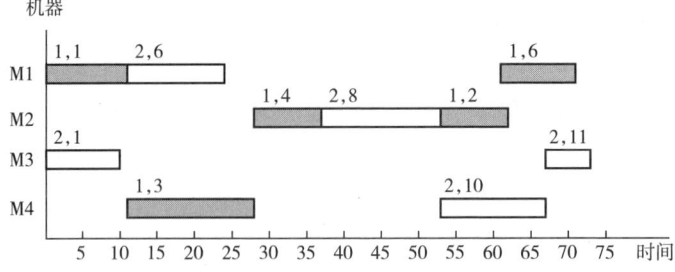

图 9-3 IPPS 甘特示意图

图 9-3 给出了对应上述实例一个解的甘特图。每个方框上方用 i, j 表示工序 o_{ij}，其左边，也就是横坐标表示此工序的开始时间 s_{ijlk}，其水平方向的长度表示此工序的加工时间 p_{ijlk}。

9.4 自适应多策略人工蜂群算法求解 IPPS

9.4.1 多策略自适应

ABC 算法具有很好的探索性，但开发能力弱。为了解决这个问题，研究者认为引入新的搜索公式，并且在进化过程中进行多策略自适应选择，是一种有效的解决方案[101]。在本节中详细介绍了两类具有不同特性的搜索公式。第一种，"DE/rand-to-best/1"具有更多随机选择的个体可以加强探索；第二种，CABC_Elite 通过引进精英个体有利于开发。由于种群中个体的寻优过程是一个适应过程，本研究将根据成功率动态调整 CABC_Elite 策略的选择概率，以实现探索和开发的平衡。

（1）DE/rand-to-best/1

文献[115]指出，具有两个向量的差分方程比只有一个向量的差分公式能提供更好的扰动特性。如式（9-12）所示，等式在第一个向量中采用了随机数，在第二个向量中采用了迄今为止找到的最好解，在第三个向量中采用了可以增加多样性的方向信息。

$$X'_{i,j} = X_{r1,j} + \varphi_{i,j} \times (X_{best,j} - X_{r1,j}) + \varphi_{i,j} \times (X_{r2,j} - X_{r3,j}) \qquad (9-12)$$

其中，$X_{best,j}$ 表示当代最优解的第 j 个维度。$r1$, $r2$, $r3 \in \{1, 2, \cdots, FN\}$，且 $r1 \neq r2 \neq r3 \neq best$。$\varphi_{i,j}$ 是[0, 1.0]之间的随机数，$\varphi_{i,j}$ 是[-1.0, 1.0]之间的随机数。

（2）CABC_Elite

上述搜索公式在提高探索能力的同时，也具有一定的开发能力。但由于 ABC 算法的开发能力较差，开发能力有待进一步提高。为了充分利用 ABC 算法的遍历性、不规则性和随机性，本研究对混沌 ABC（CABC）算法[197]进行改进，提出了两个 CABC 算法的变体式，如式（9-13）和式（9-14）所示。我们采用这两个新设计的搜索方程来生成候选解，即 CABC_Elite。CABC_Elite 将 CABC 中的随机解的搜索范围限制为围绕种群的精英解进行，提高了算法的开发能力。

$$X'_{i,j} = X_{pbest,j} + \varphi_{i,j} \times (X_{pbest,j} - X_{r1,j}) \qquad (9-13)$$

$$X'_{i,j} = X_{pbest,j} + \varphi_{i,j} \times (X_{r1,j} - X_{r2,j}) \qquad (9-14)$$

其中，X_{pbest} 表示从种群的前 20% 解中随机选择的个体。$r1, r2 \in \{1, 2, \cdots, FN\}$，且 $r1 \neq r2 \neq pbest$。$\varphi_{i,j}$ 是 $[-1.0, 1.0]$ 之间的随机数。

在雇佣蜂阶段，搜索工作应该集中在探索上。为了找到更好的解决方案，我们使用"DE/rand-to-best/1"，可以搜索更多的区域。在跟随蜂阶段，CABC_Elite 可以利用高质量解的信息有效地提高收敛速度。在进化后期，种群陷入局部最优。CABC_Elite 策略的两个公式的随机选择提供了不同的扰动，增加了逃脱局部最优的可能性。

文献[249]对探索和开发进行了更详细的研究。任何搜索公式都同时具有探索和开发的能力。探索过程提高了远离当前最近邻域的搜索能力，而开发过程增加了围绕当前最近邻域的搜索能力。在 AMSABC 中，为了充分利用不同的搜索公式，如何协调探索与开发的比例是非常重要的。

本章采用的多策略自适应机制与第 4 章相同，具体讨论分析参看 4.3.3 小节，其策略自适应公式为

$$pf_G = (1-c) \times pf_G + c \times mean_A(p_{1,G}) \tag{9-15}$$

9.4.2 编码和解码

本研究为求解 IPPS 问题，设计了一种扩展的基于工序的编码机制，如图 9-4 所示，该图是根据图 9-2 和表 9-2 生成的解（图 9-3）的编码。每个解包括三个序列：OR 序列 X^{ors}、工序序列 X^{os} 和机器序列 X^{ms}，$X = \{X^{ors}, X^{os}, X^{ms}\}$。在 OR 序列中，0 表示左侧加工路径被选择，1 表示右侧加工路径被选择，以此类推。例如，$X^{ors} = \{0\ 1\ 0\ 1\}$，其中 $X^{ors}(4) = 1$ 表示工件 2 的 "OR3" 选择了右侧的加工路径。工序序列表示所有工序的加工顺序，其中每个元素是从 0 开始的不重复的整数，表示不同的工件的不同工序。例如，$X^{os} = \{0\ 6\ 2\ 11\ 3\ 7\ 9\ 4\ 12\ 8\ 13\ 15\ 14\ 1\ 0\ 15\ 16\}$，其中 $X^{os}(6) = 7$ 表示工件 2 的第 2 个工序 O_{22}。第三个序列是机器序列，其中每个元素表示每个工序对应的加工机器。例如，$X^{ms} = \{0\ 0\ 1\ 0\ 0\ 0\ 2\ 1\ 0\ 0\ 0\ 0\ 1\ 0\ 0\ 1\ 0\}$，其中 $X^{ms}(7) = 2$ 表示工序 O_{21} 使用了第 3 个可选的机器（机器 10）。

由于 X^{os} 中的元素的次序不受约束，其任意的排列顺序产生的结果常为不可行解。同时，并不是 X^{os} 中所有工序都参与加工，这就需要 OR 序列进行判定。所以，在解码阶段，图 9-4 所示的解首先需要简化，即根据每个工件的 OR 序列决定哪些工序参与实际的调度；同时，将不合理（冲突的）工序加工顺序进行整理。本章采用改进 Giffler&Thompson 算法，增加 OR 序列判定步骤，并将原算法中从冲突集随机选取改为根据 X^{os} 中元素顺序选取。

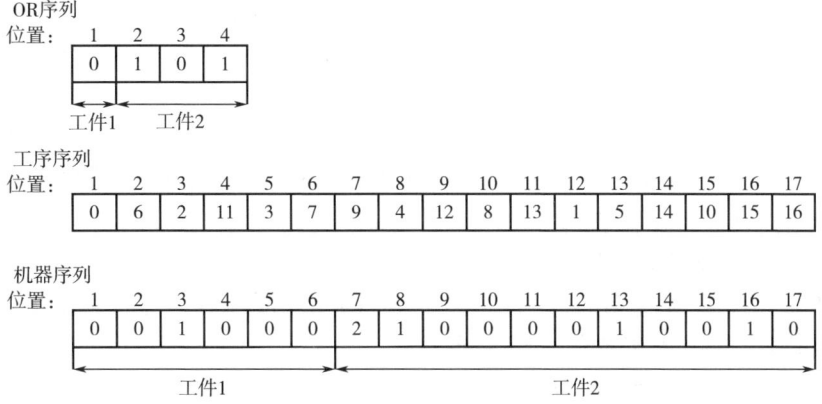

图 9-4 IPPS 编码方法

改进 Giffler&Thompson 算法如下。

① 根据 X^{ors}，从 X^{os} 和 X^{ms} 中删除未被选择的 OR 路径上的工序及其相应机器。

② 令 $Q(1) = \{o_{ij} | i=1, \cdots, n; j=1, \cdots, m\}$ 为 X^{os} 上所有剩余操作的集合；$S(1)$ 为所有工件第 1 道操作的集合。

③ 令 $t=1$。

④ 令 o_i^* 为满足 $p(o_i^*) = \{o_i^* < |o_{ij}|^* o_i, o_{ij} \in S(t)\}$，根据 X^{os} 工序顺序进行判定，并确定该操作 o_i^*。

⑤ 生成 $Q(t+1) = Q(t) \setminus \{o_i^*\}$。由 $S(t)$ 除去操作 o_{im}^*，并添加工件 i 的下一道工序集来生成集合 $S(t+1)$。

⑥ 若 $Q(t+1)$ 为非空，则令 $t=t+1$，并转步骤④；否则结束算法。

9.4.3 种群初始化

种群初始化在进化算法中是一个关键问题，初始解的质量对算法求解速度和质量有非常大的影响。IPPS 要解决加工路径和机器的选择问题，还要解决所有工序排序问题。本章采用随机方式和改进优先分配规则相结合的方式。其中，OR 序列采用随机选择的方法；工序序列和机器序列采用 4.4.2 小节提出的多目标多规则 Giffler&Thompson 算法产生初始解。

9.4.4 邻域结构

上述编码方式不仅可以表征全部调度空间，而且操作的任意排列均能够对应可行调度。然而，在这种编码方式下，却无法采用基本 ABC 的操作算子进化。

由 ABC 的进化机理可知，变异算子体现了个体在寻优过程中的信息交换和相互学习行为，它是个体从当前群体中获取信息的有效方式。因此，结合 IPPS 问题特性，本章提出了两层领域结构分别用于工序调度和资源分配。

（1）工序调度

采用式（9-16）~式（9-19），对工序序列进行变异操作，获得变异位置，进行交换操作，产生新解。

（2）资源分配

采用式（9-16）~式（9-19），对 OR 序列和机器序列进行变异操作，获得新的可行解，进行替换操作，产生新解。

$$x'_{i,j,l} = x_{a,j,l} + \varphi_{i,j,l} \times (x_{b,j,l} - x_{c,j,l}) = x_{a,j,l} \oplus \delta_{i,j,l} =$$

$$\begin{cases} mod(round(X^{ors}_{a,l} + \delta^{ors}_{i,l} + no), no) & OR\text{序列} \\ mod(round(x^{os}_{a,j} + \delta^{os}_{i,j} + n), n) & \text{工序序列} \\ mod(round(X^{ms}_{a,j} + \delta^{ms}_{i,j} + mac[j]), mac[j]) & \text{机器序列} \end{cases} \quad (9\text{-}16)$$

$$\delta_{i,j,l} \Leftrightarrow \begin{cases} \delta^{ors}_{i,l} = \varphi_{i,j} \times (X^{ors}_{b,l} - X^{ors}_{c,l}) & OR\text{序列} \\ \delta^{os}_{i,j} = \varphi_{i,j} \times (x^{os}_{b,j} - x^{os}_{c,j}) & \text{工序序列} \\ \delta^{ms}_{i,j} = \varphi_{i,j} \times (X^{ms}_{b,j} - X^{ms}_{c,j}) & \text{机器序列} \end{cases} \quad (9\text{-}17)$$

其中，$mod(\cdot)$ 是取余操作，$round(\cdot)$ 是向下取整操作，$mac[j]$ 表示工序 j 的可选机器数量。具有两个向量的变异式（9-18），与上述变异过程相同：

$$x'_{i,j,l} = x_{a,j,l} + \varphi_{i,j,l} \times (x_{b,j,l} - x_{a,j,l}) + \varphi_{i,j,l} \times (x_{c,j,l} - x_{d,j,l})$$
$$= X_{a,j,l} \oplus \delta(1)_{i,j,l} \oplus \delta(2)_{i,j,l} =$$

$$\begin{cases} mod(round(X^{ors}_{a,l} + \delta(1)^{ors}_{i,l} + \delta(2)^{ors}_{i,l} + 2 \times no), no) & OR\text{序列} \\ mod(round(x^{os}_{a,j} + \delta(1)^{os}_{i,j} + \delta(2)^{os}_{i,j} + 2 \times n), n) & \text{工序序列} \\ mod(round(X^{ms}_{a,j} + \delta(1)^{ms}_{i,j} + \delta(2)^{ms}_{i,j} + 2 \times mac[j]), mac[j]) & \text{机器序列} \end{cases} \quad (9\text{-}18)$$

下面通过一个实例详细的阐述该变异操作。根据图 9-2 和表 9-2 给定 5 个可行解，X_i，X_a，X_b，X_c 和 X_d，并设 $j = 6$，$l = 3$，$\varphi_i = 0.5$，$\varphi_i = -0.3$。

$X_i = \{0\ 1\ 0\ 1,\ 0\ 6\ 2\ 11\ 3\ 7\ 9\ 4\ 12\ 8\ 13\ 1\ 5\ 14\ 10\ 15\ 16,\ 0\ 0\ 1\ 0\ 0\ 0\ 2\ 1\ 0\ 0\ 0\ 0\ 1\ 0\ 0\ 1\ 0\}$
$X_a = \{1\ 0\ 0\ 1,\ 0\ 1\ 2\ 3\ 4\ 5\ 6\ 7\ 8\ 9\ 10\ 11\ 12\ 13\ 14\ 15\ 16,\ 1\ 0\ 1\ 0\ 2\ 1\ 0\ 1\ 1\ 0\ 0\ 0\ 0\ 1\ 1\ 0\ 1\}$
$X_b = \{0\ 1\ 1\ 1,\ 6\ 7\ 8\ 9\ 10\ 11\ 12\ 13\ 14\ 15\ 16\ 1\ 0\ 2\ 3\ 4\ 5,\ 0\ 1\ 1\ 0\ 1\ 0\ 1\ 1\ 0\ 1\ 0\ 0\ 1\ 1\ 0\ 0\ 1\ 0\}$
$X_c = \{0\ 0\ 0\ 1,\ 0\ 6\ 1\ 7\ 2\ 14\ 3\ 9\ 4\ 10\ 5\ 12\ 11\ 8\ 13\ 15\ 16,\ 1\ 0\ 1\ 0\ 1\ 1\ 2\ 0\ 1\ 0\ 0\ 0\ 1\ 1\ 1\ 1\ 1\}$
$X_d = \{1\ 1\ 1\ 0,\ 11\ 0\ 2\ 12\ 1\ 8\ 12\ 3\ 15\ 16\ 4\ 5\ 6\ 7\ 14\ 9\ 10,\ 1\ 0\ 1\ 0\ 1\ 0\ 2\ 0\ 1\ 0\ 0\ 0\ 1\ 1\ 1\ 1\ 1\}$

根据上述公式，X_i 的变异操作如下。

$$x'_{i,6,3} = x_{a,6,3} + \varphi_i \times (x_{b,6,3} - x_{a,6,3}) + \varphi_i \times (x_{c,6,3} - x_{d,6,3})$$

$$\delta(1)^{ors}_{i,3} = \varphi_i \times (X^{ors}_{b,3} - X^{ors}_{a,3}) = 0.5 \times (1 - 0) = 0.5$$

$$\delta(2)^{ors}_{i,3} = \varphi_i \times (X^{os}_{c,3} - X^{ors}_{d,3}) = -0.3 \times (0 - 1) = 0.3$$

$$x^{ors'}_{i,3} = mod(round(x^{ors}_{a,3} + \delta(1)^{ors}_{i,3} + \delta(2)^{ors}_{i,3} + 2 \times 4), 4)$$
$$= mod(round(0 + 0.5 + 0.3 + 2 \times 4), 4) = 1$$

$$\delta(1)_{i,6}^{os} = \varphi_i \times (X_{b,6}^{os} - X_{a,6}^{os}) = 0.5 \times (11 - 5) = 3$$
$$\delta(2)_{i,6}^{os} = \varphi_i \times (X_{c,6}^{os} - X_{d,6}^{os}) = -0.3 \times (14 - 8) = -1.8$$
$$x_{i,6}^{os'} = mod(round(x_{a,6}^{os} + \delta(1)_{i,6}^{os} + \delta(2)_{i,6}^{os} + 2 \times 17), 17)$$
$$= mod(round(5 + 3 - 0.18 + 2 \times 17), 17) = 8$$
$$\delta(1)_{i,6}^{ma} = \varphi_i \times (X_{b,6}^{ma} - X_{a,6}^{ma}) = 0.5 \times (0 - 1) = -0.5$$
$$\delta(2)_{i,6}^{ma} = \varphi_i \times (X_{c,6}^{ma} - X_{d,6}^{ma}) = -0.3 \times (1 - 0) = -0.3$$
$$x_{i,6}^{ma'} = mod(round(x_{a,6}^{ma} + \delta(1)_{i,6}^{ma} + \delta(2)_{i,6}^{os} + 2 \times 17), 17)$$
$$= mod(round(1 - 0.5 - 0.3 + 2 \times 17), 17) = 0$$

工序序列进行交换操作。由 $x_{i,6}^{os'} = 8$，$X^{os}(10) = 8$ 可得变异位置为 10。将 $X^{os}(6)$ 与 $X^{os}(10)$ 的元素进行互换。OR 序列和机器序列中的元素，直接用变异操作的结果进行替换，$X^{ors'}(3) = 1$，$X^{ms'}(6) = 0$。如图 9-5 所示，获得 X_i 的邻域结构 X_i'。

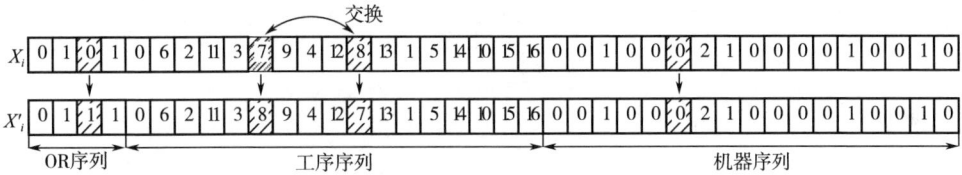

图 9-5　IPPS 邻域结构

9.4.5　局部搜索策略

为了进一步提高算法的开发能力，本研究提出了一种面向调度问题的多目标局部搜索方法。它包含 N5 邻域结构[7]和强化搜索两种搜索方法。第一种方法解决最大完工时间最小准则的优化目标，第二种方法解决最大负荷机器最小和机器总负荷最小目标。这两种搜索方法是对当前迭代中获取的非支配解进行轻微扰动。当进行局部搜索时，每次随机选择一种方法执行。最后，用新生成解中找到的最优解，替换当前种群中的最差解。

（1）N5 邻域结构

两个连续工序的交换操作，其中任何一个工序都是属于一个关键路径的块中的一个工序。更准确地说，当关键路径上的一个块至少包含两个工序时，我们交换该块中的前两个和后两个工序。这里也存在特例情况，在第一个块中，我们只交换最后两个工序，在最后一个块中，我们只交换前两个工序。如图 9-6 所示。

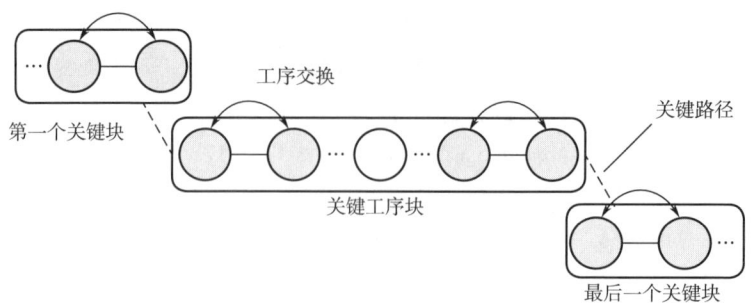

图 9-6　邻域搜索方法—N5

（2）强化搜索

在工作负载最高的机器上随机删除一个工序，然后将该工序转移到另外的备选机器上。最大负荷机器和机器总负荷同时得到扰动。如图 9-7 所示。

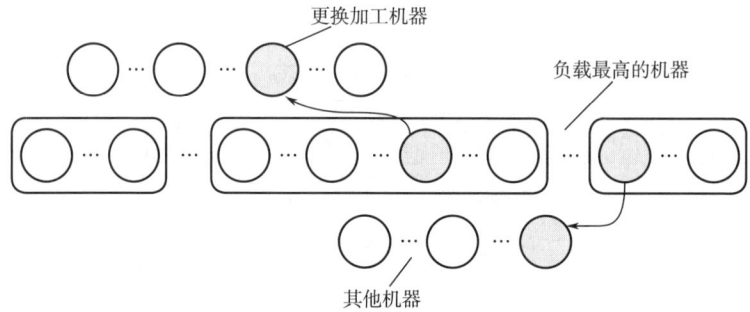

图 9-7　邻域搜索方法—强化搜索

9.4.6　选择过程

本章采用快速非支配排序方法（fast non-dominated sorting approach）来构造非支配解集[144]，如图 9-8 所示。具体过程如下：首先，将父代 P_t 与子代 Q_t 合并，$R_t = P_t + Q_t$。然后 R_t 根据非支配解进行排序，保留精英解。最佳非支配解集 F_1 是 R_t 中的最佳解的集合，如果 F_1 集合的规模小于 NP，我们会将 F_1 中的所有个体添加到新的种群 P_{t+1} 中。种群 P_{t+1} 的其他个体将按照解的等级，从后续的非支配解前沿中选择。这样一来，F_2 集合中的解紧接着被选择，然后是 F_3 集合中的解，以此类推。这个过程将继续进行，直到不能容纳更多的集合为止。假设集合 F_l 是最后一个非支配解集，在此之外不能容纳任何其他集合。一般来说，从 F_1 到 F_l 的所有集合的解的数量总和大于种群大小 NP。为了精确地选择 NP 个解作为新种群成员，我们使用拥挤比较操作将最后一个集合 F_l 中的解进行降序排序，并选择其中最好的解填满种群的剩余位置。

第9章 工艺规划与作业车间调度集成问题研究 177

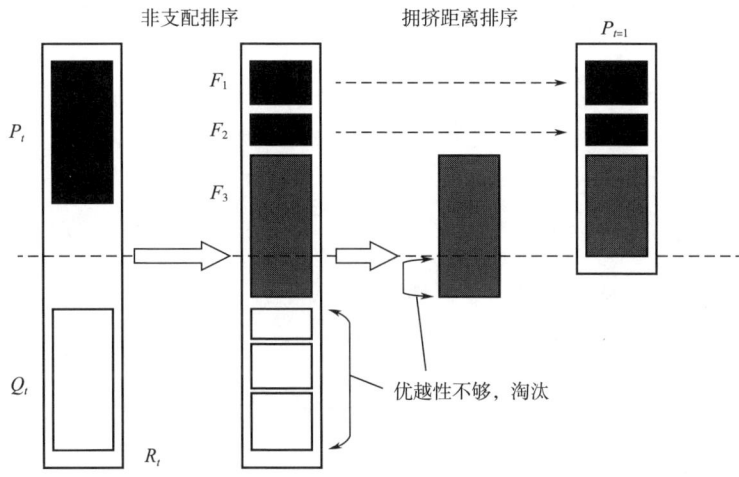

图 9-8　快速非支配排序方法

9.4.7　自适应多策略人工蜂群算法架构

AMSABC 算法流程如下。

步骤 1. 初始化阶段

　　初始化参数：FoodNumber（FN）= $NP/2$，MaximumCycleNumber（MCN），$limit$，$trail(i)$，pf，ns_k，nf_k。

　　初始种群（参见 9.4.3 小节）。

　　评价解集中每个解，将非支配解记为最优解。

for $cn = 1$ to MCN do

步骤 2. 雇佣蜂阶段

　　for $i = 1$ to FN do

　　　　随机选择 $j \in \{1, 2, \cdots, NP\}$，$l \in \{1, 2, \cdots, NO\}$。

　　　　在非支配解集中随机选择解 X_{best}。

　　　　从当前解集中随机选取三个解 $r1, r2, r3 \in \{1, 2, \cdots, FN\}$。$r1 \ne r2 \ne r3$。

　　　　$X'_{i,j} = X_{r1,j} + \varphi_{i,j} \times (X_{best,j} - X_{r1,j}) + \varphi_{i,j} \times (X_{r2,j} - X_{r3,j})$

　　　　　　　　　　　　// $\varphi_{i,j} \in [0, 1.0]$，$\varphi_{i,j} \in [-1.0, 1.0]$

　　　　if $f(X'_i) < f(X_i)$

　　　　　　$X_i = X'_i$；$trail(i) = 0$；

　　　　else

续表

    $trail(i) = trail(i) + 1$；
   end if
  end for
更新最优解集。
步骤3. 跟随蜂阶段
  for $t = 1$ to FN do
   随机选择 $j \in \{1, 2, \cdots, NP\}$，$l \in \{1, 2, \cdots, NO\}$。
   从当前解集中随机选取解 X_i，和一个 $top20\%$ 的解 X_{pbest}。
   if $rand(0, 1) < pf$ do
    $flag = 0$
    从当前解集中随机选取解 $r1 \in \{1, 2, \cdots, FN\}$。$r1 \neq pbest$。
    $X'_{i,j} = X_{pbest,j} + \varphi_{i,j} \times (X_{pbest,j} - X_{r1,j})$ // $\varphi_{i,j} \in [-1.0, 1.0]$
   else
    $flag = 1$
    从当前解集中随机选取两个解 $r1, r2 \in \{1, 2, \cdots, FN\}$。$r1 \neq r2 \neq pbest$。
    $X'_{i,j} = X_{pbest,j} + \varphi_{i,j} \times (X_{r,j} - X_{r2,j})$ // $\varphi_{i,j} \in [-1.0, 1.0]$
   end if
   if $f(X'_i) < f(X_i)$
    $X_i = X'_i$；$trail(i) = 0$；
    if $flag = 0$，ns_1++；otherwise，ns_2++。
   else
    $trail(i) = trail(i) + 1$；
    if $flag = 0$，nf_1++；otherwise，nf_2++。
   end if
  end for
根据式（9-15），更新搜索策略的成功率 pf。
选择下一代种群（参见9.4.6小节）。
更新最优解集。
步骤4. 侦察蜂阶段
  从解的 $trail(\cdot)$ 最大值中随机选取一个 $trail(i)$
  if $trail(i) > limit$ do
   随机产生一个新解，并替换解 X_i。

续表

$trail(i) = 0$
end if
步骤5. 局部搜索阶段
对当代获取的每一个非支配解进行局部搜索（参见9.4.5小节）。
用新生成解中的最优解，替换当前种群中的最差解。
end for
输出最优解集。

9.4.8 算法复杂性分析

与基本 ABC 算法相比，AMSABC 算法在选择过程和多目标强化局部搜索部分增加了额外的计算负担。首先，选择过程是采用 NSGA-Ⅱ算法对个体目标值进行分类和排序，进而选取最优的个体进入下一代，其时间复杂度为 $O(m \cdot NP^2)$，m 表示目标数量。其次，多目标强化局部搜索包括 N5 和强化搜索，每次系统随机选择一种方法执行，其时间复杂度为 $O(D \cdot NP^2)$，D 表示可行解的维度。由于，基本 ABC 的时间复杂度为 $O(D \cdot NP)$，本章提出的 AMSABC 时间复杂度为 $O(D \cdot NP^2)$。

值得注意的是，选择过程和多目标强化局部搜索的复杂性是由计算个体之间差异性带来的，这对于目标值评价成本较高的问题是可以忽略不计的[205]。因此，鉴于多目标 IPPS 问题的复杂性，其目标值评价成本较高，AMSABC 算法带来的额外计算负担相对影响较小。

9.5 实验设计与分析

为了验证本章提出的 AMSABC 算法在求解 IPPS 问题上的有效性，进行详细的算例验证和分析。算法使用 C#编程实现，实验平台为 Intel（R）Core™ i5-6500 CPU 3.20GHz 处理器，8GB 内存。为了消除随机误差对算法性能的影响，测试算法在每个测试问题上独立运行 30 次，算法单次运行的终止条件是达到函数评价次数的阈值。此外，考虑到不同测试问题的复杂性，每个测试问题设定的函数评价次数阈值不同。

9.5.1 实验设置

根据文献[250]，参数设定为：$NP=100$，$limit=50$，$FN=50$，1~9 实例的 $FEs=50000$，10~15 实例的 $FEs=70000$，16~21 实例的 $FEs=130000$，22~23

实例的 FEs = 200000，24 实例的 FEs = 250000。其中，FEs 表示函数评价次数。此外，在评估不同算法时，使用的是同一组随机种群作为初始种群。

策略自适应参数 pf 的计算公式中，c = 0.05，详细分析见 4.5.1 小节。

9.5.2 实验算例

本章所研究的 IPPS 问题，其解空间的大小与工件的数量、每个工件的可选工艺路径和操作数量相关。具体来说，加工柔性（PF）、序列柔性（SF）和工序柔性（OF）决定了 IPPS 问题的复杂性。这三个柔性，我们可以通过简单的计算来进行估算。其中，加工柔性通过可选工艺路线数量来表示；工序柔性通过计算每个工序的可选机器的平均数来表示；序列柔性采用式（9-19）来计算。

$$SF = 1 - \sum \frac{2}{n(n-1)} \tag{9-19}$$

其中，n 为每个工件完成加工所需要的最大工序数量。

实验数据来自文献[251]，在该组实验中，由 18 个不同规模的零件和 15 台机器组成 24 个代表不同问题复杂度的测试实例，这 24 个测试实例的工序数目从 79 到 300 不等，更加符合实际制造环境中问题的复杂度。表 9-3 列出了 18 个工件的柔性特性。以工件 15 为例，该工件具有 15 个工序（total of operations，TO），完成该工件加工最多需要 13 道工序，有 4 个可选工艺路线，每道工序平均有 1.87 台待加工机器，其序列柔性 SF 值为 0.73。这里将 PF、SF 和 OF 划分为 3 个等级：PF：低（1-2），中（3-5），高（6+）；SF：低（0.0-0.4），中（0.4-0.7），高（0.7-1.0）；OF：低（1.0-2.0），中（2.0-3.5），高（3.5+）。括号中的值为每种柔性的取值范围。由此，我们实现了对工件柔性特性的准确的度量。例如，工件 15 的柔性为 MHL，这表示该工件的柔性特性为：PF 中、SF 高和 OF 低。

表 9-3　　　　　　　　　　　　　　工件特性

工件	n	TO	PF	SF	OF	柔性
1	8	8	1	0.14	1.62	LLL
2	12	14	2	0.61	2.42	LMM
3	19	19	1	0.76	4.10	LHH
4	13	16	4	0.38	1.81	MLL
5	12	18	3	0.51	4.05	MMH
6	16	20	3	0.72	2.60	MHM
7	14	21	9	0.33	2.47	HLM
8	12	20	10	0.41	1.80	HML

续表

工件	n	TO	PF	SF	OF	柔性
9	17	20	8	0.72	3.80	HHH
10	9	11	2	0.39	2.27	LLM
11	9	9	1	0.67	3.55	LMH
12	16	18	2	0.74	1.83	LHL
13	11	18	5	0.33	3.61	MLH
14	11	13	4	0.58	2.46	MMM
15	13	15	4	0.73	1.87	MHL
16	13	21	6	0.38	3.67	HLH
17	15	22	12	0.69	1.95	HML
18	13	17	8	0.72	2.29	HHM

表 9-4 为具有 24 个实例的测试集,其中第一列是测试实例的序号,第二列表示每个测试实例包含的工件数目,第三列表示该测试实例的工序总数目,第四列包含工件的具体信息。第五列表示测试集工件特性。

表 9-4　　　　　　　　IPPS 测试集[251]

序号	工件数	工序数	包含的工件	特性
1	6	79	1, 2, 3, 10, 11, 12	PF 低
2	6	100	4, 5, 6, 13, 14, 15	PF 中
3	6	121	7, 8, 9, 16, 17, 18	PF 高
4	6	95	1, 4, 7, 10, 13, 16	SF 低
5	6	96	2, 5, 8, 11, 14, 17	SF 中
6	6	109	3, 6, 9, 12, 15, 18	SF 高
7	6	99	1, 4, 8, 12, 15, 17	OF 低
8	6	96	2, 6, 7, 10, 14, 18	OF 中
9	6	105	3, 5, 9, 11, 13, 16	OF 高
10	9	132	1, 2, 3, 5, 6, 10, 11, 12, 15	PF 低或中
11	9	168	4, 7, 8, 9, 13, 14, 16, 17, 18	PF 中或高
12	9	146	1, 4, 5, 7, 8, 10, 13, 14, 16	SF 低或中
13	9	154	2, 3, 6, 9, 11, 12, 15, 17, 18	SF 中或高
14	9	151	1, 4, 7, 8, 12, 15, 17, 18	OF 低或中

续表

序号	工件数	工序数	包含的工件	特性
15	9	149	3, 5, 6, 9, 10, 11, 13, 14, 16	OF 中或高
16	12	179	1, 2, 3, 4, 5, 6, 10, 11, 12, 13, 14, 15	PF 低或中
17	12	221	4, 5, 6, 7, 8, 9, 13, 14, 15, 16, 17, 18	PF 中或高
18	12	191	1, 2, 4, 5, 7, 8, 10, 11, 13, 14, 16, 17	SF 低或中
19	12	205	2, 3, 5, 6, 8, 9, 11, 12, 14, 15, 17, $z18$	SF 中或高
20	12	195	1, 2, 4, 6, 7, 8, 10, 12, 14, 15, 17, 18	OF 低或中
21	12	201	2, 3, 5, 6, 7, 9, 10, 11, 13, 14, 16, 18	OF 中或高
22	15	256	2, 3, 4, 5, 6, 8, 9, 10, 11, 12, 13, 14, 16, 17, 18	—
23	15	256	1, 4, 5, 6, 7, 8, 9, 11, 12, 13, 14, 15, 16, 17, 18, 19	—
24	18	300	1, 2, 3, 4, 5, 6, 7, 8, 9, 10, 11, 12, 13, 14, 15, 16, 17, 18	—

9.5.3 局部搜索策略的有效性

在本章的 9.4.5 小节中，提出了一种局部搜索策略来改进算法的开发能力。本节将 AMSABC 与没有局部搜索功能的 AMSABC 算法（eliminating local search AMSABC，$AMSABC_{EL}$）进行对比。在每个测试问题上，对于不同算法独立运行 30 次后的结果对应的 IGD 和 C 值进行显著水平为 0.005 的 Wilcoxon 检验，并将在统计意义下显著优于其他算法的值标粗（IGD 值越小越好，C 值越大越好）。接下来在表 9-5 和表 9-6 中加粗的结果表示相同的含义。

表 9-5 算法 AMSABC 和 $AMSABC_{EL}$ 所得 IGD 和 C 测试的平均值比较

问题	IGD		AMSABC (A) vs $AMSABC_{EL}$ (B)	
	AMSABC	$AMSABC_{EL}$	C(A, B)	C(B, A)
1	0.1032	0.2500	0.0000	0.0000
2	0.1703	0.1333	0.0250	0.0000
3	0.0360	0.0518	**0.4756**	0.2121
4	0.0254	0.0298	0.0000	0.0000
5	**0.0298**	0.0667	0.1667	0.0345

续表

问题	IGD		AMSABC (A) vs AMSABC$_{EL}$ (B)	
	AMSABC	AMSABC$_{EL}$	$C(A, B)$	$C(B, A)$
6	0.0441	0.0537	**0.1333**	0.0333
7	0.0473	0.0218	0.0000	0.0000
8	0.0304	0.0537	0.2585	0.3333
9	0.0233	0.0285	**0.3012**	0.1724
10	0.1737	0.1256	**0.3730**	0.0669
11	**0.0404**	0.0789	**0.5218**	0.0000
12	**0.0733**	0.2687	0.2326	0.0065
13	0.0651	0.0400	0.3500	**0.4908**
14	0.0398	0.0240	0.3451	0.4000
15	0.0278	**0.0114**	0.0264	0.0333
16	0.0402	0.0541	0.4055	0.0386
17	0.0142	0.0521	0.1326	0.0160
18	0.0186	0.0250	0.2366	0.0333
19	0.0473	0.0893	0.2505	0.1333
20	0.0254	0.0304	0.2685	0.0800
21	**0.0333**	0.0765	0.5218	0.0358
22	**0.0405**	0.1333	**0.7050**	0.2348
23	**0.0113**	0.1450	**0.8130**	0.2630
24	**0.0385**	0.2349	**0.5533**	0.1584
Wilcoxon 检验		73 228		
R − R + p_value		0.0268		

表 9-5 列举了 AMSABC 与 AMSABC$_{EL}$ 在不同种群规模情况下关于 IGD 和 C 测试的平均值比较结果。AMSABC 获得 18 个实例的最好 IGD 值，其中有 7 个实例得到显著改善。相比之下，AMSABC$_{EL}$ 只在实例 15 上获得较好的结果。对实验结果分析后，我们发现 AMSABC 在大规模测试问题（实例 17~24）上优势明显。C 测度的比较结果也得到相似的结论，AMSABC 在 8 个实例上得到显著改善，AMSABC$_{EL}$ 只获得 1 个最优解。产生这样的实验结果，证明了采用局部搜索方法，确实有效地提高了针对特定优化目标的开发能力。

为了进一步验证 AMSABC 的有效性，对表 9-5 的实验结果，使用 SPSS 软件进行非参数检验。$Wilcoxon$ 检验结果表明，p_value 值小于 0.05，说明 AMSABC 与对比算法有显著不同。

9.5.4 多搜索策略的有效性

为了证明本章提出的多策略自适应动态机制在 AMSABC 中的优越性，本节提出了两个不同的算法变体：在跟随蜂阶段，仅使用式（9-13）策略的 AMSABC，简称 CABC_Elite1；仅使用式（9-14）策略的 AMSABC，简称 CABC_Elite2。

表 9-6   不同搜索策略所得 IGD 和 C 测试的平均值比较

问题	IGD			AMSABC (A) vs CABC_Elite1 (B)		AMSABC (A) vs CABC_Elite2 (C)	
	AMSABC	CABC_Elite1	CABC_Elite2	$C(A, B)$	$C(B, A)$	$C(A, C)$	$C(C, A)$
1	0.1032	0.1850	0.1100	0.0000	0.0000	0.0000	0.0000
2	0.1703	0.2743	0.1747	1.0000	0.0000	1.0000	0.0000
3	0.0360	**0.0256**	0.0333	0.0414	0.0000	1.0000	0.0000
4	**0.0254**	0.0443	0.0356	**1.0000**	0.0000	1.0000	0.0000
5	0.0298	0.1004	0.0674	**1.0000**	0.0000	0.3133	0.0000
6	0.0441	0.0583	0.0626	**1.0000**	0.0000	**1.0000**	0.0000
7	0.0473	0.0704	0.0598	**1.0000**	0.0000	**1.0000**	0.0000
8	0.0304	0.0234	0.0333	**1.0000**	0.0000	**1.0000**	0.0000
9	0.0233	0.2264	0.1280	**1.0000**	0.0000	**1.0000**	0.0000
10	0.1737	0.2373	0.1521	**1.0000**	0.0000	**1.0000**	0.0000
11	0.0404	0.0333	**0.0250**	**1.0000**	0.0000	**1.0000**	0.0000
12	0.0733	0.1112	0.1151	**1.0000**	0.0000	**1.0000**	0.0000
13	0.0651	0.0733	0.0532	**0.9169**	0.0000	**1.0000**	0.0000
14	**0.0398**	0.0857	0.0734	**1.0000**	0.0000	0.9333	0.0000
15	0.0402	0.0504	0.1785	**1.0000**	0.0000	**1.0000**	0.0000
16	0.0278	0.0420	0.0521	**1.0000**	0.0000	**1.0000**	0.0000
17	**0.0142**	0.0653	0.0323	**1.0000**	0.0000	**1.0000**	0.0000
18	**0.0186**	0.0333	0.0225	**1.0000**	0.0000	**1.0000**	0.0000
19	**0.0473**	0.0869	0.0722	**1.0000**	0.0000	**1.0000**	0.0000
20	**0.0254**	0.0755	0.1350	**1.0000**	0.0000	**1.0000**	0.0000
21	**0.0333**	0.0462	0.0253	**0.8757**	0.0000	**1.0000**	0.0000
22	**0.0405**	0.1703	0.2500	**1.0000**	0.0000	**1.0000**	0.0000

续表

问题	IGD			AMSABC (A) vs CABC_Elite1 (B)		AMSABC (A) vs CABC_Elite2 (C)	
	AMSABC	CABC_Elite1	CABC_Elite2	C(A, B)	C(B, A)	C(A, C)	C(C, A)
23	**0.0113**	0.3333	0.1699	**1.0000**	0.0000	**1.0000**	0.0000
24	**0.0385**	0.2765	0.1141	**1.0000**	0.0000	**1.0000**	0.0000
Wilcoxon 检验		8 292	38 262				
$R - R + p\_value$		0.0005	0.0014				

表 9-6 列举了 AMSABC、CABC_Elite1 和 CABC_Elite2 关于两测度的比较结果。具体来说，对于 IGD 测度值，AMSABC 在 10 个实例上性能优异，而 CABC_Elite1 和 CABC_Elite2 分别仅获得 1 个最佳值。此外，AMSABC 在 C 值对比实验中，其值大部分等于 1 或趋近于 1，说明 AMSABC 算法通过两种自适应策略有效地避免了算法陷入局部最优，提高了算法的计算效率。从 Wilcoxon 检验结果可以看出，p_value 值均小于 0.05，说明 AMSABC 与其他算法存在显著差异。因此根据实验结果，多策略自适应动态机制比其他两种变体算法更适用于多目标问题搜索过程，并且提高了算法的探索能力。

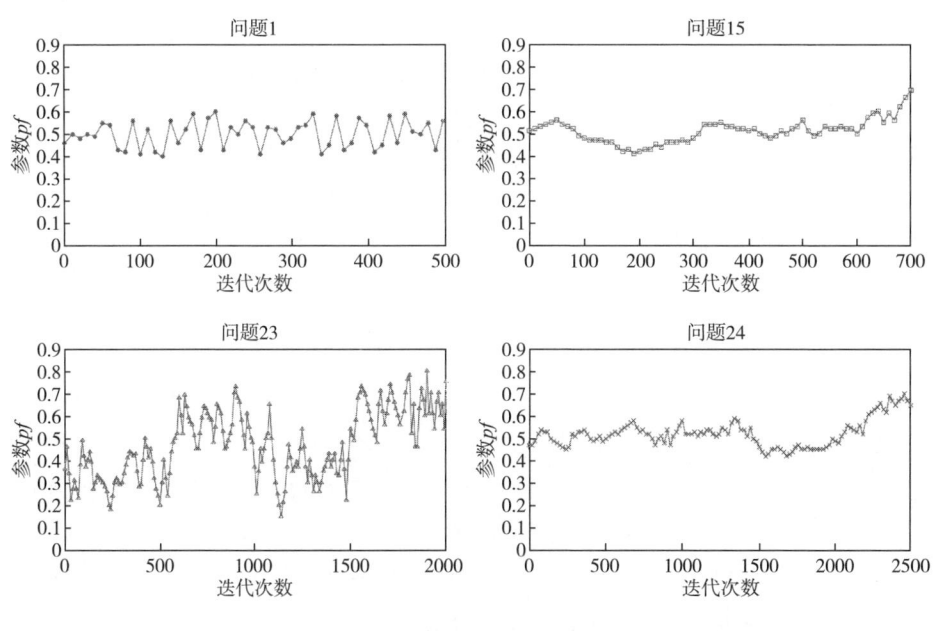

图 9-9　参数 pf 变化趋势图

为了进一步验证本章提出的自适应机制的有效性，我们选取了部分实例进行测试。图 9-9 是实例 1、15、23 和 24 在运行过程中参数 pf 的变化趋势图。图中前三个实例是每 10 代采集一次数据，实例 24 是每 20 代采集一次数据。从图中曲线的变化趋势，我们可以看出对于不同算例，参数 pf 的变化趋势存在明显差异。

如图 9-9 所示，当 $pf > 0.5$ 时，说明 CABC_Elite1 比 CABC_Elite2 有更多的机会被调用；反之，说明 CABC_Elite1 被选择的机会减少。我们以实例 24 为例，来进一步分析两种搜索策略是如何工作的，以及对开发能力和探索能力的影响。初始阶段，pf 在 0.5 左右寻优，说明当前开发和探索没有明显的差异。随着种群进化，在 1300 代后，pf 在 0.45 附近徘徊，说明 CABC_Elite2 有 55% 的机会被选择，这时算法探索能力增强。最后阶段，pf 趋近于 0.7，说明 AMSABC 算法在进化的后期增强开发能力，加速收敛。

9.5.5　与其他算法的比较

本节将 AMSABC 与已有的先进算法作比较。这些算法包括：MGA[252]、MOMA[253]、CABC[197]、GAVNS[254] 和 EACO[255]。与前面实验中采用的统计检验方法不同，本节求取两个测度所针对的对象是一个算法多次运行后搜集到的非支配解，不是每次的平均值。同时，将每个算法获得的非支配解合并，作为 IGD 测度值计算时的 Pareto 前沿。对比每个实例，最优测度值以粗体标记。

表 9-7 列出了 AMSABC 和其他 5 种算法关于 IGD 测度的比较结果。AMSABC 在 24 个实例中获得了 19 个最好的测度值，在 3 个问题上获得第二好的结果。CABC 获得 8 个，MOMA 获得 13 个，MGA 获得 17 个，GAVNS 获得 9 个，EACO 获得 9 个最优。明显，仅从获得最好测度值的数量来看，除 MGA 外，AMSABC 性能明显优于其他算法，其中 CABC 性能略差。由 Wilcoxon 检验结果也可以获得类似的结论，除 MGA 外，各算法的 p_value 均小于 0.05，说明 AMSABC 与其他算法存在显著差异，AMSABC 性能更优。

表 9-7　　　　　　AMSABC 和其他算法所得 IGD 值比较

问题	AMSABC	CABC	MOMA	MGA	GAVNS	EACO
1	**0.0000**	**0.0000**	**0.0000**	**0.0000**	**0.0000**	**0.0000**
2	**0.0000**	**0.0000**	**0.0000**	**0.0000**	**0.0000**	**0.0000**
3	**0.0000**	**0.0000**	**0.0000**	**0.0000**	**0.0000**	**0.0000**
4	**0.0000**	**0.0000**	**0.0000**	**0.0000**	**0.0000**	**0.0000**
5	**0.0025**	0.0648	0.0355	0.1414	0.1414	0.1414
6	**0.0000**	**0.0000**	**0.0000**	**0.0000**	**0.0000**	**0.0000**
7	**0.0000**	**0.0000**	**0.0000**	**0.0000**	**0.0000**	**0.0000**

续表

问题	AMSABC	CABC	MOMA	MGA	GAVNS	EACO
8	**0.0000**	**0.0000**	0.0250	**0.0000**	**0.0000**	**0.0000**
9	**0.0000**	0.1382	**0.0000**	**0.0000**	**0.0000**	**0.0000**
10	**0.0000**	**0.0000**	**0.0000**	**0.0000**	**0.0000**	**0.0000**
11	0.0404	0.3820	0.3333	**0.0000**	0.0669	0.0902
12	0.0733	0.0838	**0.0643**	0.0651	0.1525	0.2133
13	**0.0000**	0.0440	**0.0000**	**0.0000**	0.0074	0.0000
14	**0.0240**	0.2532	0.1429	0.0669	0.1343	0.0890
15	**0.0020**	0.3333	**0.0020**	**0.0020**	0.0307	0.0234
16	0.0278	0.0127	**0.0059**	0.1911	0.1911	0.2199
17	**0.0142**	0.2631	0.1420	**0.0142**	0.0358	0.1597
18	**0.0186**	0.0900	0.0250	**0.0186**	0.0687	0.0714
19	0.0193	0.0865	0.0366	**0.0155**	0.0799	0.0601
20	**0.0000**	0.0025	0.0019	**0.0000**	0.0254	0.0322
21	**0.0026**	0.0037	0.0027	0.0107	0.1118	0.2021
22	**0.0405**	0.1277	0.0783	0.0986	0.3478	0.5625
23	**0.0113**	0.3487	**0.0113**	0.0167	0.0413	0.0763
24	0.0085	0.0841	0.0289	**0.0063**	0.0427	0.1939
Wilcoxon 检验		4 132	11 80	14 41	0 120	0 105
$R^- R^+ p\_value$		0.0009	0.0159	0.1688	0.0007	0.0010

表 9-8　　AMSABC 和其他算法所得 C 值比较

问题	AMSABC (A) vs CABC (B)		AMSABC (A) vs MOMA (C)		AMSABC (A) vs MGA (D)		AMSABC (A) vs GAVNS (E)		AMSABC (A) vs EACO (F)	
	$C(A, B)$	$C(B, A)$	$C(A, C)$	$C(C, A)$	$C(A, D)$	$C(D, A)$	$C(A, E)$	$C(E, A)$	$C(A, F)$	$C(F, A)$
1	0.0000	0.0000	0.0000	0.0000	0.0000	0.0000	0.0000	0.0000	0.0000	0.0000
2	0.0000	0.0000	0.0000	0.0000	0.0000	0.0000	0.0000	0.0000	0.0000	0.0000
3	0.0000	0.0000	0.0000	0.0000	0.0000	0.0000	0.0000	0.0000	0.0000	0.0000
4	0.0000	0.0000	0.0000	0.0000	0.0000	0.0000	0.0000	0.0000	0.0000	0.0000

续表

问题	AMSABC (A) vs CABC (B)		AMSABC (A) vs MOMA (C)		AMSABC (A) vs MGA (D)		AMSABC (A) vs GAVNS (E)		AMSABC (A) vs EACO (F)	
	C(A, B)	C(B, A)	C(A, C)	C(C, A)	C(A, D)	C(D, A)	C(A, E)	C(E, A)	C(A, F)	C(F, A)
5	**0.6667**	0.0000	**0.9091**	0.0000	0.1724	**0.8000**	**0.7500**	0.0000	**0.7143**	0.0000
6	**1.0000**	0.0000	**1.0000**	0.0000	**1.0000**	0.0000	**1.0000**	0.0000	**1.0000**	0.0000
7	0.0000	0.0000	0.0000	0.0000	0.0000	0.0000	0.0000	0.0000	0.0000	0.0000
8	**0.1000**	0.0000	0.4444	**0.4545**	0.0000	0.0000	0.1667	**0.2121**	0.0000	0.0000
9	**0.4000**	0.1034	**0.2500**	0.0000	**0.3000**	0.1818	**1.0000**	0.0000	**0.3012**	0.1333
10	0.0000	0.0000	0.0000	0.0000	0.0000	0.0000	0.0000	0.0000	0.0000	0.0000
11	0.0000	**0.2000**	**0.1429**	0.1421	0.0000	0.0000	0.0000	0.0000	0.0000	0.0000
12	0.1429	**0.2857**	0.0000	0.0000	**0.3730**	0.1724	**0.0345**	0.0000	**0.2500**	0.1181
13	**0.0264**	0.0000	0.0000	**0.1000**	0.0264	**0.5000**	**0.2412**	0.0870	0.0264	**0.3333**
14	0.0000	**0.5000**	**0.1429**	0.0000	0.0000	**0.0250**	0.0000	0.0000	**0.3487**	0.0000
15	**0.7410**	0.0347	**0.1327**	0.0333	**0.4545**	0.0000	**0.6350**	0.1875	**0.8571**	0.0000
16	**0.7817**	0.3333	**0.5328**	0.0000	**0.1111**	0.0000	**0.5833**	0.0000	**0.6667**	0.0000
17	**0.2500**	0.0000	**0.5877**	0.2414	**0.1818**	0.1429	**0.4000**	0.1034	0.0000	**0.1111**
18	**0.0438**	0.0125	0.0000	0.0000	0.0000	0.0000	0.0000	0.0000	0.0000	0.0000
19	**0.6667**	0.0000	0.0000	0.0000	0.0000	0.0000	**0.0250**	0.0000	0.0000	0.0000
20	**0.7625**	0.1243	**0.1000**	0.0000	**0.0345**	0.0000	**0.4215**	0.0015	**0.0813**	0.0000
21	**0.8284**	0.0121	0.0000	**0.1111**	0.0000	0.0000	0.0000	0.0000	**0.3478**	0.0000
22	**0.6250**	0.0000	1.0000	0.0000	**0.6000**	0.1747	**0.5714**	0.3215	**0.4444**	0.2314
23	**0.5612**	0.2651	**0.6667**	0.0438	0.1165	**0.6350**	**0.3650**	0.0328	**0.3289**	0.1165
24	**0.6000**	0.1143	**0.9091**	0.0653	0.3451	**0.4908**	**0.8817**	0.2347	**0.7255**	0.2028

为了进一步比较不同算法收敛性的优劣，AMSABC 与 5 种算法关于集合覆盖率的比较结果在表 9-8 中列出。CABC 在实例 11、12 和 14 上优于 AMSABC，但 AMSABC 在 15 个实例上更优。MOMA 采用了与本章类似的多策略自适应机制，在 4 个实例上获得更优的 C 值。AMSABC 与 MGA 在后 8 个实例的对比中互有优劣，说明两种算法对大规模问题均具有较优的求解能力。与 GAVNS 和 EACO 相比，AMSABC 优势更为明显。其算法优势主要体现在自适应多策略搜索过程和面向目标特性的局部搜索功能，因此 AMSABC 获得的 Pareto 前沿更好的解集，该

解集支配了其他算法的非支配解。

图 9-10 展示了问题 1 的非支配解甘特图。

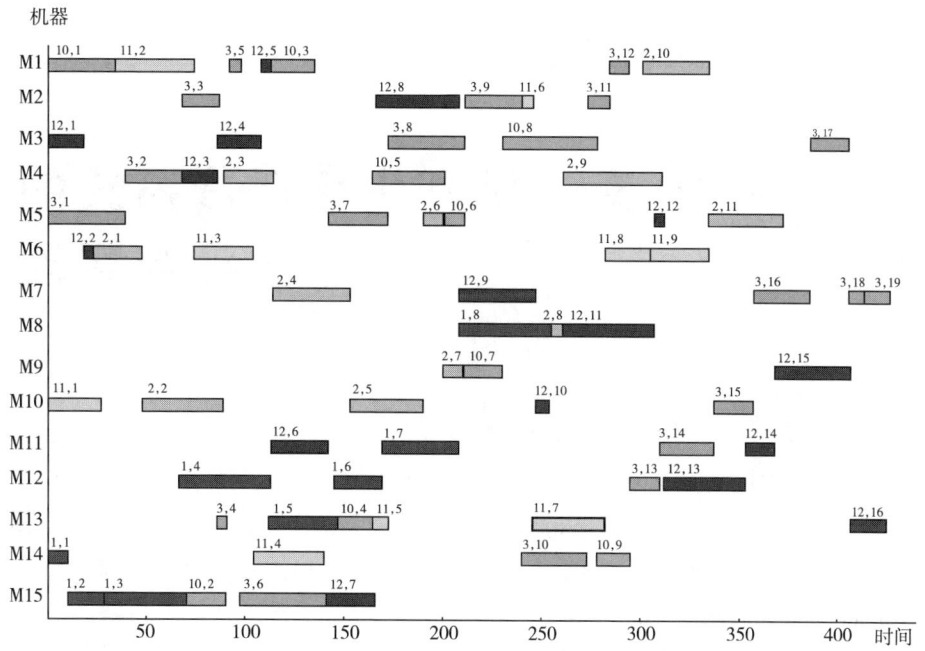

图 9-10　IPPS 问题 1 的非支配解甘特图

9.6　本章小结

本章求解了以最大完工时间最小、最大负荷机器最小和机器总负荷最小为优化目标的 IPPS 问题，在深入分析问题的基础上，提出了一种新颖的染色体编码/解码方案，并设计了相应的邻域结构。针对 ABC 算法开发性不足的问题，在保证其探索性的基础上增强开发性，提出了两个新的搜索方程，并将两个搜索方程进行组合，构成自适应多策略人工蜂群算法（AMSABC）。该算法通过自适应机制，在优化的不同阶段采用不同的搜索方程，实现对探索和开发的动态调整。为了进一步提高算法对优化目标的开发能力，在算法中嵌入了面向目标特性的局部搜索功能。为了验证该算法的准确性和性能，对 24 个不同规模的实例进行了仿真计算，并选取了 5 种有效的算法进行了详细的对比。验证的结果证明该算法具有很强的多目标搜索能力。

第 10 章 排产优化调度系统的设计与实现

10.1 引言

随着准时制生产（just in time，JIT）、面向订单生产（build to order，BTO）等新型生产模式的提出，以及客户、市场对产品质量提出更高要求，制造执行系统（manufacturing execution system，MES）被重新发现并得到重视。制造执行系统强调计划执行，在上层生产计划（如，MRPII 或 ERP 系统）和底层设备控制系统之间架起一座桥梁。根据上级下达的生产计划，制造执行系统充分利用车间的各种生产资源、生产方法和丰富的实时现场信息，快速、低成本地制造出高质量的产品。其中调度功能是制造执行系统的核心功能之一，优化、合理的排产优化调度是制造执行系统在离散制造业成功应用的关键。

本章首先对排产优化调度系统的需求进行了分析，并在此基础上设计了面向服务的软件架构。为了使生产调度系统具有更好的通用性，采用聚类方式对调度系统进行重构，将软件分解成更易管理的基于生产调度功能的核心业务子系统。然后，构建基于面向切面（aspect oriented programming，AOP）的调度系统构件库，使传统的面向对象代码结构转化为面向切面的代码结构，实现系统的横切关注点构件化，提高代码的可重用性。在前几章理论与方法研究基础上，以上技术已实际应用到"智能部装单元生产管理系统——计划排产子系统"之中，该系统为某军工企业的 MES 系统，取得了很好的经济和社会效益。

10.2 排产优化调度系统设计

10.2.1 排产优化调度系统需求分析

调度模块作为制造执行系统的核心功能模块，在设计时应主要考虑以下用户需求。

①调度系统可以实现对车间主要调度对象描绘和记录，并且具备解决 Makespan 排产优化目标、交货期问题优化目标、负荷平衡排产优化目标、设备利用率排产优化目标和生产时间排产优化目标等单目标问题，同时也能解决多个优化目标同时优化的排产优化问题，并对调度优化结果运用评价指标体系进行综合评价分析。

②调度系统具备一个将各种优化算法集成到一起的算法库模块。具有开放性接口，可以扩展新的算法，实现了算法模块的热插拔和灵活选配，可以集成多种算法，对于同一个优化问题，可以采用不同优化算法进行对比分析，并记录对比结果。

③调度系统应该在大型制造业的分布式环境中进行布置，同时通过生产追踪模块实时传输收集实际生产加工过程中的数据，并且用户可以根据需要对调度目标、调度规则和调度算法进行选择。

10.2.2 排产优化调度系统架构设计

针对排产优化调度问题，为使得构建系统的不同应用单元之间可以以一种统一和通用的方式进行交互，适合采用面向服务的架构（service-oriented architecture，SOA）模式，将调度系统中针对不同调度算法的逻辑功能封装为服务，通过这些服务之间定义良好的接口和契约联系起来。如图 10-1 所示的系统构架图所示，调度优化系统采用经典分层架构，包含表现层、应用层、模型层和基础设施层。

各层次职责划分如下。

（1）表现层

负责接收用户的输入，将数据输出呈现给用户并且访问安全性验证。对流入的数据的正确性和有效性负责，对流出数据的正确性不负责，但负责在数据不正确时给出相应的异常信息。

（2）应用层

负责系统领域业务的处理，包含整个系统的业务逻辑，负责逻辑性数据的生产、处理及转换。对流入的逻辑性数据的正确性及有效性负责，对流出的逻辑性数据及用户性数据不负责,对数据的呈现样式不负责。

(3) 模型层

负责领域模型的构建,是领域驱动设计的核心。对领域对象的边界负责,对业务映射负责,对技术的实现不负责。领域模型是整个软件的核心,是软件中最有价值和最具竞争力的部分,设计足够精良且符合业务需求的领域模型能够更快速地响应需求变化。

(4) 基础设施层

负责与数据源进行交互,即对于关系数据库的增删改查操作。对数据的正确性和有效性不负责,对数据的用途不了解,不负担任何业务逻辑。

业界主流的 SOA 框架有 Apache Thrift 可伸缩的跨语言开发框架,作为 Hadoop 子项目存在的 Zookeeper 分布式架构框架,阿里巴巴开源的 Dubbo 分布式服务化治理框架,当当网开源的 Dubbox 架构,微软以 .NET 为核心,以 WCF+WPF+WF 技术为支撑的 SOA 架构解决方案等。本章采用的 SOA 分布式框架属于微软 .NET 平台下面向领域驱动的架构设计解决方案。

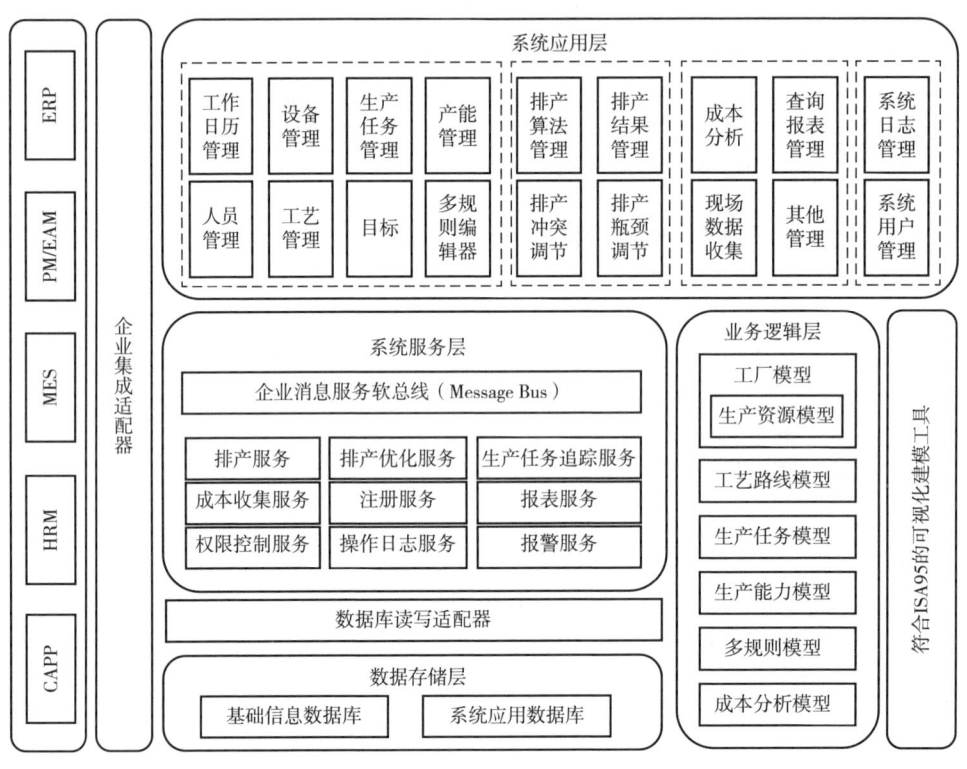

图 10-1 调度系统构架图

10.3 采用聚类方式重构排产优化调度系统

重构是一个程序转换的过程，该过程改进了调度系统的实现方式，且保持程序行为不变。调度系统在其生命周期内，由于生产工艺、生产设备、生产技术等发生变更，不可避免地发生变化，这些变化可能是用户需求的改变，也可能为了纠正软件本身的错误。为了降低调度系统的维护成本，延长其使用寿命，软件维护人员经常面临软件重构的问题。但随着调度系统的规模和复杂度增加，调度系统各个功能模块之间的相互影响变得更加复杂。特别是那些缺少文档的遗留系统，如何进行重构，是当前调度系统维护急需解决的问题。

为了解决这一问题，根据本书作者已授权的发明专利"一种采用聚类方式进行软件重构的方法"（专利号：201310495785.X）实现将大型的、复杂的调度系统自动分解成更小、更易管理的面向服务架构的子系统。使调度系统易于理解和维护，同时，通过修改生产调度领域规则库中属性的关联系数，使该软件重构方法适于不同的柔性作业生产场景，具有很好的通用性。调度系统重构过程如图10-2所示。

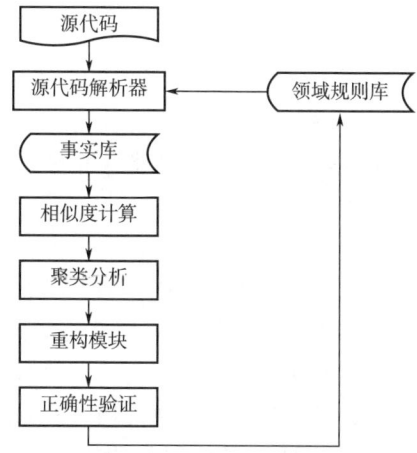

图 10-2 采用聚类方式进行调度系统重构过程示意图

该技术的具体操作步骤如下。

第一步，调用源代码解析器

对生产调度系统的源代码进行解析和过滤，建立事实库，完整表示程序语义信息。如图 10-3 所示，本步骤的具体过程描述如下。

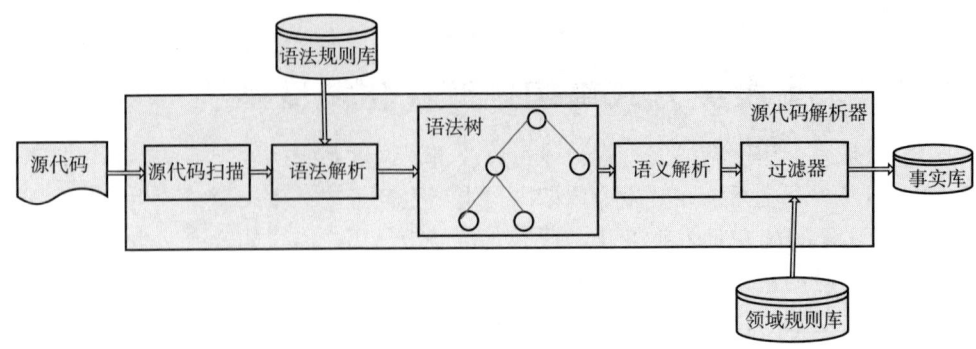

图 10-3　源代码解析器结构示意图

①对生产调度系统源代码文件进行扫描，并将源代码信息输入源代码解析器。

②对生产调度系统源代码信息进行解析，提取代码信息中的程序实体及其相关属性。具体过程为：对源代码进行语法解析；提取代码信息的语法树；对语法树进行语义解析；获得代码信息中的程序实体及其相关属性。程序实体包括类、函数、业务流程；实体属性包括包、文件、功能、数据库、测试用例等。

③调用过滤器，筛选源代码信息中多余的信息，结合生产调度领域规则库给定的各属性的关联系数，建立事实库。

各库职责如下。

（1）语法规则库

为语法分析器提供语法规则，该语法分析器可将特定编程语言的上下文无关文法翻译成该编程语言的语法树。

（2）领域规则库

不同的柔性作业生产场景，程序实体的同一属性具有不同的关联特征。参考生产调度领域因素，根据本调度系统程序实体属性之间的依赖关系、耦合特性，给定本调度系统各相关属性的关联系数。其中与工艺管理、排产算法管理、排产瓶颈调节等核心业务关注点关联的属性，其系数值较高，以保证生产调度的核心业务关注点获得较高的聚集性。排产优化调度的领域知识是该领域功能的描述集，对每个功能的描述包括程序实体编号、所属领域、版本号、功能描述、业务对象、备份、所具有的相关属性及关联系数。

（3）事实库

是在生产调度领域规则下对源代码信息过滤后得到的。是该调度系统的核心业务关注点描述集，对每个程序实体的描述包括程序实体编号、接口名称、核心业务关注点、输入参数、输出参数、返回值、程序实体提供者、版本号、关键字、所具有的相关属性及关联系数。

第二步，相似度计算

调度系统程序实体之间存在多个相关属性，根据式（10-1），进行相似度计算，确定程序实体之间的关联系数。

$$S(x, y) = \frac{1}{\sum_{k=1}^{d} w(x_k, y_k)} \sum_{k=1}^{d} w(x_k, y_k) s(x_k, y_k) \qquad (10\text{-}1)$$

其中，x、y 表示程序实体，d 表示属性数量；$S(x, y)$ 表示程序实体 x、y 间关联系数，$s(x_k, y_k)$ 为程序实体 x、y 的第 k 个属性的关联系数；$w(x_k, y_k)$ 取 0 或 1，表示程序实体 x、y 的第 k 个属性是否相关。

第三步，聚类分析

根据事实库中的调度系统程序实体依赖关系建立有向图，然后根据实体的相似度计算结果进行聚类分析。本步骤的具体过程描述如下。

（1）建立有向图

假设事实库中存在 10 个程序实体（编号：1~10），建立有向图。该图中的带箭头的实线，表示 2 个实体具有依赖关系。如图 10-4 所示，我们可以说实体 2 依赖实体 1。

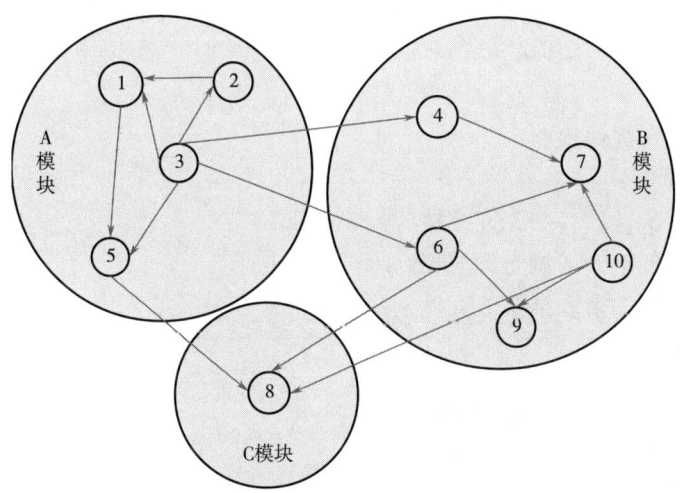

图 10-4　聚类分析法实例示意图——有向图

（2）有向图聚类分析

如图 10-5 所示，根据实体的相似度进行聚类分析，得到 2 个簇 {1、2、3}、{4、6、10}，该图中实线表示具有较高相似或相关度（关联系数值高），虚线表示较低相似或相关度（关联系数值低）。其中，实体 4 和实体 10 的相似或相关度较高，这是因为它们共同引用了实体 7；而实体 5 和实体 6 之间相似或相关度较低，这是因为它们共同的子节点 8 是一个非核心业务关注点。

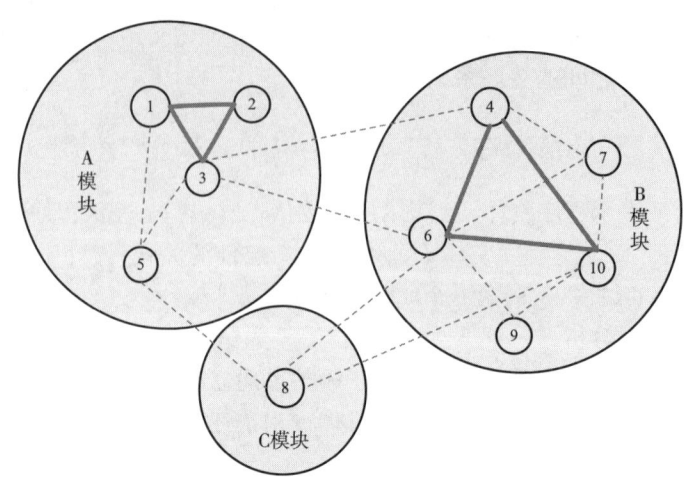

图 10-5 聚类分析法实例示意图——聚类图

第四步，重构模块

将调度系统中相似或相关度高的程序实体聚类到一个簇中，每个簇形成一个新的模块。将这些模块以容易理解和使用的形式提供给系统维护人员以完成软件重构。

第五步，正确性检验

对重构后的簇系统提交给用户或者生产调度领域专家，收集意见，并进行完备性检验、一致性检验和无冗余性检验。

第六步，调整生产调度领域规则库

根据收集到的检验结果或意见，调整生产调度领域规则库，调整调度系统实体相关属性的关联系数。再重新进行系统重构。

完成以上步骤，可以实现调度系统重构，大型的、复杂的调度系统将自动分解出基于面向服务的架构功能的核心业务关注点模块，调度系统架构将更易管理，实现对排产优化调度场景的自适应变更。

本设计与现有技术相比具有下述优点效果。

①采用聚类方式进行生产调度系统重构，其改善的目标是基于面向服务架构功能的核心业务功能模块，将调度系统的功能模块进行重新构建后，代码将具有良好的可重用性。

②经过聚类分析后，每个模块内程序实体的相似或相关度较高，解决代码分散和混乱问题，生产调度系统易于理解和维护。

③不同的排产优化调度场景，程序实体的同一属性具有不同的关联特征，可以通过修改生产调度领域规则库中属性的关联系数，这样产生的聚类结果也将不

同，使得生产调度系统具有更好的通用性。

10.4 构建基于面向切面的调度系统构件库

软件构件是软件系统中具有独立功能，可以明确标识，接口由规约指定，与语境有明显依赖关系，可独立部署和组装的软件实体。软件人员在开发生产调度系统时可大量复用已有的构件，从而降低生产调度系统的开发和维护费用，提高生产调度系统的生产率。基于构件的生产调度系统开发已经成为调度系统开发的主流技术。但随着生产调度系统规模和复杂性的逐步增加，系统各个构件之间的相互影响变得更加复杂。这些相互影响可能会限制生产调度系统的重用性和可扩展性，并使调度系统的正确性和可维护性变差，传统的在操作系统或者中间件上直接进行生产调度系统开发的模式，受到了极大的挑战。

为了解决这一问题，根据本书作者已授权的发明专利"基于面向方面的构件库构建方法"（专利号：201210443133.7）实现将面向对象的代码结构转化为面向切面的代码结构，使生产调度系统的横切关注点构件化，提高代码的可重用性，使系统代码冗余小，易于理解、维护和扩展；同时，基于语义推理的查询机制，使方面构件库能够灵活地随着领域知识演化。调度系统构件库构建及查询过程如图10-6所示。

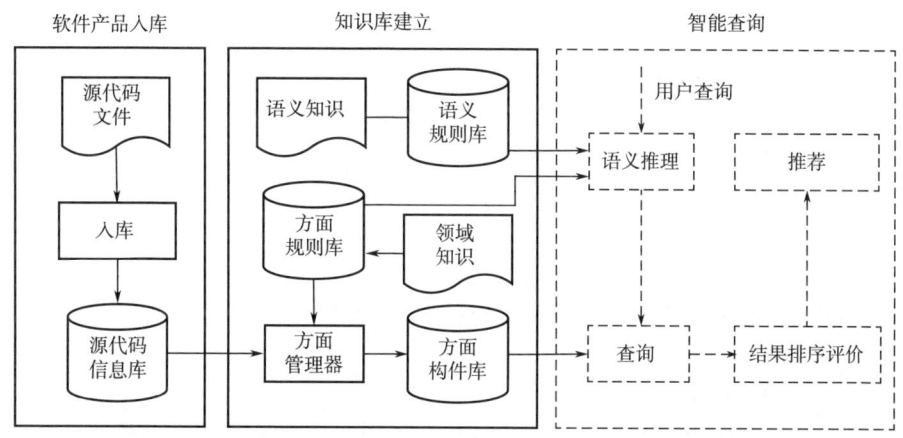

图 10-6 基于面向切面的调度系统构件库构建及查询过程示意图

该技术的具体操作步骤为
第一步，调度系统产品入库
对生产调度系统源代码文件进行扫描，并将源代码信息输入源代码信息库；
第二步，知识库建立

根据语义知识、排产优化调度的领域知识和源代码信息,分别构建调度语义规则库、方面规则库和方面构件库。如图10-7所示,本步骤的具体过程描述如下。

①对生产调度系统源代码信息库的代码信息进行解析,提取代码信息中的类。具体过程为:对源代码进行语法解析;提取代码信息的语法树;对语法树进行语义解析;获得代码信息中的类。

②运用方面规则库配置并管理生产调度领域的基于方面的组件群,该组件群中体现了该系统的全部面向服务的核心业务关注点和横切关注点。

③使用编织机制,将代码信息中的类信息分解,将类的核心功能和横切关注点功能分离,分离后的程序代码结构如图10-7所示。最终,形成方面构件库。

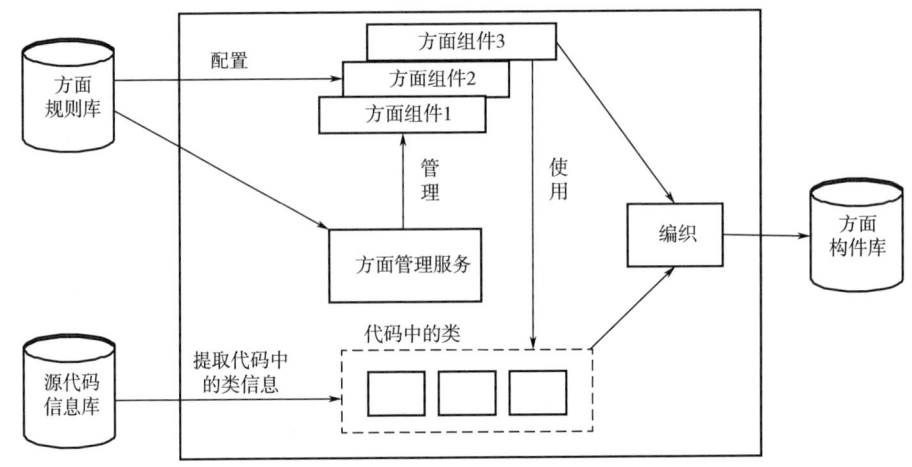

图 10-7 方面管理器结构示意图

各库职责如下。

(1) 语义规则库

是在分析用户可能提出的模糊概念的查询需求,设计调度语义知识并由此建立调度语义规则库,该调度规则库中包括蕴涵规则知识、兼容规则知识、方面规则知识等。

(2) 方面规则库

是根据排产优化调度领域知识得到的,这里包括该系统的全部核心业务关注点和横切关注点。领域知识是面向服务框架的功能的描述集,对每个功能的描述包括功能编号、所属领域、所属方面、版本号、功能描述、业务对象、备份。对于一些特殊属性还可填写其他内容,如关联关系、申报部门等。

(3) 方面构件库

是在方面规则下对生产调度系统源代码信息编织后得到的。这里的面向切面的构件包括代码和接口描述信息,其中每个构件的接口描述包括构件编号、所属方面、接口名称、服务的功能描述、输入参数、输出参数、返回值、构件提供者、版本号和关键字。

第三步，实现用户的智能查询。本步骤的具体过程描述如下。

①用户输入查询关键字，系统利用语义规则库和方面规则库对输入的关键字进行语义推理和匹配度计算。

②根据匹配度到调度系统方面构件库里进行构件查找。

③对查找到的构件进行排序评价。

④向用户推荐匹配度高的一个或多个构件，允许用户从方面构件库中下载相关构件实体。

完成以上步骤，可以实现基于面向切面的调度系统构件库的构建，以及检索并获取满足构件查询条件的构件。

本设计与现有技术相比具有下述优点效果。

①由于面向切面的出现就是为解决横切关注点问题，因此，本设计使用面向切面的调度系统构件库首先带来的好处就是可以模块化横切关注点，由此也使得代码有良好的可重用性。

②使用面向切面调度系统构件库可以解决代码分散和代码混乱问题，本设计使面向对象的代码结构经过方面管理器转化为面向切面的代码结构，这使得基于构件开发的调度系统代码冗余小，也易于理解和维护。

③由于横切关注点对于方面来说是透明的，本设计很容易通过建立新的方面加入新的功能。另外当向调度系统中加入新的模块（如人员管理、缓冲区管理、设备维保管理等）时，已有的方面自动横切进来，使系统易于扩展。

④为了使调度系统方面构件库能够灵活地随着排产优化调度领域知识的演化而查询效率不降低，本设计建立了语义规则库，提供了基于语义推理的查询机制，实现了高效智能管理调度系统方面构件库。

10.5　工业应用实例

本应用实例为某军工企业的 MES 系统——智能部装单元生产管理系统。系统分为 8 个模块，分别为：系统管理、基础数据管理、计划排产、生产调度、生产数据采集、物料配送、生产监控和物料追溯。由于篇章所限，本节仅对"计划排产"模块进行详细介绍。在"计划排产"模块，排产的结果是根据导入的生产计划计算而得，每个待加工工件都有独立的 BOM 清单，其调度模型为 IPPS 问题，即具有多加工路线的柔性作业车间调度问题。该模块是在前几章理论与方法研究基础上，结合本章提出的先进软件开发技术，采用 SOA 框架实现。

需要注意的是，在实际生产环境中"排产"与"调度"两词的含义并不相同。"排产"一般指在生产计划下达前的工作,与本研究中所提的"调度"一词有相同的含义。而生产环境中的"调度"是指在生产过程中,由于设备、人员或其他生产条件发生改变时所进行的生产计划动态调整。本系统实现的"计划排产"模块,就是本书所研究的生产调度问题的具体应用。

10.5.1 计划导入

如图 10-8 所示,计划导入界面主要实现了对导入信息的查询、生产数据的上传、物料信息上传和进行叫料等功能。具体操作如下。

①数据导入后进入此界面,可以对导入的产品信息进行查询。

②将建立时间的按钮选中,调整时间范围,然后点击导出数据可以将这段时间范围内的生产产品的计划完成情况和质卡检验信息进行导出,然后将导出的文件复制到单摆系统的上行数据传输文件夹下。

③将建立时间的按钮选中,调整时间范围,然后点击物料按钮可以将这段时间范围内的计划叫料信息进行导出,然后将导出的文件复制到单摆系统的上行数据传输文件夹下。

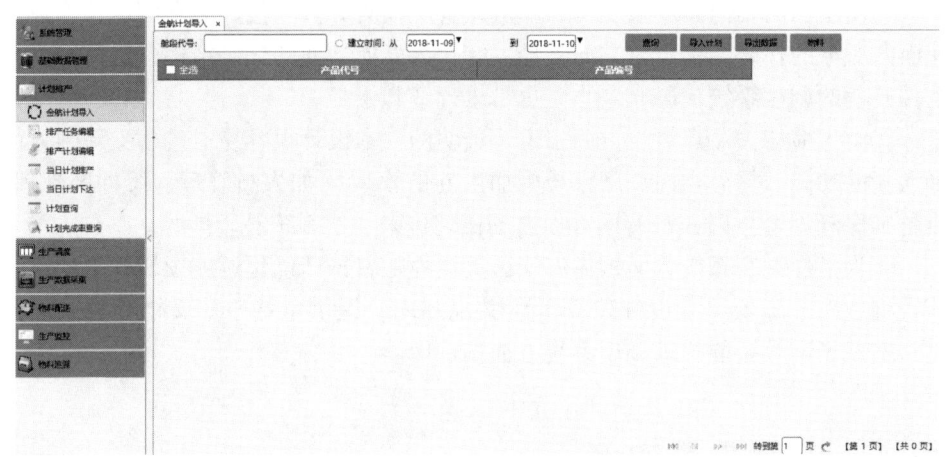

图 10-8 计划导入界面

10.5.2 排产任务管理

如图 10-9 所示,排产任务管理界面主要实现对生产产品的加工任务进行设置。具体操作如下。

①对排产任务的数据导入时间、计划开始时间和计划完成日期进行确定。然后点击查询按钮,获得查询条件下的所有产品信息。

②点击将要进行任务编辑的产品,将在左侧空白处显示产品的加工路径列

表，然后通过这个列表设置产品开始加工工序和结束加工工序，并查看完成任务所需要的时间，最后点击保存。

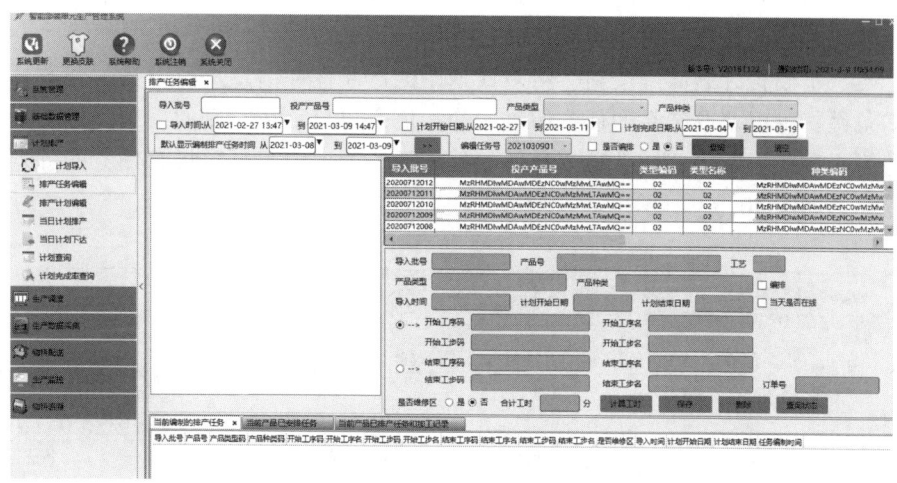

图 10-9　任务管理

10.5.3　排产计划管理

如图 10-10 所示，排产计划管理界面主要功能是实现建立生产计划，并将编辑的排产任务加入计划列表中，通过此界面可以查看生产计划是否下达、是否执行等信息。

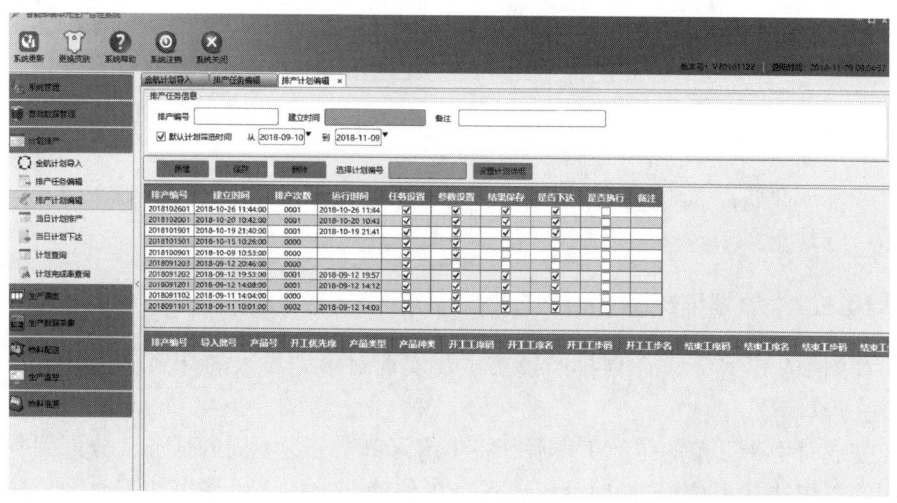

图 10-10　计划管理

具体操作如下。

①点击新建按钮并点击保存，将在界面上新建一个生产计划。

②点击计划，在界面的选择计划编号的文本框中将会显示计划的编号。

③点击删除按钮，可以对无产品任务的计划进行删除。

④点击设置计划详细按钮，将对计划中的产品任务信息进行设置。修改任务查询条件，可以获取产品的任务信息，任务信息将显示在左侧的框中。然后通过点击箭头按钮将右侧的任务移入左侧的计划任务列表中。最后将有任务的计划进行保存，如图10-11所示。

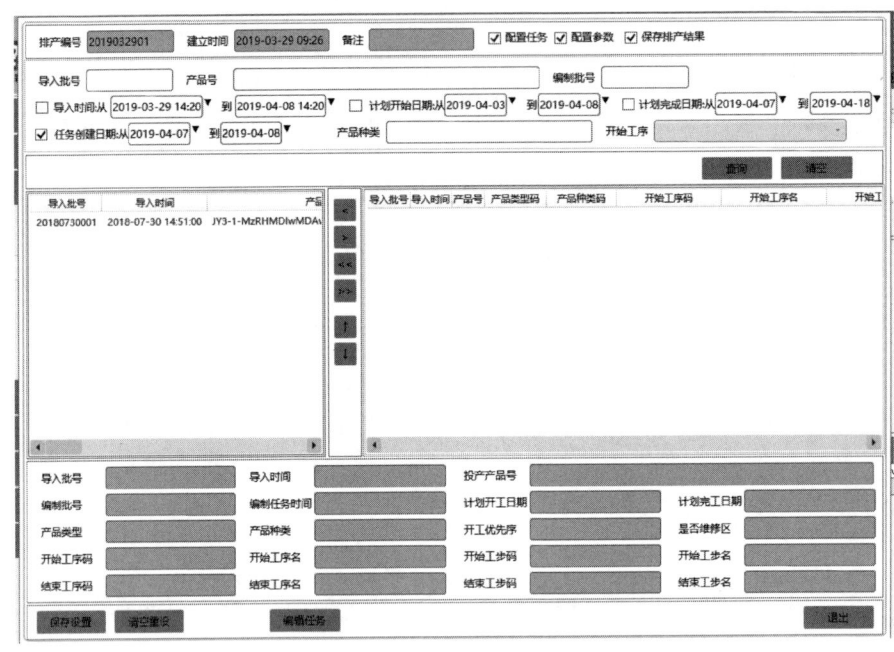

图 10-11　设置详细计划

⑤排产计划查询。选择计划编号，可以详细查看当前计划的已排产信息，如图10-12所示。

10.5.4　计划排产

如图10-13所示，计划排产模块主要实现对事先导入的计划信息进行详细排产。

完成对生产订单的排产工作后，将生产订单划分为不同的任务，分配到各个不同的工作站（工位），同时计算出各个工位的开始加工及结束加工时间。系统可以以甘特图的方式来显示排产结果，单击Gannt，调度结果如图10-14所示。

第 10 章 排产优化调度系统的设计与实现 203

图 10-12 计划查询

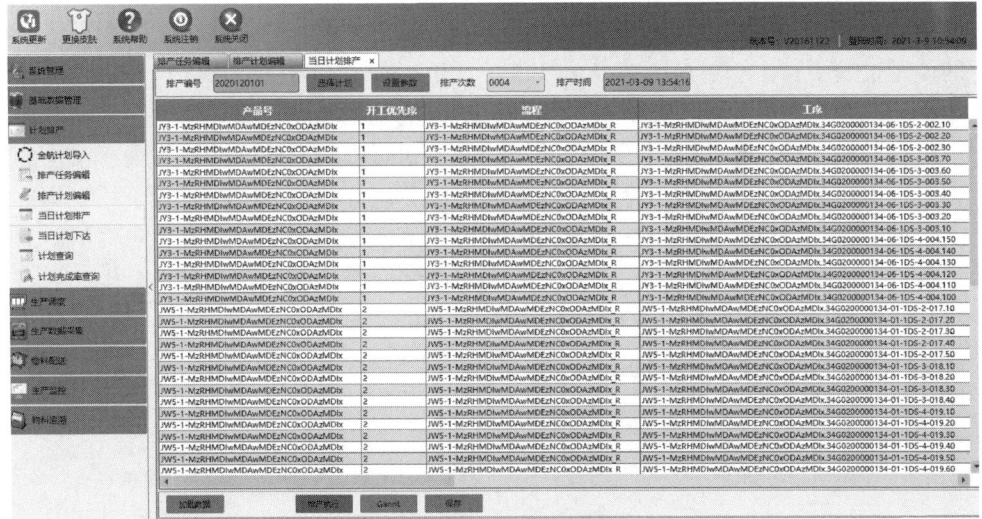

图 10-13 当日排产计划

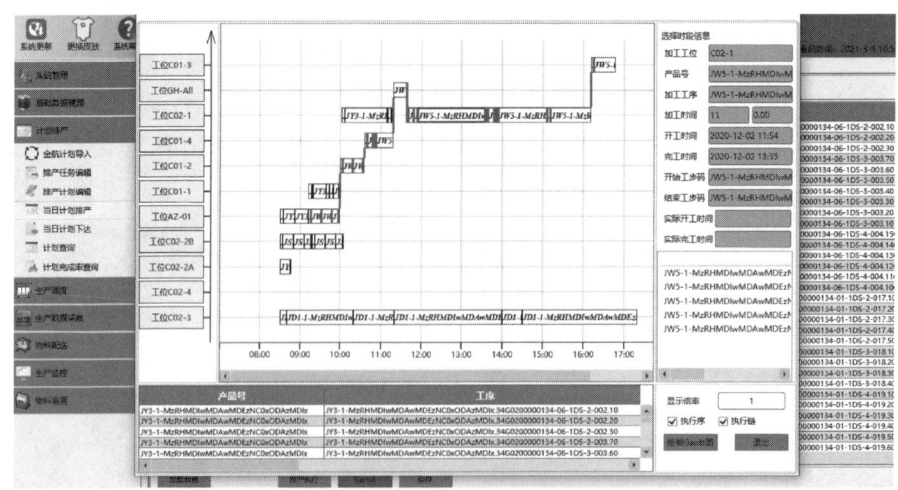

图 10-14　调度结果

10.6　本章小结

排产优化调度系统作为 MES 的核心功能，它根据计划任务进行生产计划排产，并下达执行。此过程包括了一系列信息查询、分析与控制活动，以保证生产计划顺利完成。本章设计了一种面向服务的排产优化调度软件架构。在调度系统的使用过程中，由于生产工艺、生产设备、生产技术等发生变化，软件常常面临重构的问题，为了降低调度软件的维护成本，使得软件可以随着生产工艺的改变而更灵活的调整，本章提出了一种采用聚类方式对排产优化调度软件进行重构的技术，以纵切的方式提取调度功能的核心业务关注点模块。同时，鉴于基于构件的软件开发已经成为排产优化调度系统开发的主流技术，本章提出一种采用面向切面技术横切业务模块的方法，建立面向切面的调度系统构件库，提高代码的可重用性。以上技术已实际应用到某军工企业的"智能部装单元生产管理系统（MES）——计划排产子系统"之中。

参考文献

[1] Brucker P, Schlie R. Job-shop scheduling with multi-purpose machines [J]. Computing, 1990, 4 (2): 369-375.

[2] 许瑞. 基于蚁群优化算法的批调度问题研究 [D]. 中国科学技术大学, 2011.

[3] 王凌, 郑大钟. 基于遗传算法的 Job Shop 调度研究进展 [J]. 控制与决策, 2001, 16 (增刊): 641-646.

[4] 赵诗奎, 方水良. 基于工序编码和邻域搜索策略的遗传算法优化作业车间调度 [J]. 机械工程学报, 2013, 49 (16): 160-169.

[5] 赵诗奎, 方水良, 顾新建. 作业车间调度的空闲时间邻域搜索遗传算法 [J]. 计算机集成制造系统, 2014, 20 (8): 1930-1940.

[6] José, Fernando, Gonalves. An extended Akers graphical method with a biased random-key genetic algorithm for job-shop scheduling [J]. International Transactions in Operational Research, 2013, 21 (2): 215-246.

[7] Taillard, éric D. Parallel taboo search techniques for the job shop scheduling problem [J]. ORSA Journal on Computing, 1994, 6 (2): 108-117.

[8] Nowicki E, Smutnicki C. A fast taboo search algorithm for the job shop problem [J]. Management Science, 1996, 42 (6): 797-813.

[9] Nowicki E, Smutnicki C. Some new tools to solve the job shop problem [R]. Institute of Engineering Cybernetics, Wroclaw University of Technology, 2002.

[10] Zhang C Y, Li P G, Guan Z L. A tabu search algorithm with a new neighborhood structure for the job shop scheduling problem [J]. Computers & Operations Research, 2007, 34 (11): 3229-3242.

[11] Zhang C Y, Li P G, Rao Y Q. A very fast TS/SA algorithm for the job shop scheduling problem [J]. Computers & Operations Research, 2008, 35 (1): 282-294.

[12] Cao Y, Song X, Zhang Y. Application of ACOTS hybrid algorithm for job shop scheduling problems [C]. //In: 2012 Proceedings of International Conference

on Modelling, Identification & Control, IEEE, 2012: 289-293.

[13] 吴昊, 倪志伟, 王会颖. 基于 MapReduce 的蚁群算法 [J]. 计算机集成制造系统, 2012, 18 (7): 1503-1509.

[14] 王常青, 操云甫, 戴国忠. 用双向收敛蚁群算法解作业车间调度问题 [J]. 计算机集成制造系统, 2004, 10 (7): 820-824.

[15] Zhang R, Song S, Wu C. A hybrid artificial bee colony algorithm for the job shop scheduling problem [J]. International Journal of Production Economics, 2013, 141 (1): 167-178.

[16] Wang X, Duan H. A hybrid biogeography-based optimization algorithm for job shop scheduling problem [J]. Computers & Industrial Engineering, 2014, 73: 96-114.

[17] 易军, 李太福. 求解作业车间调度的变邻域细菌觅食优化算法 [J]. 机械工程学报, 2012, 48 (12): 178-183.

[18] 董君, 叶春明. 新型教与同伴学习粒子群算法求解作业车间调度问题 [J]. 计算机应用研究, 2019, 36 (12): 3764-3768.

[19] 赵诗奎. 作业车间调度问题的多工序联动邻域结构研究 [J]. 机械工程学报, 2020, 56 (13): 192-206.

[20] 吕媛媛, 樊坤, 瞿华, 周浪. 多目标粒子群算法求解混合多处理机任务作业车间调度问题研究 [J]. 小型微型计算机系统, 2022, 43 (1): 1-8.

[21] Xia W, Wu Z. An Effective Hybrid Optimization Approach for Multi-objective Flexible Job-shop Scheduling problems [J]. Computers & Industrial Engineering, 2005, 48 (2): 409-425.

[22] Zhang G, Shao X, Li P. An Effective Hybrid Particle Swarm Optimization Algorithm for Multi-objective Flexible Job-shop Scheduling Problem [J]. Computers & Industrial Engineering, 2009, 56 (4): 1309-1318.

[23] Gao J, Sun L, Gen M. A Hybrid Genetic and Variable Neighborhood Descent Algorithm for Flexible Job Shop Scheduling Problems [J]. Computers and Operations Research, 2008, 35 (9): 2892-2907.

[24] Li J Q, Pan Q K, Jing C. A Hybrid Pareto-based Local Search Algorithm for Multi-objective Flexible Job Shop Scheduling Problems [J]. International Journal of Production Research, 2012, 50 (4): 1063-1078.

[25] Kacem I, Hammadi S, Borne P. Pareto-optimality Approach for Flexible Job-shop Scheduling Problems: Hybridization of Evolutionary Algorithms and Fuzzy Logic [J]. Mathematics and Computers in Simulation, 2002, 60 (3-5): 245-276.

[26] Wang C, Ji Z C, Wang Y. Multi-objective Flexible Job Shop Scheduling Problem using Variable Neighborhood Evolutionary Algorithm [J]. Modern Physics

Letters B, 2017, 31 (19-21): 1740072.

[27] Ho N B, Tay J C. Solving Multiple-objective Flexible Job Shop Problems by Evolution and Local search [J]. IEEE Transactions on Systems Man & Cybernetics Part C, 2008, 38 (5): 674-685.

[28] Wang L, Wang S, Liu M. A Pareto-Based Estimation of Distribution Algorithm for the Multi-objective Flexible Job-Shop Scheduling Problem [C].//In: International Journal of Production Research, 2013, 51 (12): 3574-3592.

[29] Gao K Z, Suganthan P N, Pan Q K. Pareto-Based Grouping Discrete Harmony Search Algorithm for Multi-objective Flexible Job Shop Scheduling [J]. Information Sciences, 2014, 289 (1): 76-90.

[30] Gao K Z, He Z M, Huang Y, Duan P Y, Suganthan P N. A survey on meta-heuristics for solving disassembly line balancing, planning and scheduling problems in remanufacturing [J]. Swarm and Evolutionary Computation, 2020, 57: 100719.

[31] Gao K Z, Cao Z, Zhang L. A review on swarm intelligence and evolutionary algorithms for solving flexible job shop scheduling problems [J]. IEEE/CAA Journal of Automatic Sinica, 2019, 6 (4): 904-916.

[32] 郑旭. 考虑能耗的流水车间批调度问题研究 [D]. 中国科学技术大学, 2021.

[33] 和莉. 基于DES-GEP的柔性流水车间组批调度方法研究 [D]. 大连理工大学, 2021.

[34] 黄锦钿, 刘建军, 陈庆新, 毛宁. 不相容工件族柔性流水车间批调度算法 [J]. 机械设计与制造, 2016 (06): 75-77.

[35] 周盛超. 差异工件机器批调度若干问题研究 [D]. 中国科学技术大学, 2016.

[36] 朱顾, 陈成栋, 陈华平. 差异工件流水车间批调度问题的求解 [J]. 计算机工程与应用, 2013, 49 (13): 221-227.

[37] 尹慢, 王爽, 张剑, 邹益胜. 大规模柔性作业车间组批调度及求解方法研究 [J]. 机械设计与制造, 2020 (06): 32-34.

[38] 杨开兵. 基于进化计算的多目标流水车间批组调度问题研究 [D]. 大连理工大学, 2011.

[39] 林刚. 可重入flow-shop类型模具热处理车间动态批调度方法研究 [D]. 广东工业大学, 2015.

[40] 陈成栋, 陈华平, 朱顾, 李小林. 两阶段流水车间批调度问题的蚁群优化算法 [J]. 计算机工程, 2012, 38 (19): 137-141.

[41] 黄锦钿, 刘建军, 陈庆新, 毛宁. 两机flow-shop类型模具热处理车间

批调度算法 [J]. 计算机集成制造系统, 2014, 20 (07): 1665-1674.

[42] 刘蓉, 周林, 王朝, 唐红涛, 张海涛. 带并行批处理机的柔性作业车间调度问题研究 [J]. 武汉理工大学学报 (信息与管理工程版), 2020, 42 (01): 36-43.

[43] 朱先萌, 姜兆亮, 魏清月, 马嵩华. 多品种小批量产品冲压计划排程多目标优化 [J]. 计算机集成制造系统, 2017, 23 (09): 1907-1916.

[44] 王春, 王艳, 纪志成. 求解区间柔性作业车间调度的多目标进化算法 [J]. 控制与决策, 2019, 34 (05): 908-916.

[45] 杨博见. 基于多 Agent 的航空结构件柔性制造车间动态调度方法研究 [D]. 电子科技大学, 2021.

[46] Jain A, Jain P K, Singh I P. An integrated scheme for process planning and scheduling in FMS [J]. International Journal of Advanced Manufacturing Technology, 2006, 30 (11-12): 1111-1118.

[47] Varela M, Putnik G D, Manupati V K, Rajyalakshmi G, Machado J. Integrated process planning and scheduling in networked manufacturing systems for I4. 0: a review and framework proposal [J]. Wireless Networks, 2019 (6).

[48] Morad N, Zalzala A. Genetic algorithms in integrated process planning and scheduling [J]. Journal of Intelligent Manufacturing, 1999, 10 (2): 169-179.

[49] Baykasoglu A, Ozbakir L, Sonmez A. Using multiple objective tabu search and grammars to model and solve multi-objective flexible job shop scheduling problems [J]. Journal of Intelligent Manufacturing, 2004, 15 (6): 777-785.

[50] Baykasoglu A, Ozbakir L. A grammatical optimization approach for integrated process planning and scheduling [J]. Journal of Intelligent Manufacturing, 2009, 20 (2): 211-221.

[51] 鞠海华. 基于 NSGA-II 算法的作业车间调度研究 [D]. 硕士学位论文, 山东大学, 2008.

[52] Rajkumar M, Asokan P, Page T. A GRASP algorithm for the Integration of Process Planning and Scheduling in a flexible job-shop [J]. International Journal of Manufacturing Research, 2010, 5 (2): 230-251.

[53] Wang Y F, Zhang Y F, Fuh J Y H. A PSO-based multi-objective optimization approach to the integration of process planning and scheduling [C].//In: Proceedings of 2010 8th IEEE International Conference on Control and Automation (ICCA), 2010: 614-619.

[54] Li X Y, Gao L, Li W D. Application of game theory based hybrid algorithm for multi-objective integrated process planning and scheduling [J]. Expert Systems with Applications, 2012, 39 (1): 288-297.

[55] 文笑雨. 多目标集成式工艺规划与车间调度问题的求解方法研究 [D]. 华中科技大学, 2014.

[56] 文笑雨, 罗国富, 李浩, 肖艳秋, 乔东平. 两阶段混合算法求解集成工艺规划与调度问题 [J]. 中国机械工程, 2018, 29 (22): 2716-2724+2732.

[57] 夏浩. 动态集成式工艺规划与车间调度问题的模型与求解方法研究 [D]. 华中科技大学, 2016.

[58] 宋栓军, 杨佩莉, 石雯丽. 考虑多目标的柔性工艺与调度集成优化算法 [J]. 计算机应用研究, 2017, 34 (07): 1980-1984+1988.

[59] Bowman E H. The Schedule–Sequencing Problem [J]. Operations Research, 1959, 7: 621-624.

[60] Bartholomew D J. Sequencing and Scheduling–An Introduction to the Mathematics of the Job-Shop [J]. Journal of the Operational Research Society, 1982, 33 (9): 862-862.

[61] Nemhauser G L, Wolsey L A. Integer and Combinatorial Optimisation [J]. John Wiley and Sons, New York, 1988.

[62] Blazewicz J, Dror M, Weglarz J. Mathematical Programming Formulations for Machine Scheduling: A Survey [J]. European Journal of Operational Research, Invited Review, 1991, 51 (3): 283-300.

[63] Van D. Machine Scheduling and Lagrangian Relaxation [J]. Digestive Diseases, 1991, 31 (1): 83-90.

[64] Chu C, Portmann M C, Proth J M. A Splitting-Up Approach to Simplify Job-Shop Scheduling Problems [J]. International Journal of Production Research, 1992, 30 (4): 859-870.

[65] Balas E. Machine Scheduling via Disjunctive Graphs: An Implicit Enumeration Algorithm [J]. Operations Research, 1969, 17 (6): 941-957.

[66] Carlier J, Pinson E. An Algorithm for Solving the Job Shop Problem [J]. Management Science, 1989, 35 (2): 164-176.

[67] 童刚. Job-Shop 调度问题理论及方法的应用研究 [D]. 博士学位论文, 天津大学, 2000.

[68] Glover F, Greenberg H J. New Approaches for Heuristic Search: A Bilateral Linkage with Artificial Intelligence [J]. European Journal of Operational Research, 1989, 39 (2): 119-130.

[69] Panwalkar S S, Iskander W. A Survey of Scheduling Rules [J]. Operations Research, 1977, 25 (1): 45-61.

[70] Grabot B, Geneste L. Dispatching Rules in Scheduling: A Fuzzy Approach

[J]. International Journal of Production Research, 1994, 32 (4): 903-915.

[71] Adams J, Batas E, Zawack D. The Shifting Bottleneck Procedure for Job-Shop Scheduling [J]. Management Science, 1988, 34 (3): 391-401.

[72] Carlier J. The One-Machine Sequencing Problem [J]. European Journal of Operational Research, 1982, 11: 42-47.

[73] Johnson D S, Aragon C R, McGeoch L A, Schevon C. Optimization by Simulated Annealing: An Experimental Evaluation; Part I, Graph Partitioning [J]. Operations Research, 1989, 37 (6): 865-892.

[74] Resende M G C, Binato S, Hery W J, Loewenstern D M. A Greedy Randomized Adaptive Search Procedure for Job Shop Scheduling [C].//In: INFORMS Spring Meeting, San Diego, California, USA, 1997, 4-7.

[75] Kirkpatrick S, Gelatt C D, Vecchi M P. Optimization by Simulated Annealing [J]. Science, 1983, 220 (4598): 671-680.

[76] 张超勇. 基于自然算法的作业车间调度问题理论与应用研究 [D]. 博士学位论文, 武汉华中科技大学, 2006.

[77] Fox M S. Constraint-Directed search: a case study of job-shop scheduling [J]. Research notes in artificial intelligence, Pitman Publishing, London, 1987.

[78] Peng S O, Smith S F. Viewing scheduling as an opportunistic problem-solving process [J]. Annals of operations research, 1988, 12 (1): 85-108.

[79] Fox M S, Sadeh N. Why is scheduling difficult? a csp perspective [J]. // In: Proceedings of the 9th european conferencae on artificial intelligence, stockholm, Sweden, 1990: 754-767.

[80] Lepape C. SOJA: A daily workshop scheduling system [J]. expert system, 1985, 85: 95-211.

[81] Bensana E, Bel G, Dubois D. OPAL: A multi-knowledge-based system for industrial job-shop scheduling [J]. International journal of production research, 1988, 26 (5): 795-819.

[82] Slotnick S A, May J H, Morton T E. FURNEX: Modeling Expert scheduling on the factory floor [J].//In: Proceedings of the symposium on intelligent scheduling systems, 1992: 277-286.

[83] Pesch E, Tetzlaff U A W. Constraint Propagation based scheduling of job shops [J]. INFORMS Journal on Computing, 1996, 8 (2): 144-157.

[84] Simon Y P, Takefuji T. Integer Linear Programming Neural Networks for Job-Shop Scheduling [C].//In: Proceedings of IEEE International Conference on Neural Networks, San Diego, USA, 1998, 2: 341-348.

[85] Remus W. Neural Network Models of Managerial Judgment [C].//In: Proceedings of 23rd Annual Hawaii International Conference on System Science, Honolulu, USA, 1990: 340-344.

[86] Jain A S, Meeran S. Job-shop scheduling using neural networks [J]. International Journal of Production Research, 1998, 36 (5): 1249-1272.

[87] Yang S X, Wang D W. Constraint Satisfaction Adaptive Neural Network and Heuristics Combined Approaches for Generalized Job-Shop Scheduling [J]. IEEE Transactions on Neural Networks, 2000, 11 (2): 474-486.

[88] Kusiak A, Chen M. Expert Systems for Planning and Scheduling Manufacturing Systems [J]. European Journal of Operational Research, 1988, 34 (2): 113-130.

[89] Jennings N R, Bussmann S. Agent-Based Control Systems: Why are They Suited to Engineering Complex Systems [J]. IEEE Control Systems Magazine, 2003, 23 (3): 61-73.

[90] Parsopulos K E, Vrahatis M N. Recent approaches to global optimization problems through particle swarm optimization [J]. Nature Computing, 2002, 1 (2-3): 235-306.

[91] 郑毅, 吴斌. 由鸟群和蚂蚁想到的——基于主体的仿真和群集智能的研究 [J]. 微电脑世界, 2001, 1: 7-13.

[92] Kennedy J, Eberhart R C. Particle Swarm Optimization [C]//In: Icnn95-international Conference on Neural Networks, IEEE, 2002.

[93] Eberhart R C, Shi Y. Particle swarm optimization: developments, applications and resources [C].//In: Congress on Evolutionary Computation, IEEE, 2002.

[94] 李士勇, 李研, 林永茂. 智能优化算法与涌现计算 [M]. 第二版, 北京: 清华大学出版社, 2022. 6.

[95] Dorigo M, Birattari M, Stutzie T. Ant Colony Optimization [J]. IEEE Computational Intelligence Magazine, 2006, 1 (4): 28-39.

[96] Storn R, Price K. Differential Evolution - A Simple and Efficient Heuristic for global Optimization over Continuous Spaces [J]. Journal of Global Optimization, 1997, 23 (2010): 689-694.

[97] Holland J H. Adaption in Natural and Artificial Systems: An Introductory Analysis with Applications to Biology, Control, and Artificial Intelligence [J]. 1975.

[98] Kennedy J, Eberhart R. Particle swarm Optimization [C].//In: Proceedings. IEEE International Conference on IEEE, Neural Networks, 1995.

[99] Karaboga D. An idea based on honey bee swarm for numerical optimization [J]. Erciyes University, Kayseri, Turkey, Technical Report-TR06, 2005.

[100] Wolpert D H, Macready W G. No Free Lunch Theorems for Optimization [J]. IEEE Transaction on Evolutionary Computation, 1997, 1 (1): 67-82.

[101] Karaboga D, Gorkemli B, Ozturk C, Karaboga N. A comprehensive survey: artificial bee colony (ABC) algorithm and applications [J]. Artificial Intelligence Review, 2006, 1 (4): 21-57.

[102] Gao W, Liu S, Huang L. A novel artificial bee colony algorithm based on modified search equation and orthogonal learning [J]. IEEE Transactions on Cybernetics, 2013, 43 (3): 1011-1024.

[103] Cui L, Li G, Zhu Z, Lin Q, Wen Z, Lu N, Wong K C, Chen J. A novel artificial bee colony algorithm with an adaptive population size for numerical function optimization [J]. Information Sciences, 2017, 414: 53-67.

[104] Cui L, Li G, Wang X, Lin Q, Chen J, Lu N, Lu J. A ranking-based adaptive artificial bee colony algorithm for global numerical optimization [J]. Information Sciences, 2017, 417: 169-185.

[105] Kiran M S, Hakli H, Gunduz M, Uguz H. Artificial bee colony algorithm with variable search strategy for continuous optimization [J]. Information Sciences, 2015, 300: 140-157.

[106] Xiang W L, Meng X L, Li Y Z, He R C, An M Q. An improved artificial bee colony algorithm based on the gravity model [J]. Information Sciences, 2018, 429: 49-71.

[107] Dorigo M, Stutzle T. Ant Colony Optimization [J]. The MIT PRESS, Cambridge, Masschusetts London, England, 2004.

[108] Dorigo M, Maniezzo V, Colorni A. The ant system: optimization by a colony of cooperating agents [J]. IEEE Transactions on Systems, Man & Cybernetics B, 1996, 26 (2): 29-41.

[109] Cui L Z, Chen J Y, Gao G H, Lin W F. A novel artificial bee colony algorithm with depth-first search framework and elite-guided search equation [J]. Information Sciences, 2016, 367-368: 1012-1044.

[110] Kong D, Chang T, Dai W, Wang Q, Sun H. An improved artificial bee colony algorithm based on elite group guidance and combined breadth-depth search strategy [J]. Information Sciences, 2018, 442-443: 54-71.

[111] Song X Y, Zhao M, Yan Q F, Xing S Y. A high-efficiency adaptive artificial bee colony algorithm using two strategies for continuous optimization [J]. Swarm and Evolutionary Computation, 2019, 50: 100549.

[112] Wang Y, Cai Z, Zhang Q. Differential evolution with composite trial

vector generation strategies and control parameters [J]. IEEE transactions evolutionary computation, 2011, 15 (1): 55-66.

[113] Wang Y, Cai Z, Zhang Q. Enhancing the search ability of differential evolution through orthogonal crossover [J]. Information science, 2012, 185 (1): 153-177.

[114] Elsayed S M, Sarker R A, Rar T. Differential evolution with automatic parameter configuration for solving the CEC2013 competition on real-parameter optimization [C].//In: Proceedings of the IEEE Congress Evolution Computation, Cancun, Mexico, 2013: 1932-1937.

[115] Qin A K, Huang V L, Suganthan P H. Differential evolution algorithm with strategy adaptation for global numerical optimization [J]. IEEE transactions on evolutionary computation, 2009, 13 (2): 398-417.

[116] Das S, Konar A, Chakraborty U K. Two improved differential evolution schemes for faster global search [C].//In: Proceedings of the Genetic Evolutionary Computation, Washington DC, USA, 2005: 991-998.

[117] Liu J, Lampinen J. A fuzzy adaptive differential evolution algorithm [C].//In: Proceedings of the IEEE Region 10 Conference on Computes, Communications, Control and Power Engineering, Beijing, China, 2002, 9 (6): 606-611.

[118] Gutjahr W J. ACO algorithms with guaranteed convergence to optimal solution [C].//In: Information Processing Letters, 2002, 82 (3), 145-153.

[119] 吴庆洪, 张纪会, 徐心和. 具有变异特征的蚁群算法 [J]. 计算机研究与发展, 1999, 36 (10): 1240-1245.

[120] 邵晓魏, 邵长胜, 赵长安. 利用信息量留存的蚁群遗传算法 [J]. 控制与决策, 2004, 19 (10): 1187-1189.

[121] Pati S, Sahu B K, Panda S. Hybrid differential evolution particle swarm optimisation optimised fuzzy proportional-integral derivative controller for automatic generation control of interconnected power system [J]. Generation Transmission & Distribution let, 2014, 8 (11): 1789-1800.

[122] Chiou J P, Chang C F, Su C T. Ant direction hybrid differential evolution for solving large capacitor placement problems [J]. IEEE transactions on power systems, 2004, 19 (4): 1794-1800.

[123] Zhang J, Zhang Y H, Qin P. Immune clonal differential evolution algorithm for multi-objective flexible job-shop scheduling problem [C].//In: Proceedings of the International Conference on Artificial Intelligence and Education (ICAIE), Hangzhou, China, 2010: 73-76.

[124] Mustafa S K, Mesut G. A recombination-based hybridization of particle swarm optimization and artificial bee colony algorithm for continuous function optimization problem [J]. Applied Soft Computing, 2013, 13 (4): 2188-2203.

[125] Liang Z, Hu K, Zhu Q. An enhanced artificial bee colony algorithm with adaptive differential operators [J]. Applied Soft Computing, 2017, 58: 480-494.

[126] Tang L, Zhao Y, Liu J. An improved differential evolution algorithm for practical dynamic scheduling in steelmaking-continuous casting production [J]. IEEE transactions on evolutionary computation, 2014, 18 (2): 209-225.

[127] Qin A K, Suganthan P N. Self-adaptive differential evolution algorithm for numerical optimization [C].//In: Proceedings of the IEEE Congress on Evolutionary Computation, Edinburgh, Scotland, UK, 2005: 1785-1791.

[128] Biswas S, Kundu S, Das S, Vasilakos A V. Teaching and learning best differential evolution with self-adaptation for real parameter optimization [C].//In: Proceedings of the IEEE Congress on Evolutionary Computation, Cancun, Mexico, 2013: 1115-1122.

[129] Zhou J, Yao X, Chan F T S, Lin Y, Jin Y, Liang G, Wang X P. An individual dependent multi-colony artificial bee colony algorithm [J]. Information Sciences, 2019, 485: 114-140.

[130] Back, Engineer E E. Selective pressure in evolutionary algorithms: a characterization of selection mechanisms [J]. IEEE Conf, Evolutionary Computation, 1994.

[131] Kennedy J, Eberhart R C. Swarm Intelligence [M]. San Francisco: San Francisco Morgan Kaufman Publishers, 2001.

[132] Stutzle T, Dorigo M. A Short Convergence Proof for a Class of Ant Colony Optimization Algorithms [J]. IEEE Transactions on Evolutionary Computation, 2002, 6 (4): 358-365.

[133] Gutjahr W J. A Graph-based Ant System and its convergence [J]. Future Generation Computer Systems, 2000, 16 (8): 873-888.

[134] 郑金华. 多目标进化算法及其应用 [M]. 北京, 科学出版社, 2007.

[135] Deb K. Multi-objective optimization using evolutionary algorithm [J]. John Wiley & Sons, 2001.

[136] Schaffer J D. Multiple objective optimization with vector evaluated genetic algorithms [C].//In: Proceedings of the 1st International Conference on Genetic Algorithms, Pittsburgh, PA, USA, Lawrence Erlbaum Associates Publishers, Hillsdale, 1985: 93-100.

[137] Srinivas N, Deb K. Multi-objective optimization using non-dominated sorting

in genetic algorithms [J]. Evolutionary computation, 1994, 2 (3): 221-248.

[138] Horn J, Nafpliotis N, Goldberg D E. A Niched Pareto genetic algorithm for multiobjective optimization [C].//IEEE Conference on Evolutionary Computation Proceedings, Orlando, FL, 1994, 1: 82-87.

[139] Zitzler E, Thiele L. Multiobjective evolutionary algorithms a Comparative case study and the strength pareto approach [J]. IEEE Transactions on Evolutionary Computation, 1999, 3 (4): 257-271.

[140] Zitzler E, Laumanns M, Thiele L. SPEA2: improving the strength pareto evolutionary algorithm [R]. Zurich: Swiss Federal Institute of Technology, 2001.

[141] Knowles J D, Corne D W. M-PAES: A memetic algorithm for multiobjective optimization [C] //In: Proceedings of the IEEE Conference on Evolutionary Computation, La Jolla, 2000, 1: 325-332.

[142] Corne D W, Knowles J D, Oates M J. The Pareto Envelope-Based Selection Algorithm for Multiobjective Optimization [J]. Parallel Problem Solving from Nature PPSN VI Lecture Notes in Computer Science, 2000, 1917: 839-848.

[143] Corne D W, Jerram N R. PESA-II: Region-based Selection in Evolutionary Multiobjective Optimization [C].//In: Proceedings of the Genetic and Evolutionary Computation Conference, San Francisco, California, 2001: 283-290.

[144] Deb K, Pratap A, Agarwal S, Meyarivan T. A Fast and Elitist Multiobjective Genetic Algorithm: NSGA-II [J]. IEEE Transactions on Evolutionary Computation, 2002, 6 (2): 182-197.

[145] 周育人, 李元香, 王勇, 康立山. Pareto 强度值演化算法求解约束优化问题 [J]. 软件学报, 2003, 7 (14): 1243-1249.

[146] 崔逊学, 林闯. 一种基于偏好的多目标调和遗传算法 [J]. 软件学报, 2005, 16 (5): 761-770.

[147] 尚荣华, 焦李成, 公茂果, 马文萍. 免疫克隆算法求解动态多目标优化问题 [J]. 软件学报, 2007, 18 (11): 2700-2711.

[148] 石川, 李清勇, 史忠植. 一种快速的基于占优树的多目标进化算法 [J]. 软件学报, 2007, 3 (18): 505-516.

[149] 曾三友, 魏巍, 康立山, 史忠植, 姚书振. 基于正交设计的多目标演化算法 [J]. 计算机学报, 2007, 28 (07): 1153-1162.

[150] Zou X, Chen Y, Liu M, Kang L. A New Evolutionary Algorithm for Solving Many-Objective Optimization Problems [J]. IEEE Transactions on Systems Man & Cybernetics Part B Cybernetics A Publication of the IEEE Systems Man & Cybernetics Society, 2008, 38 (5): 1402-12.

[151] Zitzler E, Künzli S. Indicator-Based Selection in Multiobjective Search [J]. //In: Parallel Problem Solving from Nature-PPSN, 2004, 8: 832-842.

[152] Beume N, Naujoks B, Emmerich M. SMS – EMOA: Multiobjective selection based on dominated hypervolume [J]. European Journal of Operational Research, 2007, 181 (3): 1653-1669.

[153] Hanne T. On the convergence of multiobjective evolutionary algorithms [J]. European Journal of Operational Research, 1999, 117 (3): 553-564.

[154] Schuetze O, Laumanns M. Convergence of stochastic search algorithms to gap-free pareto front approximations [C].//In: proceedings of the 9th annual conference on Genetic and evolutionary computation, 2007: 892-901.

[155] Li M, Liu L, Lin D. A fast steady-state ε-dominance multi-objective evolutionary algorithm [J]. Kluwer Academic Publishers, 2011, 48 (1): 109-138.

[156] 刘鎏, 李敏强, 林丹. 基于ε-支配的多目标进化算法及自适应ε调整策略 [J]. 计算机学报, 2008, 31 (7): 1063-1072.

[157] Deb K, A Sinha, Kukkonen S. Multi-objective test problems, linkages, and evolutionary methodologies [C].//In: proceedings of the 8th annual conference on Genetic and evolutionary computation, 2006: 1141-1148.

[158] Hui L, Zhang Q. Multiobjective Optimization Problems with Complicated Pareto Sets, MOEA/D and NSGA-II [J]. Evolutionary Computation, IEEE Transactions on, 2009, 13 (2): 284-302.

[159] Hughes E J. Fitness Assignment Methods for Many-Objective Problems [M]. //In: Multiobjective Problem Solving from Nature, 2008: 307-329.

[160] Deb K, Jain H. An evolutionary many-objective optimization algorithm using reference-point-based nondominated sorting approach, part I: solving problems with box constraints [J]. IEEE Transactions on Evolutionary Computation, 2014, 18 (4):577-601.

[161] Peter A N B, Edwin D D J. Exploiting gradient information in numerical multi-objective evolutionary optimization [C] //In: proceedings of the 2005 conference on Genetic and evolutionary computation, ACM: Washington DC, USA, 2005.

[162] Fliege J, Drummond L M G, Svaiter B F. Newton's Method for Multiobjective A Multiobjective Evolutionary-Simplex Hybrid Approach for the Optimization of Differential Equation Models of Gene Networks Optimization [J]. SIAM Journal on Optimization, 2009, 20 (2): 602-626.

[163] Koduru P, Dong Z, Das S, Welch S M, Rose J L, Charbit E. A Multiobjective Evolutionary-Simplex Hybrid Approach for the Optimization of Differential Equation Models of Gene Networks [J]. IEEE Transactions on Evolutionary Computation, 2008, 12

(5): 572-590.

[164] Anne A, Johannes B, Dimo B. Investigating and exploiting the bias of the weighted hypervolume to articulate user preferences [C].//In: proceedings of the 11th Annual conference on Genetic and evolutionary computation, ACM, 2009.

[165] Kao G K, Jacobson S H. Finding preferred subsets of Pareto optimal solutions [J]. Computational Optimization and Applications, 2008, 40 (1): 73-95.

[166] Rachmawati L, Srinivasan D. A Multi-Objective Genetic Algorithm with Controllable Convergence on Knee Regions [C] //IEEE Congress on Evolutionary Computation. IEEE, 2006: 1916-1923.

[167] Zhang Q F, Hui L. MOEA/D: A Multiobjective Evolutionary Algorithm Based on Decomposition [J]. IEEE Transactions on Evolutionary Computation, 2008, 11 (6): 712-731.

[168] Chang P C, Chen S H, Zhang Q. MOEA/D for flowshop scheduling problems [C]. //In: Proceedings of the 2008 IEEE Congress on Evolutionary Computation (CEC' 08). IEEE, 2008: 1433-1438.

[169] Zhao F, Chen Z, Wang J, Zhang C. An improved MOEA/D for multi-objective job shop scheduling problem [J]. International Journal of Computer Integrated Manufacturing, 2017, 30 (6): 616-640.

[170] Pinedo M. Scheduling theory, algorithms, and system [M]. Bergen County: Prentice Hall, 2002.

[171] Christian B, Dirk C M. Production scheduling and rescheduling with genetic algorithms [J]. Evolutionary Computation, 1999, 7 (1): 1-17.

[172] 王凌. 车间调度及其遗传算法 [M]. 北京: 清华大学出版社, 2003.

[173] Giffler B, Thompson G L. Algorithms for Solving Production Scheduling Problems [J]. Operations Research, 1960, 8 (4): 487-503.

[174] Stutzle T. MAX-MIN Ant System [J]. Future Generation Computer Systems. 2000, 16 (8): 889-914.

[175] Glover F. Future paths for integer programming and links to artificial intelligence [J]. Computers and Operations Research, 1986, 13 (5): 533-549.

[176] Eikelder H M MT. Sequential and Parallel Local Search Algorithms for Job Shop Scheduling [J]. Springer US, 1999.

[177] Laarhoven P, Lenstra A. Job shop scheduling by simulated annealing [J]. Operations Research, 1992, 40 (1): 113-125.

[178] Matsuo H, Suh C J, Sullivan R S. A Controlled Search Simulated Annealing Method for the General Job-Shop Scheduling Problem [J]. Department of

Management, The university of Texas at Austin, 1988.

［179］Grabowski J, Nowicki E, Zdrzalka S. Block algorithm for scheduling operations in a job-shop system [J]. Przeglad Statystyczny, 1988, 1: 67-80.

［180］Grabowski J, Nowicki E, Zdrzalka S. A block approach for single-machine scheduling with release dates and due dates [J]. European Journal of Operational Research, 1986, 26 (2), 278-285.

［181］Dell'Amico M, Trubian M. Applying tabu search to the job-shop scheduling problem [J]. Annals of Operations Research, 1993, 41 (3): 231-252.

［182］Balas E, Vazacopoulos A. Guided local search with shifting bottleneck for job shop scheduling [J]. Management Science, 1998, 44 (2): 262-275.

［183］张超勇, 邵新宇. 作业车间调度理论与算法 [M]. 华中科技大学出版社, 2014.

［184］宋晓宇. 求解模糊 Job Shop 调度的混合算法研究与应用 [D]. 中国科学院沈阳自动化研究所, 2007.

［185］Merkle D, Middendorf M. Ant algorithm with a new pheromone evaluation rule for total tardiness problems [C].//In: Proceedings of the Evo Workshops, 2000, 1803 (1): 287-296.

［186］朱庆保. 蚁群优化算法的收敛性分析 [J]. 控制与决策, 2006, 21 (7): 763-766.

［187］王凌. 智能优化算法及其应用 [M]. 北京, 清华大学出版社, 2004.

［188］Zhu Q, Wang L. Analysis of convergence of ant colony optimization algorithms [J]. Control and Decision, 2007, 2 (3): 268-272.

［189］Song X, Sun L, Chang C. A Hybrid Particle Swarm Algorithm for Job Shop Scheduling Problems and Its Convergence Analysis [J]. IEEE Computer Society, 2009: 99-103.

［190］Pulido G T, Coello C. Using Clustering Techniques to Improve the Performance of a Multi-objective Particle Swarm Optimizer [C].//In: Springer Berlin Heidelberg. Springer Berlin Heidelberg, 2004.

［191］Yen G G, Wen F L. Dynamic Multiple Swarms in Multiobjective Particle Swarm Optimization [J]. IEEE Transactions on Systems, Man, and Cybernetics-Part A: Systems and Humans, 2009, 39 (4): 890-911.

［192］Lu F, Zhang J, Gao L. A hierarchical differential evolution algorithm with multiple sub-population parallel search mechanism [C].//In: Proceedings of International Conference on Computer Design and Applications (ICCDA), 2010: 482-486.

［193］Yu W J, Zhang J. Multi-population differential evolution with adaptive parameter control for global optimization [C].//In: Genetic & Evolutionary Computation Conference. DBLP, 2011: 1093-1098.

[194] Zaharie D, Petcu D. Adaptive Pareto Differential Evolution and Its Parallelization [C].//In: Parallel Processing and Applied Mathematics, 5th International Conference, PPAM 2003, Czestochowa, Poland, September 7-10, 2003. Revised Papers. Springer, Berlin, Heidelberg, 2003: 261-268.

[195] Parsopoulos K E, Tasoulis D K, Pavlidis N G, Plagianakos V P, Vrahatis M N. Vector evaluated differential evolution for multiobjective optimization [C].//In: Proceedings of IEEE Congress on Evolutionary Computation, 2004: 204-211.

[196] Wang X, Tang L. An adaptive multi-population differential evolution algorithm for continuous multi-objective optimization [J]. Information Sciences, 2016, 348: 124-141.

[197] Alatas B. Chaotic bee colony algorithms for global numerical optimization [J]. Expert Systems with Applications, 2010, 37 (8): 5682-5687.

[198] Zhang J, Sanderson A C. JADE: adaptive differential evolution with optional external archive [J]. IEEE Transactions on Evolutionary Computation, 2009, 13 (5): 945-958.

[199] Pezzella F, Morganti G, Ciaschetti G. A genetic algorithm for the Flexible Job-shop Scheduling Problem [J]. Computers & Operations Research, 2008, 35 (10): 3202-3212.

[200] Li J Q, Pan Q K, Suganthan P N, Chua T J. A hybrid tabu search algorithm with an efficient neighborhood structure for the flexible job shop scheduling problem [J]. The International Journal of Advanced Manufacturing Technology, 2011, 52 (5-8): 683-697.

[201] Li J Q, Pan Q K, Tasgetiren M F. A discrete artificial bee colony algorithm for the multi-objective flexible job-shop scheduling problem with maintenance activities [J]. Applied Mathematical Modelling, 2014, 38 (3): 1111-1132.

[202] Brandimarte P. Routing and Scheduling in a Flexible Job Shop by Tabu Search [J]. Annals of Operations Research, 1993, 41 (3): 157-183.

[203] 潘全科, 王凌, 高亮, 桑红燕. 基于差分进化与块结构邻域的作业车间调度优化 [J]. 机械工程学报, 2010, 046 (022): 182-188.

[204] Cai Y, Wang J. Differential evolution with neighborhood and direction information for numerical optimization [J]. IEEE Transactions on Cybernetics, 2013, 43 (6): 2202-2215.

[205] Brest J, Greiner S, Boskovic B, Mernik M, Zumer V. Self-Adapting Control

Parameters in Differential Evolution: A Comparative Study on Numerical Benchmark Problems [J]. IEEE Transactions on Evolutionary Computation, 2006, 10 (6): 646-657.

[206] Gong W, Cai Z, Ling C X, Li H. Enhanced Differential Evolution With Adaptive Strategies for Numerical Optimization [J]. IEEE Trans Syst Man Cybern B Cybern, 2011, 41 (2): 397-413.

[207] Lampinen F J. A Trigonometric Mutation Operation to Differential Evolution [J]. Journal of Global Optimization, 2003. 27 (1): 105-129.

[208] Kukkonen S, Lampinen J. GDE3: The third evolution step of generalized differential evolution [C].//In: IEEE Congress on Evolutionary Computation. IEEE, 2007.

[209] Vargas D V, Murata J, Takano H, Delbem A C B. General subpopulation framework and taming the conflict inside populations [J]. Evolutionary computation, 2015, 23 (1): 1-36.

[210] Vrugt J, Robinson B. Improved evolutionary optimization from genetically adaptive multimethod search [J]. Proceedings of the National Academy of Sciences, 2007, 104 (3): 708-711.

[211] 刘旭. 柔性作业车间调度问题的改进多目标组合优化算法研究 [D]. 吉林大学, 2020.

[212] 梁菁菁. 基于改进和声搜索算法的柔性作业车间调度 [D]. 北京石油化工学院, 2020.

[213] Han Z H, Han C, Shi H B. Flexible Flow Shop Scheduling Method with Public Buffer. Processes. 2019, 7 (10): 681-694.

[214] 曹坤煜, 陈永当, 宋辛辛, 强冰冰. 改进免疫遗传算法求解柔性作业车间调度问题 [J]. 计算机技术与发展, 2020, 30 (11): 174-179.

[215] Mastrolilli M, Gambardella L M. Effective neighbourhood functions for the flexible job shop problem [J]. Journal of scheduling, 2000, 3 (1): 3-20.

[216] Rao R. Jaya: A simple and new optimization algorithm for solving constrained and unconstrained optimization problems [J]. International Journal of Industrial Engineering Computations, 2016, 7 (1): 19-34.

[217] Kacem I, Hammadi S, Borne P. Approach by localization and multiobjective evolutionary optimization for flexible job shop scheduling problems [J]. IEEE Transactions on Systems, Man, and Cybernetics, Part C: Applications and Reviews, 2002, 32 (1): 1-13.

[218] Brandimarte P. Routing and scheduling in a flexible job shop by tabu search [J]. Annals of Operations Research, 1993, 41 (3): 157-183.

[219] 张国辉. 柔性作业车间调度方法研究 [D]. 武汉：华中科技大学，2009.

[220] 杜冰. 批处理机调度问题的模型与优化方法研究 [D]. 合肥：中国科学技术大学，2011.

[221] 张静，王万良，徐新黎，王海燕. 基于改进粒子群算法求解柔性作业车间批量调度问题 [J]. 控制与决策，2012，27（04）：513-518.

[222] 陈魁，毕利. 改进粒子群算法在考虑运输时间下的 FJSP 研究 [J]. 系统仿真学报，2021，33（04）：845-853.

[223] 蔡敏，王艳，纪志成. 基于多策略融合量子粒子群算法的 MOFFJSP 研究 [J]. 系统仿真学报，2021，33（11）：2615-2626.

[224] 管显笋. 基于微粒群优化算法的车间调度问题研究 [D]. 燕山大学，2010.

[225] Zhang G H, Gao L, Shi Y. An effective genetic algorithm for the flexible job-shop scheduling problem [J]. Expert Systems with Applications, 2011, 38 (4): 3563-3573.

[226] Li X, Gao L. An effective hybrid genetic algorithm and tabu search for flexible job shop scheduling problem [J]. International Journal of Production Economics, 2016, 174: 93-110.

[227] 赵诗奎. 柔性作业车间调度的改进邻域结构混合算法 [J]. 计算机集成制造系统，2018，24（12）：3060-3072.

[228] 连裕翔，张超勇，孟磊磊，薛燕社，詹欣隆，吕畅. 基于改进 Jaya 算法的柔性作业车间调度问题 [J]. 计算机集成制造系统，2021，27（11）：3172-3184.

[229] 王凌，王晶晶，吴楚格. 绿色车间调度优化研究进展 [J]. 控制与决策，2018，33（03）：385-391.

[230] 王建华，潘宇杰，孙瑞. 自适应 Jaya 算法求解多目标柔性车间绿色调度问题 [J]. 控制与决策，2021，36（07）：1714-1722.

[231] Kennedy J. Small worlds and mega-minds: effects of neighborhood topology on particle swarm performance. in Proceedings of the 1999 Congress on Evolutionary Computation-CEC99 (Cat. No. 99TH8406). 1999.

[232] Wei X, Wang R, Zhang L, Gu X. A multi-population cultural algorithm with adaptive diversity preservation and its application in ammonia synthesis process [J]. Neural Computing and Applications, 2012, 21 (6): 1129-1140.

[233] Guo Y N, Cheng J, Cao Y Y, Lin Y. A novel multi-population cultural algorithm adopting knowledge migration [J]. Soft Computing, 2011, 15 (5): 897-905.

[234] Turky A M, Abdullah S. A multi-population harmony search algorithm

with external archive for dynamic optimization problems [J]. Information Sciences, 2014, 272: 84-95.

[235] Chen Y, Li L, Peng H, Xiao J, Wu Q. Dynamic multi-swarm differential learning particle swarm optimizer [J]. Swarm and Evolutionary Computation, 2018, 39: 209-221.

[236] Das I, Dennis J E. Normal-boundary intersection: A new method for generating the Pareto surface in nonlinear multicriteria optimization problems [J]. SIAM Journal of Optimization, 1998, 8 (3): 631-657.

[237] Wang X, Gao L, Zhang C, Shao X. A multi-objective genetic algorithm based on immune and entropy principle for flexible job-shop scheduling problem [J]. International Journal of Advanced Manufacturing Technology, 2010, 51 (5): 757-767.

[238] Cao Y, Shi H, Chang D L. Differential evolution algorithm with dynamic multi-population applied to flexible job shop schedule [J]. Engineering Optimization, 2021 (6): 1-22.

[239] 王春. 多目标柔性作业车间调度模型及其进化算法研究 [D]. 江南大学, 2018.

[240] Chiang T C, Lin H J. A simple and effective evolutionary algorithm for multiobjective flexible job shop scheduling [J]. International Journal of Production Economics, 2013, 141 (1): 87-98.

[241] Jia S, Hu Z H. Path-relinking tabu search for the multiobjective flexible job shop scheduling problem [J]. Computers & Operations Research, 2014, 47 (9): 11-26.

[242] 王建华, 杨琦, 朱凯. 自适应多种群Jaya算法求解绿色并行机调度问题 [J]. 计算机集成制造系统, 2023, 29 (1): 111-120.

[243] 肖以筒. 基于多种群改进的人工蜂群算法 [D]. 沈阳建筑大学, 2021.

[244] Xia W, Wu Z. An effective hybrid optimization approach for multi-objective flexible job-shop scheduling problems [J]. Computers & Industrial Engineering, 2005, 48 (2): 409-425.

[245] Li J, Pan Q, Liang Y C. An effective hybrid tabu search algorithm for multi-objective flexible job-shop scheduling problems [J]. Computers & Industrial Engineering, 2010, 59 (4): 647-662.

[246] Wang S, Wang L, Liu M. An estimation of distribution algorithm for the multi-objective flexible job-shop scheduling problem [C].//In: Proceedings of the 2013 IEEE Symposium on Computational Intelligence in Scheduling (SCIS'13).

IEEE, 2013: 1-8.

[247] 韩忠华, 史海波, 刘昶. 混合流水车间提前/拖期调度问题的 DE 优化解 [J]. 计算机工程与应用, 2009, 45 (32): 9-13.

[248] Ho Y C, Moodie C L. Solving cell formation problems in a manufacturing environment with flexible processing and routing capabilities [J]. International Journal of Production Research, 2010, 34 (10): 2901-2923.

[249] Crepinsek M, Liu S H, Mernik M. Exploration and Exploitation in Evolutionary Algorithms: A Survey [J]. ACM Computing Surveys, 2013, 45 (3): Article 35.

[250] Kim Y K, Park K, Ko J. A symbiotic evolutionary algorithm for the integration of process planning and job shop scheduling [J]. Computers & Operations Research, 2003, 30 (8): 1151-1171.

[251] Kim Y K. A set of data for the integration of process planning and job shop scheduling. Available athttp: //syslab. chonnam. ac. kr/links/data-pp&s. doc.

[252] Liu Q, Li X, Gao L, Li Y. A modified genetic algorithm with new encoding and decoding methods for integrated process planning and scheduling problem [J]. IEEE Transactions on Cybernetics, 2020, 99: 1-10.

[253] Jin L, Zhang C, Shao X, Yang X, Tian G. A multi-objective memetic algorithm for integrated process planning and scheduling [J]. International Journal of Advanced Manufacturing Technology, 2015, 85 (3): 1-16.

[254] Li X, Gao L, Pan Q, Wan L, Chao K. An Effective Hybrid Genetic Algorithm and Variable Neighborhood Search for Integrated Process Planning and Scheduling in a Packaging Machine Workshop [J]. IEEE Transactions on Systems, Man, and Cybernetics: Systems, 2018: 1-13.

[255] Zhang S, Wong T N. Integrated process planning and scheduling: an enhanced ant colony optimization heuristic with parameter tuning [J]. Journal of Intelligent Manufacturing, 2014: 1-17.